Minerva Shobo Librairie

日中韓メディアの衝突

新聞・テレビ報道とネットがつなぐ三国関係

李　相哲［編著］

ミネルヴァ書房

日中韓メディアの衝突——新聞・テレビ報道とネットがつなぐ三国関係　**目次**

序　章　日中韓をめぐるメディアと政治……李　相哲…1
韓国はメディア戦国時代　番犬ではなく狂犬になり下がったメディア
地に墜ちたメディアの信頼　失踪した中国ジャーナリズム
依然として厳しいメディア統制

第Ⅰ部　日中韓メディアの組織構造　15

第1章　韓国歴代政権のメディアとの戦争……鄭　晋錫…17
――金大中・盧武鉉政権の言論統制を中心に――
1　新聞発行の自由と統制……17
2　新聞発行の許可制と言論統制……20
米軍政時代（一九四五～四八年）
第一共和国、すなわち李承晩時代（一九四八～六〇年）
第二共和国時代（民主党政権、一九六〇～六一年）
軍事政府と第三共和国時代（朴正煕政権、一九六一～七二年）
第四共和国時代（朴正煕維新政権、一九七二～七九年）
第五共和国時代（全斗煥政権、一九八〇～八八年）
第六共和国時代（盧泰愚政権、一九八八年～）

3　金大中政権の言論弾圧……23
言論掌握文書　言論機関に対する税務調査　メジャー言論社社長を拘束
4　盧武鉉政権のメディアとの戦争……29
対決姿勢と二分法的な言論観　言論統制関連法の制定
読者が読みたがらない新聞の保護と育成に繋がる
政府が言論事業に介入できる隙間をつくった
5　その他の新聞関連法の問題点……34
新聞流通院の共同配達の問題点　地域新聞発展支援とニュース通信振興会
KBSにも国庫補助
6　憲法裁判所の違憲決定……39
7　終わりに代えて……41

第2章　現代中国のマスメディア産業構造……呉隋文　春英　瑩　瑩欣……46
——一九七八～二〇一四年の間の変遷を中心に——
1　マスメディア産業の変遷（一九七九～二〇一四年）……47
中国における印刷メディアの変遷　電子メディアの産業規模
ネットメディアの産業規模
2　マスメディア広告市場の起伏（一九八三～二〇一四年）……51
印刷メディアの広告市場　電子メディアの広告市場

ネットメディアの広告市場
3 マスメディア構造の変遷（一九八三～二〇一四年）……56
4 マスメディア構造の変遷と段階区分……58
印刷メディアが優位を占める（一九七八～九〇年）
電子メディアが印刷メディアを追い越す（一九九一～二〇〇四年）
インターネットメディアが急激な発展を遂げる（二〇〇五～一四年）
5 変化の真只中にある中国マスコミ産業……62

第3章 日本の政治システムとメディア産業……畑仲哲雄……65
1 日本型マスメディアの形成……65
政論新聞から大衆新聞へ　メディア産業の「二重構造」
占領軍によるジャーナリズム教育
2 巨大化・複合化するマスメディア……69
テレビブームの到来　新聞社とテレビの系列化
キー局と地方局とのネットワーク化
3 統治システムとメディアの階層……74
中央集権型の統治構造　マスメディアの集権的構造
統治権力との「共生」

第4章　北朝鮮における「メディア政治」……李　相哲…82
——権力維持のための権力によるメディア——
1　メディアは統治の道具……82
2　メディアの本質と北朝鮮政治……84
個人崇拝の伝統をつくったメディア　後継者指名に資したメディア
変わらぬメディアの本質
3　北朝鮮メディアの現況と組織構造……91
北朝鮮の三大メディア　北朝鮮における新聞　北朝鮮のテレビとラジオ
朝鮮中央放送委員会　北朝鮮のテレビ放送　北朝鮮のラジオ放送
北朝鮮の通信社
4　メディアに対する管理と統制……107
メディア機能についての認識　独裁政治のための「正論的」機能
5　メディア統制の実態……115
「法的」制度による統制　組織・制度による統制
6　先行研究と結論……120

第Ⅱ部　日中韓の政治とメディアの報道

第Ⅱ部　日中韓の政治とメディアの報道　127

第5章　日本の雑誌ジャーナリズムによる権力監視
　　――『週刊文春』による舛添要一・東京都知事の疑惑報道を事例に――……小黒　純…129
1　雑誌は衰退するのか……129
2　事例研究――舛添要一・東京都知事の問題をめぐる報道（総論）……132
　舛添知事の問題（公私混同疑惑）　『週刊文春』の報道
　同時期における全国紙二紙の報道　まとめ
3　事例研究――公私混同疑惑の報道（各論）……141
　概要　報道の詳細　まとめ
4　考察――雑誌ジャーナリズムの仕事……146
　速報系との違い　スクープの背景　ファクトと調査報道
　聞き込みから情報公開請求へ　オリジナルのコンテンツ　「特集班」
5　調査報道とスクープ……152

第6章　中国の政治と報道規制……………………………渡辺陽介…155
——習近平指導部下のメディア規制——
1　象徴的事件……………………………155
2　悪化するメディア環境……………………………157
3　強まる外国メディア規制……………………………159
4　海外メディアへの不信感……………………………160
5　西側メディアへの挑戦……………………………161
6　国内メディアの海外報道……………………………163
第7章　日中メディアが見た「日清戦争一二〇年」……………………………卓　南生…166
——論調の相違と問題点、東南アジアからの視点——
1　日中メディアの日清戦争記念報道の落差……………………………166
中国メディアの「盛大で多様な」報道
日本メディアの「控え目で冷静」な報道
2　日本メディアの日清戦争記念報道に隠された歴史観……………………………169
日本のマスメディアの世論誘導　「義戦論」と「近代化文明論」
司馬史観と竹内好の「大東亜戦争」礼賛の後遺症
3　「明治維新」をどのように見、「日清戦争」の教訓をどう汲み取るか……………………………174
「近代化万能論」の落し穴　明治維新百年記念の論争とその焦点

どう日本に学び、どう「是非論」と「強弱論」に対応するか

第8章 中国におけるソーシャルメディアと主流メディア……王 昕…179
――「二つの世論の場」をめぐって――
1 伝統メディアから新メディアへ……179
ソーシャルメディアの概念　「民間世論の場」と「二つの世論の場」
主流メディアの「世論の場」への介入
2 メディアの融合と新たな社会世論の場……184
メディアの機能と社会的価値　伝統メディアと新メディアの融合

第9章 テレビ報道とネットの一〇年……山川友基…189
――日本と中国、取材現場からの考察――
1 テレビ報道の使命……189
2 尖閣諸島沖漁船衝突事件……190
3 中国駐在で見た中国の変化とインターネット……193
4 インターネットですれ違った日中関係……196
5 日本政治とインターネット……200
6 ネット規制強める習近平国家主席……204
7 事件から六年後の尖閣諸島で何が……206

8　オリンピックイヤーを迎える東アジア……208

第Ⅲ部　日中韓のメディア産業……211

第10章　日中韓に「同舟新聞」の夢……若宮啓文……213
共同研究者、若宮啓文氏を偲ぶ……李　相哲……216

第11章　中国におけるテレビ産業の変革の必要性……劉　偉・張　宏……222
1　改革の背景と要因……222
2　産業組織の分析枠組み……224
3　テレビ局の伝統的コンテンツ産業における改革と効果……227
コンテンツ産業組織の構築　コンテンツ産業組織の特徴と現状
4　新メディア環境におけるテレビ局の変革……231
テレビメディアに対する新メディアの衝撃
テレビ局の新メディア業務の現状と分析
5　テレビと新メディアとの競争・協力的な発展……235

第12章　中国におけるソーシャルメディアの実態……劉　揚……239
――発展の軌跡と現状――

1 中国におけるソーシャルメディアの発展状況……239
2 ソーシャルメディアの中国社会に対する影響……243
ネット言語の社会への影響　アイデンティティ確認の欲求
ネットグループ行動の社会への影響　業界再編への影響
3 ソーシャルメディアに対する中国政府の規制……251
倫理的な規範　法律の解釈と関連法規　行政指導

あとがき　259
事項索引
人名索引

序章　日中韓をめぐるメディアと政治

李　相哲

日中韓メディアに関する共同研究を始めてかれこれ一〇年になる。その間、日中韓ともにメディアをめぐる環境は大きく変わった。中国では、中国共産党第四世代の指導者、胡錦濤に代わって習近平が中国共産党中央委員会総書記に就任してメディアに対する締め付けをいっそう強化、報道活動にますます制約が多くなってきた。

韓国では、二〇〇九年七月、新聞法（新聞などの自由と機能保障に関する法律）、放送法の改正法案が国会を通過[1]し、民間事業体が二種類またはそれ以上のメディアを所有できる「新聞と放送の兼営」、すなわち交差所有（cross media ownership）が可能となった。その結果、大小新規メディアが乱立し、生き残りをかけて激しい競争を繰り広げる「メディア戦国時代」に突入した。

日本ではジャーナリズムの牽引役であった新聞の衰退が著しく、それを食い止める有効な手段も見つからない状況が続いている。また、新聞の代わりにジャーナリズムの中核を担うべき有力なメディアが台頭しているわけでもない。そんななか、ジャーナリズムをめぐる環境には変化が起きようとしている。象徴的な出来事が「特定秘密の保護に関する法律」が施行（二〇一四年一二月）されたことだ。

特定秘密の保護が、「外国の利益を図るなどの目的を要することとして、特定秘密の取得罪が目的犯である場合にのみ罰せられる[2]」内容にはなったものの、ジャーナリズムの活動を萎縮するとの懸念は払拭できない。アメリカのニューヨークに本部を置く国際的な人権団体ヒューマン・ライツ・ウォッチ（Human Rights Watch）も「内部告発者やジャーナリストに対する保護を明示し、特定秘密の定義も安全保障に著しい脅威となる情報に限定すべきだ」と同法案に対して好意的ではない。

それにしても、日中韓の政治とメディアをめぐる状況を鳥瞰してみた場合、いまのところ日本だけはジャーナリズムが機能していると言わざるを得ない。心配されるのは、無政府状態に陥っている韓国メディアと、規制に苦しむ中国の報道現場である。

韓国はメディア戦国時代

韓国では長い間、特定の事業体、企業が世論を誘導することを懸念して、既存の大手新聞社や大企業がテレビ局の株を所有し、新聞・放送を兼営することを禁じていたが、法改正によりそれが可能になった。

「国際競争力を高めるためメディア業界にも大企業の資本参入が必要だ。規制緩和により新規事業者の参入、追加資本の誘致が可能になれば投資余力を確保した事業者間のコンテンツの品質競争が予想される。そうなれば〝メディアパイ（メディア市場規模）〟は、またたく間に大きくなる」という主張が受け入れられ、メディア法の改正が行われた。

その背景としては、地上波放送社の独占支配構造を打破すべきというメディア業界再編の必要性も挙げられる。テレビ電波を独占する地上波が政府寄りの偏向報道を行い、世論を誘導するという状況を根本において変える方法は、それに対抗するメディアを育て、競争させる必要があるという論理であった。

法改正により韓国では、四つの「綜合編成（通称：綜編）チャンネル」が許可された。『毎日経済新聞』系列の「ＭＢＳ」、『東亜日報』系列の「チャンネルＡ」、『朝鮮日報』系列の「ＴＶ朝鮮」、『中央日報』系列の「ＪＴＢＣ」

である。

これら新生テレビ局（韓国では「綜編」という）は、地上波放送のように報道と娯楽、教養などすべてのジャンルにおいてプログラムを編成することができる。また、既存のケーブルテレビや専門チャンネルと違い、自由に番組を編成できる上、ケーブル、衛星、IPTVで番組を流す権利も手にした。

結果、韓国では全国放送の地上波放送チャンネルが六つ、綜編四チャンネルの他に、特定の市・道を可視聴圏とする地上波地域民営放送局が一〇社、中央の地上波放送とネットワークで結んでいない独立のテレビ放送局が三社(3)、それに、韓国放送公社（KBS）系列の地方放送局、半官半民の民営放送MBC系列の地方放送局が乱立して凌ぎを削り、報道競争を繰り広げる「メディア戦国」時代に突入した。

当初、「綜編」誕生は、視聴者の選択の幅を広げ、放送産業分野で新規雇用が増えるとともにコンテンツの国際競争力が高くなると期待する向きもあったが、時間の推移とともにその弊害も出始めた。

制作費の節減のため、綜編各社は「討論番組」に頼る傾向が強くなった。視聴率を稼ぐ手段として過激な発言を好む評論家を登用し、スタジオを論争の場に変え、検証されていない各種「疑惑」を出演者の口を通して濾過なしに流した。スクープ競争で勝ち抜くため操作報道が堂々と公衆電波に乗る事例も増えつつある。

韓国の新規メディアが抱える様々な問題を圧縮して、世間に晒しているのが『中央日報』系列のJTBCだ。JTBCは、一九八〇年、全斗煥大統領時代の言論統廃合により廃局となった東洋放送（TBC）の後身を自称(4)、開局した。当初、事業者名称を従前のTBCにしたが、同じ商号を使う大邱放送（TBC）がすでに存在するため、JTBCに変えた。

「自由民主主義と市場経済の最後の砦」を自負する〝テレビ朝鮮〟と違い、JTBCは「放送は面白ければよい」をモットーにターゲットを若者に絞り、番組を編成した。

ＪＴＢＣの前身とされる東洋放送は、一九六四年、サムソングループの創業者李ビョンチョルによって設立された民営放送だ。創業動機を李は次のように述べている。「国家に何か寄与できるものはないかと考えてみた。政治をしてみようとしたけれど、それは良くないと判断した。代わりに見つけたのが言論分野だ」。その後つくったのが『中央日報』と東洋放送ＴＢＣである。

ところが、創業一六年目にして時の全斗煥政権によってＴＢＣは韓国放送公社に吸収されてしまう。新聞とテレビの兼営を禁じる法律に引っかかったからだ。

二〇一一年、三一年ぶりにメディア関連法改正により再開局したＪＴＢＣは、前身の東洋放送の影像資料を一挙に放出するとともに、かつてＴＢＣを統合したＫＢＳに攻撃を浴びせる。他の綜編と違いテレビ局運営の経験をもち、有形無形の資産をもつＪＴＢＣは、開局当初より比較的に高い視聴率を獲得した。高いときは二・七五％を記録し、ドラマの放送時間帯では最高一〇・七％と、二桁台の視聴率をあげるが、それでも地上波放送にははるかに及ばない状況が続いた。

番犬ではなく狂犬になり下がったメディア

二〇一三年、ＪＴＢＣは苦肉の策として左派・進歩系列[5]の放送人と言われる孫石熙[6]をスカウトしてニュース報道部門の総括社長に据えた。孫氏は日本の一部メディアが「韓国の池上彰」と称する人物だ。

二〇一三年九月ＪＴＢＣのメインニュースキャスターとしてテレビ画面に登場した孫は「選択と集中」（ニュース番組の名称）のなかで、二〇一二年の大統領選挙で国家情報院がインターネット上に朴槿恵に有利な書き込みをして、大統領選挙に介入したという「疑惑」を集中的に取り上げた。韓国では「国情院デックル事件[7]」と言われる。

ＪＴＢＣは、発足したばかりの朴槿恵政権に対し批判的な姿勢を鮮明にする。

当時、韓国記者協会の分析によると、二〇一三年一〇月二一日付地上波放送の国情院の大統領選挙介入事件関連報道はＪＴＢＣを除く綜編三社が合計で九七七秒だったが、ＪＴＢＣは、一〇一〇秒を割り当てた。

このように時の敏感なイシューに切り込む孫氏の「選択と集中」は人気を博し、ＪＴＢＣの視聴率を挙げるが、その半面報道内容や手法が問題となり、たびたび、放送通信審議委員会（以下「放審委」）から懲戒、または警告・注意の処分を受ける。

二〇一三年一二月一九日、ＪＴＢＣ「ニュース９」は、内乱を画策した統合進歩党[8]解散が憲法裁判所で審議されることとなると、同党スポークスマンと法学専門大学院の教授、そしてソウル市長の朴元淳をスタジオに招き、解散の是非についてインタビューした。この日、孫氏が招いたゲストは全員、解散に否定的な政治家であった。番組では政府の立場を説明する部分には一九秒を割り当て、統合進歩党の立場に理解を示す出演者の話には一二分五六秒を割り当てた。その際、キャスターの孫は、「聞くべきではない誘導性質問をし、満足の答えが出てこないときは追加質問をぶつける方法で統合進歩党の立場に同調、偏向報道を行った」として「放審委」から警告・懲戒処分を受ける。処分は懲罰的な罰金処分に次ぐ重いものだった。

メディア報道を監視する民間団体のメディア・ウォッチが、韓国の「言論調整仲裁是正勧告事例集」を元に韓国主要メディア二〇社の歪曲報道、誤報・操作報道事例を分析した結果によると、孫氏がＪＴＢＣ報道部門の責任者として赴任した後の二〇一四年と一五年、同社が誤報・操作報道により「放審委」の調整処分を受けた件数は三八件と、主要メディア二〇社の中、最も多かった。孫氏の報道は一貫して「左偏向という方向性のもと、故意による操作報道を行う」特徴が見られるという。

外信監視センターは、二〇一五年一〇月から一六年一〇月までの間の「孫石熙操作報道事例」のなかから孫氏の故意性が認められる誤報・操作報道をまとめたが、そのなかで数件を挙げるとこうだ。

第一に、二〇一六年七月一三日付報道、「民家に向けた〝サードレーダー〟問題　日本の基地に行って見たら……」という報道。孫氏が進行した「ニュースルーム」は、この報道で同年一月一〇日付、米国政府機関紙の『星条紙 Star & Stripes』に掲載した米軍グアム基地に関するルポ形式の記事を引用している。そのとき韓国では、高高度ミサイル防衛システム、ＴＨＡＡＤ配備をめぐり世論が沸騰、根拠のないデマや不安感が拡散していた。

孫氏は「発電機の轟音が（グアムの）小さな村全体を覆うほどだった」「この地域（ＴＨＡＡＤを配置した地域）で生きられるのは二頭の豚だけだった」と英文記事内容を紹介した。しかし、その後判明した英文記事の元の内容は、ＴＨＡＡＤの人体に及ぼす影響に関する内容はなく、逆にＴＨＡＡＤ配置により辺鄙な村が得ている利益について書いていたものだ。孫氏の報道は、英語を訳す過程に生じたミスではなかったのだ。報道から四日後にＪＴＢＣは、当該報道により、ＴＨＡＡＤに対する不安感が広がったとして謝罪したが、その時はすでにＴＨＡＡＤ問題に火がついた後だった。

第二に、二〇一六年五月一一日付「駐韓米軍、ソウルのど真中で〝ジカウィルス（zika virus）〟実験推進」と題する報道でＪＴＢＣは、「駐韓米軍がソウル龍山にある米軍基地内の実験室にてジカウィルス実験を推進中であることが確認された」とし、「昨年、駐韓米軍基地に炭素菌が配達される事件が発生、深い憂慮と大きな衝撃を与えたが、今回は全世界的に恐怖の対象になっているジカウィルス実験を敢行することにして論難を呼びそうだ」と報じた。

しかし後に、この報道も故意の歪曲報道であったことが判明した。英文では「駐韓米軍は（今後）ジカウィルスを探知できる力量（detection capability）を育てる」と発表したがＪＴＢＣは「ソウルど真中でジカウィルス実験」という内容に変え、視聴者の不安を煽った。野党および野党系列の各種メディアはＪＴＢＣ報道をそのまま引用し、駐韓米軍を非難したのはいうまでもない。

第三に、二〇一四年一〇月一四日、JTBCは「ニューヨークタイムズ〝教科書に政治観反映〟と、国定化（教科書）批判」と報じた。韓国メディアが好んで使う手段である。「外国メディアも非難」と報じることで説得力が増すからだ。しかし、この記事はその年の一月一三日付ニューヨークタイムズ紙に掲載されたもので、すでに九カ月を経過していたが、JTBCは、あたかもいま「朴槿恵政府が教育を権威主義的な過去に戻そうとしているという批判が（外国で）起こっている」かのように報じたのだ。

この報道は、放審委から「注意」の処分を受ける。報道は国定教科書問題が国内の最大イシューとなり、国論を二分する事態に陥った時期に流したもので故意性が疑われたからだ。

さらに、孫氏の報道は刑事告発に発展するケースもあった。二〇一四年六月四日、韓国では地方選挙が一斉に行われたが、開票速報を伝えるJTBC報道は、綜編チャンネルのなか視聴率一位を記録した。ところが、孫氏の速報は、地上波放送の出口調査を盗用したものであることが発覚、訴えられることとなる。

孫氏は検察に出頭して「出口調査結果を（地上波が）発表した後に使った」と解明したが、「結果発表四秒後にCGまで使い調査データを伝えることは不可能である。調査資料を事前に入手、それを盗用したのは否定できない」として地上波三社に一二億ウォンの損害賠償を支払うよう命じられた。

地に墜ちたメディアの信頼

韓国を震撼させた旅客船「セウォル号沈没事件」報道でも、孫氏の「ニュース9」は放送通信審議委員会より重懲戒処分を受ける。事故発生二日後の一四年四月一八日、孫氏の「ニュース9」は、アルファ潜水公社の代表、イ・ジョンイン氏を「潜水技術に詳しい専門家（後に専門家でないことが判明）」として生出演させ、「専門家」の口を借りて、政府が故意に生存者捜索を怠っているという趣旨のインタビューを流した。旅客船が沈没して二日も経過しているのに、あたかも生存者が存在し、政府の対応が的確であれば救出できるかのような内容だった。この報道は、絶望感に浸っていた遺族には一瞬だけ希望を与えることはできたが、「捜索に混乱をきたし、視聴者を騙した」「結果的に遺族に傷を負わせ、社会的な混乱を招来した」として、放審委より「懲戒および警告」処分を受ける。

ＪＴＢＣの故意の操作報道が再び問題になったのは、二〇一六年一二月。同年一〇月より年末にかけて、韓国全体を混乱の渦に陥れた「朴槿恵大統領の友人、崔スンシルの国政介入疑惑」ごと「チェスンシルゲート」に関する報道だ。韓国を揺るがすこととなることの端緒を提供したのは孫氏がキャスターを務める「ニュースルーム」だった。しかし、このスクープは、計画性のある故意の操作報道であったとして市民団体から告発を受けている。

孫氏の番組では、「崔スンシルという民間人が、タブレッドＰＣを使い、大統領の演説文に手を加え、人事に介入、重要情報を事前に入手し、大統領の政策決定に影響力を行使した」と報じた。その証拠物（タブレッドＰＣ）をニュースルームは偶然「拾い」、スクープしたのだ。孫氏は証拠物を拾った記者を生出演させ[9]、ＰＣを入手するまでの経緯、ＰＣの中身の一部を一〇月二四日のゴールデンタイムで詳しく報じた。ところが、その後ＰＣの入手経緯は虚偽の説明であることが判明[10]、中身に関する説明でも故意の歪曲があったとして市民団体から告発を受けた状態だ。

韓国外信監視センターによれば、「ＪＴＢＣは、孫石熙氏が報道部門の総括社長に就任してからニュースの操作報道が集中的に多発しており、放審委から懲戒処分を受けるケースも多くなった」。

韓国メディアのこのような報道姿勢は、ＪＴＢＣだけに見られる現象ではない。

二〇一六年一〇月一二日付韓国聯合ニュースは「大阪で韓国人観光客が日本人男性から暴行を受けた」とする事件を配信した。家族旅行で日本を訪れたとする「被害者」がインターネット掲示板で明らかにした説明によれば、「同年一〇月五日午後一〇時頃、大阪道頓堀で一四歳の息子が日本人男性からいきなり蹴られるなどの攻撃を受けた」。この事件を『中央日報』は次のように報じている。

大阪の代表的な観光地である道頓堀で最近、韓国人観光客が相次いで「無差別暴行」を受けていたことが一一日、確認された。大阪の寿司店の「外国人わさびテロ」(中略)に続いて暴行事件までが発生し、大阪の韓国総領事館は韓国人観光客に注意を呼びかける案内文をホームページに掲示した。

(『中央日報』一〇月一二日付)

韓国のニュース専門チャンネルYTNは、一二日の朝八時のニュース番組で「最近、日本では韓国人観光客を狙った無差別暴行や凶悪事件が頻発しており、注意を喚起されている」と報じた。その後、事実関係は明らかになっていないが、事件は偶発的ないたずらの性格が強く、凶悪事件でもなければ、頻発したわけでもなかった。しかし、韓国メディアは基本的な事実関係を検証せず、「裏をとらない」まま、歪んだ情報を垂れ流した。韓国の一般視聴者も「この程度の」歪曲報道を気にすることはなかったらしく、その後、韓国メディアからは追跡報道も訂正報道もない。

このようにメディアの劣化が進むなか、人々のマスメディアに対する信頼は失われ、テレビ離れ、新聞離れが急速に進んでいる。その隙をついてインターネットテレビ、インターネット新聞、一般読者を狙った各種新規メディアが乱立し、検証されていない情報を洪水の如く量産している状況だ。

失踪した中国ジャーナリズム

韓国の場合とは真逆な現象が見られるのが中国だ。習近平指導部下の中国メディアは、自由な裁量権はほとんどなくなったと言ってよい。新聞やテレビに対する報道規制は日に増して強力なものになりつつある。その象徴的な事件が、雑誌『炎黄春秋』の廃刊である。

一九九一年に創刊されて以来、中国の改革を先導し、体制内改革派知識人の声を代弁してきた『炎黄春秋』が発行停止となったのは二〇一六年七月のことだ。学術雑誌としては異例の一九万部の定期購読者をもち、「中国唯一の雑誌」として注目を浴びた同誌の廃刊は、「一つの時代の終わりを告げるもの」として中国のみならず、外国からも注目された。

同誌は、一九八〇年代中国を改革開放に導いた中国共産党中央委員会総書記胡耀邦や総理の趙紫陽らに近い共産党幹部たちにより創刊された。この雑誌は、当局と摩擦を引き起こしながらも、元国家新聞出版総署の長（閣僚級）であった杜導正や毛沢東の元秘書の李鋭、社会科学院日本研究所の元所長の何方ら長老に加え胡耀邦の長男・胡徳平氏ら「紅二代」（高級幹部子弟）の支持を得て命脈は維持してきたが、習近平体制下で、廃刊を余儀なくされたのである。[11]

『炎黄春秋』は、創刊以来毛沢東に対する批判論文をはじめ、中国が禁忌事項としている天安門事件に触れたり、失脚した趙紫陽を称賛する文章を掲載したりもした。それでも、同誌が廃刊せず、発行し続けることができたのは、当局が嫌がる八つのテーマには触れないことを約束したからと伝えられる。そのテーマとは(1)解放軍の国軍化、(2)三権分立、(3)天安門事件、(4)共産党指導者やその家族に関する問題、(5)多党制、(6)宗教団体法輪功に関する問題、(7)少数民族・宗教問題、(8)憲政に関する問題だ。[12]

同誌はすれすれの線でこの禁止事項にも切り込んだため、二〇一五年七月、当局は圧力をかけ、同社副社長兼編集長だった楊継縄を辞任に追い込んだ。辞任にあたって二〇一五年七月、楊氏が同誌編集幹部らに宛てた手紙によれば、雑誌の主管部門である国家新聞出版総局が問題視したのは、二〇一五年一〜四月号に掲載の八六本の文章のうちの三七本であった。事前検閲を受けてなかったのは「規則違反」であるというものだった。

その後を引き継いだのは、九〇歳を超える杜導正氏だったが、二〇一六年七月杜氏が高血圧で入院すると、その隙を狙ったかのように同誌の上部機関である中国芸術研究院は副社長、編集長人事を入れ替えた。結果、七月一七日、同誌は「廃刊声明」を出し、「今後、いかなる人物が『炎黄春秋』の名義で出版物を発行したとしても我々とは無関係だ」と強調、当局が論調を変え同誌を発行し続けることを避けようとした。

一般大衆の目に届くわけでもなく、政策提言を目的に、知識人中心の読者を意識してつくられる同誌が辿った運命は、中国のメディアがいかに厳しい状況に置かれているかを物語る。

依然として厳しいメディア統制

習近平体制下では、外国報道機関に対する締め付けも厳しさを増している。二〇一二年五月、中国外務省は、中東のテレビ放送局、アルジャジーラの北京支局記者、メリッサ・チャン氏に国外退去を命じた。中国政府が外国人記者を国外追放したのは一四年ぶりのことであったので、世間の注目を浴びた。追放されたチャンは「心当たりはない」とメディアの取材に答えたが、問題になったのは同年三月、チャン記者が書いた中国の一人っ子政策に関する記事だった。チャン記者は、中国の女性が断種手術を強制され、「闇の刑務所」("black jail")に収容されるという実態をニュースで取り上げたが、中国政府の怒りを買ったのは「闇の刑務所」を報じたことだった。

さらに二〇一五年一二月、中国外務省はフランス雑誌『ロブス』の北京駐在記者ウルスラ・ゴーティエ（中国名「郭玉」）を「公然とテロ主義行為、無辜の民を残忍に殺害する行為の手先となって騒ぎ立てる報道を発表し、中国大衆の怒りを引き起こした」として国外退去を求めた。「これ以上中国国内での取材活動を認めることはできない」「ゴーティエ記者はテロリズムの片棒を担いだにもかかわらず、中国の国民に謝罪していない」（一二月二六日付、中国外務省の陸慷報道官のコメント）というのが追放の理由であった。

中国政府が問題視した記事は、パリ同時多発テロ事件が発生した後、ゴーディエ記者がフランスの週刊誌『ル・ヌーベル・オプセルバトゥール』に書いたものだ。「中国政府は国際テロリストを取り締まるという名目でウイグル族に対する締め付けを強化している」という内容だった。

二〇一五年、中国外国人記者クラブ（Foreign Correspondents' Club of China）が、北京駐在の外国人記者向けに行った中国における取材環境に関する調査結果をまとめた年次報告書によれば、「取材活動中に警察などの妨害を受けたと答えた記者は、回答者一一七人のうち、七二％にのぼり、外国メディアの取材に応じた人や、外国メディアで働く中国人に対する当局の脅迫や嫌がらせに関しても「取材環境が国際的な基準に達していない」と回答した記者が九六％に上った。

習近平体制下では国内メディアの報道活動に対する規制もいっそう強化されたが、日々取材現場で働く中国人記者さえも規制の基準は判然としないという。

二〇一三年一〇月中国広東省の日刊紙『新快報』の記者が国内大手企業の不正疑惑を報道したことで警察に拘束された。「大手企業の信用を傷つけた」という理由だった。同社はそれに反論して釈放を求めるが、その後一転して「当該記者は第三者から報酬を受け取った」として同紙一面に謝罪文を掲載、当局に協力する姿勢を見せた。

このようなケースは珍しいことではない。二〇一六年一二月一三日、報道自由の擁護を目的とする国際組織、国境なき記者団（RSF、本部パリ）とジャーナリスト保護委員会（CPJ、同ニューヨーク）が発表した報告書によると、当局などによって拘束・投獄されているジャーナリストの数は、二〇一四年、二〇一五年ともに世界で中国が最も多かった。近年、中国当局は全国約二五万人にのぼる記者らを対象に「マルクス主義報道観」に関する研修を実施した。記者は研修を受け統一試験に合格しなければならない。すなわち、政府お墨付きの「免許」がなければ、報道活動に加わることはできなくなった。

このような厳しいメディア統制への反動も起こっている。一般大衆がソーシャルメディアの情報に頼る傾向が強くなり、そのような需要に応じる形で発達・拡大したソーシャルメディアが、既存のメディアが担っていた情報の伝達と与論の形成を牽引する重要手段になりつつある。中国のメディアをめぐる状況が日本や韓国のそれと異なるのは一言で言えば、ソーシャルメディアの影響力が既存の伝統メディア以上に大きくなっていることだろう。

本書に掲載する一二本の論文はこのような日中韓および北朝鮮のメディアが置かれている基本状況を観察、分析したものであるが、日中韓をめぐるメディア関連のすべての問題を網羅しているわけではない。日中韓メディアの基本的な性質を理解し、基本状況を把握する上で参考になれば幸いである。

注

(1) インターネットマルチメディア放送事業法、地上波テレビジョン放送のデジタル転換とデジタル放送の活性化に関する特別法などが含まれる。韓国ではメディア関連法ともいう。

(2) 自民党ホームページに掲載のコラム、「特定秘密の保護に関する法律Q&A」より。

(3) 一九九〇年一一月開局のソウル特別市、首都圏を視聴圏とするソウル放送SBSの他に、江原道のG1、大田市・世宗市・忠清南道のTJB、忠清北道のCJB、デグ市・慶尚北道のTBC、釜山市・慶尚南道のKNN、蔚山廣のUBC、全羅北道のJTV、光州市・全羅南道のKBC、済州のJIBSなどがある。

(4) 統廃合により韓国放送公社(KBS)に吸収され、その後三〇年が経過し、有形無形財産はKBS所有となったので、その後身にはあたらないという主張が支配的だ。

(5) 韓国において「進歩・左派」と呼ばれる人々は、一般的な概念での左派、進歩とは異なる。たとえば左派は、人権尊重など人類普遍的な価値を唱えることもあるが、韓国の左派・進歩系列の勢力、人々は韓国の人権問題は指摘しても、北朝鮮人権問題には触れようとしない。韓国で北朝鮮人権法案が国会を通過できず、修正に修正を重ね二〇一六年三月にやっと可決したのは左派勢力の反対があったからだ。

(6) 一九五六年生まれの孫石熙は、一九八四年MBCに入社、二〇一三年五月までMBC記者、アナウンサーを歴任した。

二〇一三年にJTBCに移籍、ニュース報道部門の統括社長兼ニュース・キャスターを努める。韓国では、二〇〇五年以来、毎年「もっとも影響力のある言論人」一位に選ばれているが、たびたび故意の操作報道が問題となり、放送通信審議委員会から懲戒警告を受けるなど物議を醸している。ちなみに日本では、テレビ朝日の「羽鳥モーニングショー」などが、孫氏が進行するニュース影像を引用するとき、「韓国の池上彰」と、字幕を流すこともあった。

(7) 国家情報院世論操作事件ともいう。「デックル」とは、インターネット上の記事などに自分の意見を書き込んだ短い文章。国情院とは、国家情報院(旧KCIA)を指す。

(8) 統合進歩党は、同党京畿道党所属の国会議員李ソッキと李が総責を務める地下革命組織(RO: Revolutionary Organization)は国家転覆を目的に暴力、または非暴力手段を動員して「南韓(韓国)社会主義革命を企てた容疑」で摘発され、二〇一四年憲法裁判所が強制解散、同党所属国会議員五名が議員職を失った。

(9) その後、法廷で事実関係が争われているが、法律専門家の多くはJTBCの説明通りであれば「盗難」にあたると指摘している。

(10) JTBCは、タブレッドPCを発見し、チェスンシルゲートをいち早く報道したことで、二〇一六年末の韓国のテレビニュース報道部門のほとんどすべての賞を席巻したが、JTBC社内報などに掲載された特別取材チーム記者らの「受賞の感想」で明らかにした、PC入手の日時などが報道内容と異なることが判明した。

(11) 元編集長の杜氏によると「創刊以来、当局と一六回にわたり大きな衝突があった」という。

(12) 元『炎黄春秋』誌の執行主編、洪振快の論文、「〝炎黄春秋〟の廃刊について」『端傳媒』二〇一六年七月一七日。

第Ⅰ部　日中韓メディアの組織構造

第1章　韓国歴代政権のメディアとの戦争
――金大中・盧武鉉政権の言論統制を中心に――

鄭　晋錫

1　新聞発行の自由と統制

日本の植民地統治から解放された一九四五年以降、朝鮮半島は韓国と北朝鮮という敵対する二つの国家に分断された。その後、韓国と北朝鮮は相反するイデオロギーを追求し、七〇年間にわたり反目と対置を続けている。いまや韓国における南北の分断と左右勢力の葛藤は、自由な言論活動[1]を制約する主な要因となっている。

一九八〇年代まで与党保守政権は国家安保と社会安定を標榜して分断と対立を言論統制の口実に活用した場合もある。ところが、一九九八年の左派政権へと権力が移動すると一〇年間にわたり、過去とは異なる言論統制の方法が登場する。すなわち、金大中・盧武鉉時代の左派政権の言論統制は、それまでの韓国における言論統制とはまったく異なる方法をもって行われた。

金大中大統領（当時）は、北朝鮮に対し宥和政策をとりながら、それを批判するメディアを標的に税務調査を実施し、社主に対し司法処分を下す方法で言論を弾圧した。盧武鉉政権はいわゆる「言論改革」を促進すると称して、法律を制定する方法でメディアを統制しようとした。メディアを友軍と敵軍に区分し、政権に対し好意的なメディアは国庫から支援金を支出、批判的なメディアに対しては市場占有率（発行部数）を制限する方法をもって、制度

表1-1　韓国における新聞発行形態の変容過程

言論状況	自由	統制	自由	統制	統制	自由
期　間	1945.8～48.8	1948.8～60.4	1960.4～61.5	1961.5～79.12	1980.1～87.6	1987.6.29～
政　体	米軍政	第1共和国	第2共和国	第3、第4共和国	第5共和国	民主政権
新聞発行制度	登記制から許可制へ	許可制、新規許可抑制	発行自由、許容、登録制	言論機関整備新規許可抑制	言論統廃合言論基本法	新聞発行登録制

的・法的に言論を統制しようとした。

このように韓国においては、国内政治の変化がメディアに直接大きな影響を及ぼしてきた。政権が交代するたびに言論政策は「自由」と「統制」の両極端へと揺れ動いた。権威主義的な政府が国家を統治した時代は言論が萎縮され、民主的な政府の下では、言論は活力を取り戻すことを繰り返してきた。

言論がどれくらい政治権力の影響を受けてきたかということは言論機関の数の変化からも読み取ることができる。政治状況の変化に応じて新聞・雑誌の数は急激に増えたり、減ったりするという現象を見せている。

韓国において新聞の数が急増した時期はいままで三回あった。(1)光復（終戦）[2]直後の米軍政統治期間、(2)一九六〇年四月一九日（四・一九革命）以後の第二共和国時代[3]、(3)一九八七年の「六・二九宣言」[4]直後の時期などが新聞の数が急増した期間だ。

反面、新聞の数が急激に減少し、長期間変化を見せなかった時期もある。(1)一九五〇年代、新聞発行許可制を実施した時期、(2)五・一六以後（一九六一年）、メディアに対する一斉整備が行われたあと一九七九年までの時期、(3)一九八〇年、言論機関の統廃合が行われ、その後一九八六年に言論自律化措置が取られた時期がそれにあたる。

表1-1では、言論に直接影響を及ぼした政治的な変化を六つの時期に区分、単純化した。ただ、政府と言論との複雑な相関関係を「自由」と「統制」という二つの概念で画一的に説明しているという点では、全体状況を示すのには不十分と言わざるを得ないが、光復以後、政権の変動によって言論がどのように推移してきたかという状況の枠組

みとしては有用といえよう。

むろん、この表では説明がつかない時期もある。金大中・盧武鉉政権（一九九八〜二〇〇八年）時代の一〇年間は、税務調査と社主に対する司法処分、世論操作を通じて言論を統制し、掌握しようとした時期である。

盧武鉉政権が発足したときの韓国の言論環境はその前とは相当異なる様相を見せた。放送とインターネット媒体の影響力が急激に拡張され、新聞が主導的な役割を果たして世論を形成していた時代とはまったく違う環境ができつつあった。盧武鉉政府は、政権に友好的な新聞、放送、インターネット媒体を育成して広報媒体として活用し、政権に批判的な言論は統制する法的装置をつくるという政策を強行した。

盧武鉉政権は、言論界の勢力改編を狙って「新聞法」を制定し、「言論仲裁法」を強化した。新聞法に基づいて「新聞発展委員会」と「新聞流通院」を設立し、政府に友好的な定期刊行物に対しては国家が予算を編成して支援、批判的なメディアに対しては、政策的に政府広告の割り当て率を抑制したり、国税庁、公正取引委員会、司法機関、言論仲裁委員会を活用したりして統制を試みる。

「改革立法」を建前に制定した新聞法では、政府が合法的にメディア市場に介入できる法的根拠をつくった。後に、憲法裁判所は、「新聞法」を違憲性のある法律と判断した。しかし、表1－1には金大中─盧武鉉政権の言論統制に関する状況は含まれていない。金大中─盧武鉉政権が新聞登録を抑制しなかったため、表の基準を適用することは難しいからだ。表は定期刊行物の自由登録に焦点をおいて区分したものだ。左派政権は画一的な統制ではなく媒体を差別的に扱い、論調や性向に基づいて支援、または抑圧するという多様な方法を駆使したのである。

2　新聞発行の許可制と言論統制

では、光復以降、韓国言論はどのような状況に置かれていたのか。前出の表をもとに、過去の韓国のメディアが置かれていた環境について簡単に整理してみよう。

米軍政時代（一九四五〜四八年）

第二次世界大戦終了後米軍が朝鮮半島南半分を統治した期間を指す。当初、米軍は新聞発行を自由にし、制限なしに許容（軍政法令一九号）したが、左右勢力の対立がますます激化し、各種党派を代弁する新聞が乱立すると、新聞発行を「登記制」（軍政法令八八号）に変え、新聞発行を制限し始める。

第一共和国、すなわち李承晩時代（一九四八〜六〇年）

一九四八年八月一五日、大韓民国政府が樹立された後、一九六〇年四月一九日、学生革命が起こるまでの李承晩統治時期を指す。

李承晩政権が樹立されてから二年後、金日成の韓国への侵攻により朝鮮戦争が勃発、三年間の戦争を経過しながら韓国では共産主義に対する反感が最高潮に達した。それがメディアに影響を及ぼした。政府は、新しい新聞の出現を政策的に抑制したので新聞発行の自由は制限された。新聞の停刊、新聞社に対するテロのような物理的な暴力による古典的な言論弾圧が日常的に起こった時期だ。

行政的には新聞、雑誌、通信の新規登録が抑制され、新しい新聞の創刊は、ほぼ不可能な状況であった。新聞発行登録証は、利権化し財産権として認識されたので、赤字に陥ることを知りながらも発行が許可され、合法的に登録された新聞、雑誌、通信は進んで経営を辞めることはなかった。ただ、当時も政府を批判する強力な野党（民主党）が存在し、野党系列と分類される『京郷新聞』『東亜日報』のような野党紙が存在した。結局、李承晩政権は民主主義を熱望する国民と学生の革命運動により退陣を余儀なくされる。つまり、この時期を完全に独裁体制が敷かれた時期に区分し、言論の暗黒時代に分類することはできない。

第二共和国時代（民主党政権、一九六〇～六一年）

一九六〇年四月一九日の学生革命後、民主党が政権の座に就いていた時期を指す。この時期政府は言論に無制限の自由を許容したので多くの新聞や雑誌など出版物が発行されるようになる。行政的に言論を統制しなかったため新聞の数が急激に増加し、メディアに従事したことのない似非記者、編集者の増殖によりメディアの信頼は地に落ちた。

軍事政府と第三共和国時代（朴正熙政権、一九六一～七二年）

一九六一年五月一六日以後、軍事政府は民主党政権時代に乱立した言論機関に対する一斉整備を断行して定期刊行物の数を人為的に減らした。この時期の政府が実施した言論政策は、その後の第四共和国、第五共和国へと継承される。新聞の新規登録を行政的に抑制して新たに新聞と雑誌が創刊するのを難しくし、言論の政府批判も制限される。

第四共和国時代（朴正熙維新政権、一九七二〜七九年）

一九七二年一〇月、朴正熙大統領（当時）は突然「維新」[5]を宣布する。この「一〇月維新」以降より朴正熙大統領が死亡し、全斗煥大統領が政権の座に就くまでの時期を指す。この時期の言論政策は、一九六一年朴正熙軍事政権が実施した言論統制政策が骨格となり、継承され、強化された。

第五共和国時代（全斗煥政権、一九八〇〜八八年）

言論機関の強制的な統廃合が断行され、構造改革が行われ、言論統制を強化された時期である。「言論基本法」を制定して「言論の公的使命」が強調され、言論の批判機能を制約した。「言論基本法」はそれまでの「新聞・通信社などの登録に関する法律」「放送法」「言論倫理委員会法」を統合して一つにした法律だった。権力の言論統制を合法化したという批判を受け、数回にわたり部分的な改正が行われるが、第六共和国出帆後に廃棄された。

第六共和国時代（盧泰愚政権、一九八八年〜）

「言論基本法」を廃止して一九八七年一一月二八日に「定期刊行物の登録などに関する法律」があらたに制定される（二〇〇八年一二月「雑誌など定期刊行物の振興に関する法律」に改定）。この法律により、定期刊行物の登録要件が緩和され、政治の民主化、経済成長、ソウルオリンピック開催のような環境の変化により言論は統制から解放され、言論はそれまで報道できなかった領域に切り込むことが可能になった。また。多様な言論媒体も登場した。一九六〇年の「四・一九」直後、第二共和国が定期刊行物の自由を保障して以来、三〇年ぶりに現れた現象であった。言論機関各社では労働組合が結成され、言論の民主化努力が叫ばれ、言論活性化の風が国中を席捲した時期でもあった。

盧泰愚政権以後、言論の自律化政策の骨格は今日まで維持されている。新聞発行の自由が保障されたが、四・一九直後、社会的な混乱を助長した「似非」言論が跋扈することはなかった。盧泰愚（一九八八～九三年）―金泳三（文民政府、一九九三～九八年）政権時代は言論と権力が共生関係を維持した時代とも言える。盧泰愚政府は強制的手段を用いるという抑圧的な手段の代わりに「若干の抑圧」と「強い誘引」を動員した抱き込み式統制方式を好んだ。(6) 金泳三政府も直接的、強圧的、制度的統制の代わりに非公式に影響力を行使したと評価される。(7) それまでの政権に比べ権力の言論弾圧が減った分、言論の自省と自浄努力が強調された。学会では言論の人権侵害問題と新聞社間の過熱競争から生じる否定的な面を批判する場合が多くなった。言論機関の経営主と高位言論人の財産を公開すべきだという主張まで登場した。言論と権力の癒着、言論人の道徳性を警戒する状況が生まれた。

3　金大中政権の言論弾圧

言論掌握文書

金大中政権（国民の政府、一九九八～二〇〇三年）から盧武鉉政権（参与政府、二〇〇三～〇八年）に連なる左派政権時期は言論の論調が保守と進歩の両陣営に分断された時期でもある。時の執権勢力と理念を共にするいわゆる進歩性向の言論と権力に批判的な態度を堅持した保守性向の言論機関との葛藤は金大中政権下ではますます尖鋭化していった。政府から強い影響を受けているメジャーのテレビ放送（KBSとMBC）と『ソウル新聞』（当時の題号は『大韓毎日』）、そして新生の『ハンギョレ新聞』は政府寄りの論調を展開、ビッグ3と呼ばれる『朝鮮日報』『中央日報』『東亜日報』など保守系言論（韓国では「朝・中・東」とも呼ばれた）は政府に批判的な論調を展開した。両陣営の論調のギャップは、時間の推移とともに大きくなり、絶大な影響力を行使するメジャーのテレビ放送は保守系言論を批判する番組編制を強化した。結果、言論界内部の葛藤はさらに増幅する。『ハンギョレ新聞』は、「深層解剖―言論権力」を連載、『朝鮮日報』『中央日報』『東亜日報』の経営主を攻撃する。それに対し「朝・中・東」は法的措置も辞さない構えで対置、またたく間にメディア業界には保守―進歩の激しい対立の構図ができてしまった(8)。

金大中第一五代大統領政権は言論統制の新しい方法を見つけ出した。金大中政府は発足してまもない一九九八年に広報処を廃止した。大統領職を狙って長い期間政治闘争を繰り広げた野党時代に金大中は一貫して、大統領になったら広報処を廃止すると約束していたのだ。しかし、大統領になって一年後の一九九九年五月、第二次の政府部門の組織改編を断行する際、国政広報処（次官級）という名の下、旧広報処に該当する機構を復活させる。

そんななか、金大中時代にはいわゆる「言論対策文書」、あるいは「言論掌握文書」と呼ばれる秘密資料が流出した。金大中大統領在任中に少なくとも一〇件にのぼる秘密文書が暴露された(9)。そのなか、最も基本をなす憲章兼総論的な文書と言えるものは一九九九年一〇月二五日、ハンナラ党（当時は野党）所属の国会議員鄭亨根が国会にて暴露した秘密資料である。

『朝鮮日報』『中央日報』『東亜日報』の三つの新聞のうち一紙は親与党紙にし、残る二紙は反政権的な態度を堅持できなくなるように手段を講じるという方案が秘密文書の主要内容となっていた。

それを実行に移す方法としては、大統領府を頂点として国税庁、検察、安全企画部（現・国家情報院）など国家権力機関を総動員して言論を「改革」するというものであった。

国家機関を動員しての総体的言論掌握のプログラムを推進することにし、そのために総括、監督、指揮をとる司令塔が必ず必要だとし、外部への露出は絶対避けるべきだと文書には書かれていた(10)。

税務調査を実施する傍ら、他の一般企業を動員して言論社の脱税疑惑に対する不満の声を高め、問題提起させる方法を取れば、国民から賛同を得やすいだろうとも書いている。

言論機関の弱点を握り、その情報を他の言論機関または外郭団体にながし、それを根拠に司法当局が捜査に乗り出すというシナリオを作ったのである。その後金大中政権はこのシナリオ通り政権に批判的な言論に対し、圧迫を加える。その他にも数件の秘密文書が暴露されたが、その内容は、金大中政権の言論弾圧手法とほぼ一致する。すなわち金大中政権の言論弾圧はこれら秘密文書に示された方法通りに行われたのである。

言論機関に対する税務調査

一九九九年五月二九日、国税庁は中央日報社社長の洪錫炫所有の寶光グループに対する電撃的な税務調査を実施した。世界日報に対する税務調査も同時に行われた。金大中政権の言論への躾が始まったと言われたのである(11)。一〇月一日に検察は、洪錫炫を、寶光グループを利用しての脱税容疑およびグループ会社に対する背任の容疑で拘束し、起訴した。『中央日報』は言論弾圧と断じ、強く反発する(12)。

金大中の言論に向けての本格的な〝戦争〟は二〇〇一年一月一一日、年頭記者会見で〝言論改革〟に言及した直後にすでに始まっていた。当時金大中政府の海洋水産部長官で、後に大統領に当選する盧武鉉は「いままさに、政権圏が言論と戦争を起こす時期がきたのではないか」とし、「言論に対する宣戦布告を辞さない」態度に出るよう、政府を促した。

大統領だった金大中が言論統制を強行した理由は、北朝鮮に対する宥和政策に有利な方法へと世論を誘導するためであった。最も影響力が大きい新聞であり、金大中の対北朝鮮政策に批判的であった『朝鮮日報』主筆、金大中(同名異人)は次のように証言する。

大統領であった彼は『朝鮮日報』主筆の私を二回も青瓦台（大統領府）に呼んだ。最初は二〇〇〇年、南北首脳会談（後に分かったが）が行われる前で、その次に呼ばれたのは会談が行われた後だった。最初の対面では、『朝鮮日報』に太陽政策（融和政策）を支持、賛成してくれることを付託するためであった。その後の対面は金正日の答訪（金正日のソウル訪問）を妨害する記事を書かないようにと要請するためであった。その前後の記憶ははっきりしないが、当時『朝鮮日報』の社説は金正日のソウル訪問は約束したものであり実行されなければならないが、訪問時に彼は、六・二五戦争（朝鮮戦争）、大韓航空機爆破事件などについて、まずは、謝罪しなければならないと主張した。その時からＤＪ（金大中の略字）政権はとうとう『朝鮮日報』側に数人の執筆陣の交替を要求してきた。その要求が受け入れられないと彼らは税務調査という手段に打って出たのである(13)。

大統領は言論に致命的な影響を及ぼす公権力を手にしている。市民団体と改革を主張する人々が『朝鮮日報』のような保守言論を攻撃し、国税庁、公正取引委員会、検察など国家権力が一斉に言論改革という〝大義名分〟を掲げ、これら言論機関に圧迫を加える。国税庁が厳しい大規模の税務調査を実施するかと思えば、一方では公正取引委員会が言論機関の公正取引の実態を調査、「新聞告示制」を強行すると脅す状況であった。前で言及した「秘密文書」のシナリオ通りの言論弾圧が現実化したのである。

国税庁は当初六〇日間の予定で言論機関に対する税務調査に入ったが、三回も調査を延長しながら一四二日間にわたり一〇〇〇人以上の職員を投入して、二三の言論機関に対し一斉調査を行った。結果、単一業種としては最高額となる五〇五六億ウォン（約五〇〇億円）の追徴金を徴収した。朝鮮日報は八六四億ウォン、中央日報八五〇億、東亜日報八二七億と、保守系言論機関三社に対する税金追徴金は全体の半分に達した。税務調査は、特定言論機関を狙ったのではないかという疑惑が浮上したが、公正取引委員会は、税務調査とは別途にこれら言論機関（合計で一三社）に対し課徴金二四二億ウォンを課した。

メジャー言論社社長を拘束

税務調査は、言論機関の社主の司法処理に繋がった。ソウル地方法院は二〇〇一年八月一七日、六つの新聞社に対する税務調査に関連して朝鮮日報社社長の方相勲、東亜日報社の金炳琯前名誉会長、国民日報社趙希埈前会長に対し拘束令状を発布し、その日の夜、三名ともソウル拘置所に拘束された。このようなメジャー新聞三社の経営主の拘束は前代未聞の事件とも言えた。

検察は、方相勲社長については脱税六三億ウォン、横領五〇億ウォンの容疑を、金炳琯前名誉会長については脱税四二億ウォン、横領一八億ウォン、趙希埈前会長に対しては脱税二五億ウォン、横領七億ウォンの容疑を適用した。

これに対し『朝鮮日報』弁護団の弁護士らは「検察が横領と主張する五〇億ウォンは個人的にはたったの一ウォンたりとも使用した事実はなく、会社のために公的につかった」として法廷闘争に臨んだ。弁護団は、過去一〇年間に『朝鮮日報』は他のいかなる言論機関よりも誠実に納税してきたことを強調、拘束の不当性を指摘した。

『東亜日報』の弁護団は「金前会長は六七歳の高齢であることに加え、心臓病など持病を患っており、とくにこの事件に関連しては夫人と死別するなど大きな苦痛を受けた」とし「検察が横領容疑を適用したお金も会社のために使っている。むしろ同じ期間中に個人のお金二〇億ウォンあまりを会社のために使ったので会社に損害を与えた事実はない」と主張した(14)。

『朝鮮日報』方相勲社長は八月二四日に開かれた、言論機関税務調査告発事件の初公判で冒頭陳述、「国税庁の税務調査が行われる前から北朝鮮問題を含む（政府に）批判的な『朝鮮日報』の社説、記名コラムに対する（政府関係者からの）不満が様々な経路を通じて私に伝達された」「税務調査が行われた後はそのような社説とコラムを書いた方々に対する不当な要求もあったが拒否した」と述べた。『朝鮮日報』によると、方社長は「その時すでに刑務所に行くことは覚悟した」と話したという[15]。

しかし、その後公正取引委員会は、二〇〇二年一二月三〇日に一五社の言論機関に賦課していた追徴金（一八二億ウォン）を取り消すことにし、追徴金の賦課措置がそもそも間違いだったことを自ら認めた。税務調査過程において国税庁は言論人らの銀行口座を無差別に調査するなど「乱暴な（マグジェビ）調査」が横行したという非難を受ける。当時の国税庁の長は海外に逃避、公正取引委員会委員長は収賄罪で拘束されるという状況にあった。言論機関の改革を掲げた権力機関の道徳性がむしろ問題にされる事態だったのである。

二〇〇二年一〇月、野党（現・ハンナラ党）は国家情報院が不法に盗聴を行っていたという疑惑を提起した。人権と道徳性を前面に出していた金大中政権が盗聴、言論弾圧を行い、不法に個人の銀行口座を追跡することに批判の声が高まった。盗聴疑惑は金大中政府が発足して一年も経たない一九九八年一〇月にも問題になっていた。一〇月四日付、日刊紙の一面には関連の五つの部（省）の長官らが不法な盗聴はしないという広告を出したことがあった。しかし、二〇〇二年末に至っても言論弾圧と盗聴は続けられていたという事実が明るみにでたのである。

金大中と盧武鉉は、政治の勝敗は言論に関わっているという認識を持っていた。そこで言論を効率的に活用しようと努力してきた。大統領に当選するまでの過程に二人は、自分に友好的なメディアの力を借りたという共通点をもつ。盧武鉉政府は「政策はすなわち広報」というスローガンを掲げるほど、メディアの報道が政策の勝敗を左右すると認識する政権でもあった[16]。

4　盧武鉉政権のメディアとの戦争

対決姿勢と二分法的な言論観

盧武鉉大統領（参与政府、二〇〇三〜〇八年）は、それまでの大統領とはまったく異なる方式の言論政策を打ち立てた。彼はメディアを二つの類型に分類して単純化し、好悪の感情を隠さず、自ら言論との戦争を陣頭指揮するなど、メディアとは正面で対決する姿勢で臨んだ。彼は批判言論を「守旧・極右言論」または「族閥言論」と規定した。盧武鉉が「守旧・極右言論」に分類したのはメジャー新聞の『朝鮮日報』『中央日報』『東亜日報』（朝・中・東）の三つの新聞に代表される言論機関であった。

この類型の新聞を彼は「自分をいじめ、迫害する言論」と呼んだ。よりやわらかい表現を使うときはこの類いの新聞を「特別な少数言論」と呼び、改革の対象と決めつけた。

金大中政権を承継した盧武鉉政権はあえて「言論との戦争」を権力の動力とした。韓国を代表する三つのメジャー新聞に「粗暴（ヤクザ）」のレッテルを貼り、「『朝鮮日報』『東亜日報』の発行部数を五〇万部から一〇〇万部は減らさなければならない」という目標すらあげた。それでも三紙の発行部数が減らないと、法的な手段に打って出たのである。政権に対し〝批判の声〟を上げる言論を弾圧するという権力の本質的な部分において、金大中・盧武鉉政権は、彼ら（金大中と盧武鉉）が非難してきた権威主義政権とまったく同じだったのである。(17)

盧武鉉は、大統領に当選したあと、選挙で自分の勝利に寄与したインターネット新聞『オーマイニュース』と単独インタビューを行い、メジャー新聞を無視することで、「守旧言論」に対する敵対感情を露にした。「メディアは私をいじめた。粗暴的な言論の横暴と戦わなければならない。これ以上、言論にぺこぺこしないつもりだ」と宣言する（二〇〇一年二月九日付『オーマイニュース』とのインタビュー）。大統領当選者がメジャー新聞を退けてインターネット新聞と単独インタビューを行ったのも破格的だったが、それより直説的で戦闘的な語法は世間を驚かせた。

盧武鉉が大統領に当選した後、政府は記者の官公署出入りを制限し、新聞報道の意図を問い質すなど、「誤報」とは戦争も辞さない態度で臨んだが、それは大統領の言論観が政府部署に反映された結果であった。

盧武鉉は自分に対し好意的ではないメディアに対しては、政治闘争と同じ方法で対応するという姿勢を貫いた。言論は大統領を「迫害」するくらい強い力を持っているので、政府は防御しなければならないと主張した。国会における初の施政演説でも「このような言論環境のなかで大統領としての成功が可能かと、懐疑的に思うようになった」と述べるなど、言論が政治の勝敗を左右するという言論観を表明した。

言論統制関連法の制定

盧武鉉政権は言論を規制する方法を多角的に模索し、それを実践に移した。行政的な弾圧、司法的な統制と准司法的な弾圧を並行して行ったのである[(18)]。盧武鉉時代に言論に対する改革立法の一貫として作ったのが「新聞等の自由と機能保障に関する法律」と「言論仲裁および被害救済などに関する法律」（二〇〇五年一月二七日制定、同年七月二八日に施行）である。

盧武鉉政権は「新聞の自由と機能を保障し新聞産業を振興するため」新聞法を制定したと主張した。盧武鉉政府は、新聞法はインターネット新聞の登録根拠を整えるためであるとも主張した。さらに、新聞発展委員会および新聞流通院を創設、読者権益委員会、編集委員会の設置を勧告するなど、言論産業の「先進化」と読者権益の基盤を作ると称し、言論統制に乗り出した。

言論仲裁法は言論人権保障を強化した法であり、損害賠償の調整および仲裁申請を可能にしたもの。そしてこの「仲裁法」によりインターネット新聞を対象に損害賠償の申請が可能になったという論理を展開した。

盧武鉉政権はこれら一連の政策を自ら次のように評価した。「政府と言論との関係が独立的な距離を維持し、過去の権言癒着（権力と言論機関の癒着）関係は画期的に清算された」と。「政府と言論が相互独立的な位置を確保することによって相互牽制と緊張関係が形成された」とも説明した。(19)

盧武鉉政権下で制定した新聞法は韓国のメディアの歴史においてかつてなかったものだ。新聞法により韓国には三つの新しい制度が導入された。まず、いわゆる「市場支配的事業者」という概念がつくられ、発行部数が多い新聞に対しては制裁を加えられる法的根拠ができた。次に、「新聞発展基金」を助成して、弱小メディア（事実上は政権に好意的なメディア）に対し資金を提供する制度だ。三つ目は、新聞の共同配達業務を担当する「新聞流通院」を設立したことである。

これら法とは別途に二〇〇四年一〇月には、「地域新聞発展支援特別法」を制定して、地方で発行される新聞を支援し始める。国庫から言論に支援金を支給するという法的制度の導入は言論史上初めてのことであった。メディアに対する弾圧が深刻だった日本統治下と光復以後歴代政権下においてもなかった制度である。

言論を政権に有利な方向へと誘導できる機構を新設し、国庫助成金で「新聞発展基金」に支援金を支払い、親政府の新聞を育成するという意図があったのだ。ただし、その後、これら法律に含まれた「市場支配的事業者」を規制する条項は憲法裁判所で「違憲」の判決を受ける。

盧武鉉政権下につくられた二つの言論関連の法律は金大中政権時代に淵源がある。左派政権は民主言論運動市民連合・言論改革市民連帯・言論労働組合などと連帯して強い意思をもって言論法の制定を推し進めた。すなわち、親政府性向の言論団体、または「市民団体」が言論改革を口実に絶えず提起した主張が貫徹されたのである。では、新聞関連法案の何処が問題だろうか。ここでその問題点を検証してみよう。

読者が読みたがらない新聞の保護と育成に繋がる

「市場支配的事業者」に対する規制とは、新聞発行部数の多い新聞に対し課徴金を科し、財政的に規制を加えるという制度である。一社の新聞紙の発行部数が全国日刊紙の発行部数の三〇％を超えた場合、または三つの新聞社の新聞紙の発行部数が全国日刊新聞の発行部数の六〇％を超えた場合、課徴金を賦課するという法律だ。

盧武鉉政権に批判的な論調を展開した三大メジャー新聞のなか、発行数が三〇％を超える新聞紙はなく、三つの新聞紙の発行部数を合わせても六〇％を超える新聞はなかったが、この法的論理に内包されているこれらの内容は、論理的には悪意のある要素とも言えた。

論理的には、いつか、いずれかの新聞がこの規定に抵触する事態が生じることも考えられるからだ。読者が多いから課徴金を科すという条項は、読者が読みたがらない新聞を保護しようとする意図から生まれた発想である。内容が充実していて是々非々を問う批判的な新聞を読者は読みたがる。読者は、批判機能を除去し、権力の言うなりになる新聞は読みたがらない。人気がなく読者から歓迎されないメディアが市場で淘汰されるのは当たり前のことだ。淘汰されるべき新聞を国民の税金で延命させ、政権の道具にしようとする意図が法制定の隠れた意図であったので、この法律のなかの「市場支配的事業者」に関する条項は結果的に「違憲」の判決を受けた。

政府が言論事業に介入できる隙間をつくった

新聞発展委員会は、新聞法第二七条に基づいて設立された機構として、二〇〇五年一〇月三一日に設立された。「言論の多様性を保障し新聞産業の振興のための業務を支援し、新聞発展基金を管理運営すること」を目的とする機構として位置づけられたのだ。新聞発展委員会の構成員は文化観光部長官が三名を委嘱し、国会議長が二名を推薦、韓国新聞協会・全国言論労働組合・韓国言論学会および市民団体がそれぞれ一名ずつを推薦して九名で構成されることとなった。任期は三年とし、再任を可能にした。しかし、この委員会は、文化観光部長官が委嘱した三人をはじめ国会議長が推薦する二名の中の一人（与党）、言論労働組合と市民団体が推薦する委員を含めると、九名の委員のうち、六人は親政府性向の委員であった。

委員会が運営する「新聞発展基金」は、(1)政府支出金、(2)他の基金からの転入金、(3)個人または法人の寄付金、(4)基金運営で生じる収益金、(5)その他大統領が定める収入金などでまかなうことになった。しかし、五つの助成方法のなか政府の支出金以外の財源は事実上入金の見込みのないものであったため、全額政府が負担するようなものであった。

二〇〇六年度予算として割り当てられた発展基金は、二五〇億ウォンであったが、この基金で直接事業、補助事業、融資事業など各種名目で数十社の新聞紙に支援金を支給して「新聞発展」を図ることにした。しかし、支援金を受けとる新聞が政府を批判する論調を展開することは考えられないのではないだろうか。

施行令第二六条では、基金の用途についても明示している。(1)疎外階層などに分類される読者への支援事業、(2)言論報道被害者相談および被害救済に関する事業も支援することになった。「購読料支援事業」は政府が新聞購読料を負担するという点で「読者誘導」の可能性が憂慮された。特定の新聞を選び、発行部数を理由に支援金を支払うことが可能になるからだ。被害救済事業への支援は言論関連市民団体に予算を割り当てることができるように、その根拠として利用される可能性もあった。

野党からは「言論被害救済に政府が介入する」「経費の補助をもって政府が市民団体を友好勢力として抱き込もうとしている」と問題提起した。

5　その他の新聞関連法の問題点

新聞流通院の共同配達の問題点

新聞法第三七条を根拠に設立されたのが財団法人新聞流通院（通称、流通院）である。二〇〇五年一〇月二六日、盧武鉉政府は、文化観光部長官を院長とする七名の理事と一名の監事を選任した。流通院は全国で発行される様々な新聞を共同で配達する事業を受け持つ機関として設立された。業務範囲は、⑴新聞共同配達、⑵雑誌およびその他刊行物の配達、⑶新聞輸送の代行などである。放送とインターネット媒体の発達と拡散により新聞購読者が急激に減少しているのに、各新聞社がそれぞれ独自の配達組織を運営するのは無駄である。すなわち、新聞配達事業で費用を節減し、無駄な競争を防ぐために共同配達制度を創設するという論理であった。新聞産業の危機的状況を克服する一つの案としては、妥当性が認められる主張とも言えるだろう。

そこで、盧武鉉政府は、流通院の運営資金として、二〇〇六年には一〇〇億ウォンの予算を割り当てたが、野党（当時はハンナラ党）は予算全額削減を主張した。国庫から一〇〇億ウォンを支出する前提条件は、新聞社の出資金二〇〇億ウォン、流通院で見込まれる収入二〇〇億ウォンを確保しなければならないというものであったが、流通院に出資する新聞社は一社もなかった。結局、政府の予算で新聞を配達する形となった。それ以前に、いくつかの新聞社の主導の下設立された共同配達会社も閉鎖に追い込まれたという前例がある。つまり、大義名分を掲げ流通院という国家機構をつくったが、スタート時点より、政府の予算で事業をまかなわなければならないという不完全な形でのスタートだった。

このような状況のもと、政府は二〇〇九年まで五年間に、合計で一一八〇億ウォンの予算を編成し、この予算をもって本部および広域市、中小都市、邑面（邑と面は韓国の市郡区の下部行政区域の名称）、地域のセンターなど六六二カ所の配達所の運営を支援する予定であった。最初の年であった二〇〇六年にはソウルおよび五〇の広域市・二〇の中小都市、邑面に二〇の地域センターを開設するという目標を立てた。ところが、この計画は、立法時の趣旨に反するという指摘を受ける。

邑や面より広域市に多くの支局をつくるという計画は法の本来の趣旨に反するというものであった。配達網が整備されている大都市により多くの共同配達網を構築するのは重複投資になる上、「国民の幅広い言論媒体に対する選択の権利を保障する」という、法律条項の趣旨にそぐわない。

共同配達制の実施と並行して各新聞社が運営する新聞補給所（配達所）を統合して一つにすれば発行部数の少ない零細新聞にとってはかなり有利だ。収支バランスの問題があったため補給所をつくれなかった新聞社も自社新聞を配達できるようになるからだ。『ハンギョレ新聞』『京郷新聞』『ソウル新聞』がこの制度を積極的に支持した理由はここにあった。しかし、発行部数の多い新聞の場合、長い年月をかけて全国各地に新聞補給所をつくり、配達で生計を立てる従業員を抱えていた。このような各地の補給所をどう処理すべきかの問題を解決しないままの見切り発車となった。

地域新聞発展支援とニュース通信振興会

「地域新聞発展支援特別法」（二〇〇四年三月二二日制定、九月二三日施行）は、新聞法より先につくられた法律だ。

この法律は韓国記者協会と全国言論労働組合をはじめ、メディア関連市民団体の強力な主張と政府与党の推進により制定された。政府に協力的な地方新聞に特恵を与えるためであり、批判的な地方メディアの言論を封じ込めるための方策として便利に使われる可能性があるという批判を受けた。しかし、法制定を要求する地域新聞の労働組合関係者は政治家に働きかけを強化、法制定に積極的でなかったハンナラ党を糾弾した。さらにメディア各社の言論労働組合（通称、言論労組）員らは地域新聞支援法制定に反対する議員らの落選運動を展開すると脅した。

言論労組の一部の幹部らはハンナラ党本部ビルに押し入り、徹夜で抗議集会を開くなどして法制定を促した。このようにして制定されたこの法律は六年間だけ施行する期限付きの法であったので、二〇一〇年九月二二日をもって効力を失うはずだったが、未だに制度は見直されていない。

この法律でいう「地域新聞」の範疇は一部の特別市・広域市・市・郡・区地域を主要補給地域とする新聞である。また、この法律では地域新聞の発展を支援するため、文化観光部内に地域新聞発展委員会を設置することになっていた。

地域新聞発展支援金は、二〇〇五年度だけで二五〇億が支出された。支援金は⑴地域新聞の経営条件の改善への補助、⑵地域新聞の流通構造の改善への補助、⑶地域新聞発展のための人材養成および教育、調査、研究への補助、⑷地域新聞の情報化のための補助、⑸その他地域新聞の競争力強化および公益性を高めるために必要な事業に対する支援、補助、あるいは融資などに使用されることになっていた。

この法律が初めて施行された二〇〇五年度に、政府は日刊紙五社、週刊誌三七社の四二社に支援金を支出することにしたが、選定結果については批判の声が上がった。韓国新聞協会は、地域新聞発展基金支援対象は法の趣旨と一般の期待とは裏腹に地域別・媒体別のバランスを失ったものと批判した。

ニュース通信振興会は「ニュース通信に関する法律」（二〇〇三年五月二九日制定）は、聯合ニュースを振興させるための法律であるとした。聯合ニュースの発展と向上のための研究および学術事業、ニュース通信振興資金の運用管理、聯合ニュース社の予算と決算の承認、代表理事および理事、監事の推薦などを教務範囲と定められた。

KBSにも国庫補助

盧武鉉政府は、経営不振で六三八億ウォンの赤字を出した韓国放送公社（KBS）にも、一五二億ウォンの補助金を支出することにした。KBSの社会教育放送と国際放送の創出費、および老朽化した設備の交替費名目で九一億四七〇〇万ウォン、社会教育放送プログラムの制作費名目で、放送発展基金から六〇億五六〇〇万ウォンを支援した。KBSに国庫補助金があてられたのは創立以来初めてのことである。親政府インターネット新聞『オーマイニュース』が平壌で主催するマラソン行事に統一部（韓国主要省庁の一つ）が八〇〇〇万ウォンを支援したが、これも言論機関に対する政府の支援の一例として数えられよう。

公正取引委員会は、年間三〇億ウォンの予算を策定して、新聞と一般の不公正行為に対する告発者に報奨金を支払うことにした。報奨金は最低三〇万ウォン、最高五〇〇万ウォンまでとした。そして、たったの一件の告発があっても当該部署に対し全面的に違反行為の有無を調査できるようにした。これは新聞本社に対しても常に職権調査を可能にするものであった。それは逆に、競争相手の新聞社に対する悪意の告発を増やす結果をもたらす危険性も孕んでいた。

では、言論機関に対する巨額の国家支援は妥当なものなのか。政府が主導権を握る委員会で、言論機関に対し支援金を提供するという制度の下、独立性を維持しなければならない言論が政府に隷属され、政府の顔色をうかがって報道を行うという危険性はないだろうか。それを憂慮する声が上がるのも当然であった。親政府的な言論に国民の税金をつぎ込むのは民主主義と市場経済の原則に反する可能性もある。

左派政権が誕生するまで、発行人団体、新聞協会は、政府の言論政策に従う場合が多かったが、反面、一線の記者の集まりである記者協会は、政府の言論政策を批判し、牽制するという立場をとった。ところが、金大中政府以降、記者協会と言論労組はむしろ政府の言論政策を支持するという状況に変わった。それに対して、新聞を国が財政的に支援することを可能にした法案に新聞協会はずっと批判的な態度をとった。

新聞協会は新聞法の立法過程に、言論自由の侵害の可能性がある一部の条項について反対意見を表明した。施行令の一部規定についても母法の許容範囲を超えて、新聞制作および経営の自律性を制約する可能性があると、憂慮を表明した。言論仲裁および被害救済法も第三者告発、是正勧告内容の公表など一部条項が自由な取材活動および報道活動を萎縮する可能性があるとして、数回にわたり反対意見を表明した。

軍事政府は「言論政策」（一九六二年六月二八日）と「言論政策施行基準」（同年七月三一日）を発表して、言論の責任を強調する政策を強力に推進した。新聞経営人の資格と言論機関の基準を定め、実力のない企業に対しては整備を命じ、整備後は政府が新聞社という企業の育成のために必要な資金を融資するなど最大限の支援と便宜を提供し、言論機関が正常に経営できるようにするという政策を展開した。新聞用紙の輸入に特恵を与え、施設拡張と経営に必要な資金は融資するという内容であった。また、新聞倫理委員会の機能を拡大強化して、強力な自律的な制裁を促進するという内容も含まれた。ところが時代が変わり左派政権になった後も、このような言論機関に対する特恵措置は受け継がれ、民主化が叫ばれるなか、左派政権の言論政策は、軍事政権の言論政策と内容的に一脈相通ずるものがあったのである。

左派政権は軍事政府に比べ、より精巧な法的制度をつくり、税務調査、公正取引委員会を通しての、課徴金賦課のような規制を動員して新聞の統制を試みた。それでいながら新聞などの「自由と機能保障」を訴え「言論先進化」を標榜した。法に規定された様々な言論関連委員会には巨額の国庫支援を約束、親政府媒体や親政府系市民団体に従事した前歴のある人、または時の政権（金大中・盧武鉉）と理念を共にする人々を、委員会や事務局に多く配置した。

6　憲法裁判所の違憲決定

保守系の言論各社は言論法が違憲の疑いがあるとし、違憲の可能性がある要素について批判を展開した。二〇〇五年二月一六日『朝鮮日報』と『東亜日報』、『環境建設日報』、そして弁護士などは憲法裁判所に「憲法訴願審判請求」を申請するに至る。

言論関連法が言論の自由を侵害する疑いがあるという理由からだった。言論法の違憲の可能性を問う訴願審判を請求したのは韓国言論史上初めてのことである。

審判請求は左記の点で重要な意味をもつものであった。

まず、韓国において最も長い歴史を誇る『朝鮮日報』と『東亜日報』が言論法の違憲可能性について訴願を提出、判定を申請した事実は、大きな歴史的な意味をもつものであると言わざるを得ない。大韓帝国末期に制定された「新聞紙法」（一九〇七年七月二四日）以来、日本の植民地統治を経て今日に至るまで、言論と関連のある様々な種類の法律が施行された。その中には言論活動を制約し弾圧するための毒素条項が含まれる悪法も多かった。そこで言論界では悪法の廃棄と改定を要求する主張は多かったが、法律そのものの違憲判定を要求した前例はなかった。つまり、特定の記事などに関する法廷闘争ではなく、韓国では自他が認める伝統あるメジャー新聞二社が原告になり、法律の違憲の可能性を問う裁判を起こしたのは重く受け止めるべきだろう。

次に、盧武鉉政権時代につくられた一連の言論関連法律は、批判言論を抑圧すると同時に、親政府系媒体は国民の税金をもって保護育成する装置を制度として確立しようとするものであった。それは憲法の精神に背馳するものであるというのが原告の主張であった。世論の多様性を保障するという名分を掲げ、発行部数が一定の水準を超える新聞に対しては規制を行い、親政府系新聞に対しては国庫支援を行い、新聞配達を代行する機構まで新設したことについても原告は問題提起した。発行部数は競争原理に基づいて市場の機能にまかせ、読者に選択してもらうのが原則である。読者が読みたがらない新聞は淘汰されるのが自然であるのに、政府の支援金をもって特定新聞を育成しようとした発想に根本的な問題点を内包していたのである。

三番目に、言論仲裁委員会法には報道の自由を萎縮させる条項が含まれていた。この法律によれば言論機関の故意、過失がなくても訂正報道を請求できるようになっている。この条項（一四条二項目）が争点になったのである。この条項については、ソウル中央地方裁判所民事合意二五部は、「言論の自由を侵害した」として違憲法律審判を請求した（二〇〇六年一月）。盧武鉉政府は部署別に些細な問題に至るまで仲裁申請ができるように奨励し、仲裁委員会設立の趣旨を悪用して言論抑圧の方便にしている。

憲法裁判所は二〇〇六年六月二九日に、新聞法と言論仲裁法の五つの条項について違憲、または憲法不合致決定を下した。憲法裁判所は、⑴市場支配的事業者規定（「一社の新聞事業者の市場占有率が三〇％以上である場合、三つの新聞の市場占有率が六〇％を超えた場合、構成取引法上、市場支配的事業者に指定する」という規定）、⑵新聞発展基金支援禁止、⑶複数新聞禁止条項、⑷仮処分手続きで訂正報道を請求できる条項、⑸言論仲裁法を過去に遡って適用する条項などが正当性を欠いているものとし、それらの条項は法的な効力を喪失するとの判決を下した。

盧武鉉大統領は言論機関との調整と妥協を拒否、国民に直接訴えるという戦略を駆使しながら言論を屈服させようと、法的、制度的な道具を活用した。(20)

退任を目前に控えていながら盧武鉉大統領は「取材支援システム先進化方案」（二〇〇七年五月二二日）を発表、

政府各部署の記者室を統廃合し、政府各部署に対する取材を制限するという措置をとる。そして記者会見室を撤去するなど物理的な手段をもって言論を抑圧しようとし、言論との対決姿勢をより鮮明にした。

盧武鉉の言論政策については、韓国新聞放送編集人協会が編纂した『盧武鉉政権言論弾圧白書』(二〇〇八年)に詳細に記録されている。新聞発展委員会と新聞流通院は、二〇〇五年一一月に発足した韓国言論振興財団に統合された。

7 終わりに代えて

筆者は歴代政権の言論弾圧を批判する論文を多く書いてきた。一九六四年、言論界に入門したあと、一九七〇年記者協会編集室長を務めた時代には維新政権(朴正熙政権)を批判した。一九八〇年以後大学教授になってからは言論の自由を擁護しながら言論の人権侵害を警戒する論文を多く執筆した。しかし、本章では第一共和国(李承晩政権)より第五共和国に至るまでの各時期の言論弾圧については簡略に記述し、もっぱら金大中・盧武鉉政権の言論統制政策を批判する内容に焦点を当てた。

権威主義、または軍事政権の言論弾圧はもちろん絶対正当化できない。しかし民主化が実現し、国民が直接選挙で選んだ金大中・盧武鉉政権が言論弾圧を行うことについては、さらに厳しい目を向ける必要があると信じるからだ。民主主義を標榜し、いわゆる「国民の政府(金大中)」「参与政府(盧武鉉)」を自認する政府が、ありとあらゆる手段を動員して言論を弾圧したことについては容認できないと思ったからだ。

本章は筆者が時事雑誌に寄稿した論文と日刊紙に発表したコラムから多くの内容を抜粋、引用しながら執筆した。

以前、論文として発表したがこのたび、再びここにその内容を用いた論文やコラムとしては左記のものがある。


一九九九年一〇月六日付『中央日報』「言論弾圧　類型と教訓」

一九九九年一一月三日付『文化日報』「〝言論文書〟真相究明の本質」

一九九九年一二月一六日付『朝鮮日報』「時代錯誤的な〝言論統制の発想〟」

二〇〇一年四月九日付『朝鮮日報』「改革と〝作戦勢力〟」

二〇〇一年六月二六日付『朝鮮日報』「〝税金洗礼〟をうけた新聞」

二〇〇一年八月一日号『月刊朝鮮』二七一～二七七頁「〈企画特集：金大中政府の理念的座標と指向点分析〉野党時代は自律と言論自由（を叫び）、執権後は他律と税務調査」

二〇〇二年三月一二日付『朝鮮日報』「続・言論掌握文書」

二〇〇二年一二月三日付『世界日報』「時論、〝盗聴〟の真実をはっきりさせるべきだ」

二〇〇三年五月号『月刊新東亜』「盧武鉉大統領と言論：友軍、敵軍にわけ戦争を仕掛けるな」

二〇〇三年五月号『月刊憲政』五九～六一頁「政権VS言論：大統領を攻撃する言論と応援する言論、〝新聞飽和論〟認める政権が定着すべき」

二〇〇三年六月号『月刊経済風月』一〇五～一一一頁「論客たちの世相覗き：盧武鉉政府の言論政策、新聞不信を超え敵対感」

二〇〇三年六月号、月刊『韓国論壇』七二～一一五頁「自由言論守護国民フォーラム：韓国を言論自由の守護者の地位から〝監視対象国〟に転落させる」

二〇〇三年七月一七日号『週刊朝鮮』七四～七五頁「KBS、しっかりしろ！」

二〇〇三年八月一八日付『東亜日報』「KBSの歴史資料歪曲」
二〇〇三年九月一四日、秋季号『自由知性』二七〜三三頁「言論改革の実像」
二〇〇三年九月一七日付『東亜日報』「国際監視対象となった〝盧の言論観〟」
二〇〇四年八月九日号、『韓国論壇』三四〜四三頁「韓国新聞の聞きと左翼親北（朝鮮）言論の主流化」
二〇〇五年三月号『月刊朝鮮』一一八〜一二二頁「時論：新聞法は反民主悪法だ――読者の指示を得ている新聞に〝市場支配的事業者〟という前代未聞の罪名の〝手錠〟をかけた」（この論文は、毎日新聞社下川正晴編集委員が日本語に予約翻訳して『現代コリア』二〇〇五年五月号、七四〜七六頁、に「韓国新聞法は反民主の悪法だ」との題目で掲載された）

（翻訳　李相哲）

注

（1）言論：韓国語ではメディア、報道、報道機関と同義語としてつかわれている。「言論活動」とは報道活動、「言論機関」とはマスコミ各社、「言論統制」はマスメディアの報道活動への統制を意味する場合が多い（訳者注）。
（2）光復：第二次世界大戦が終結すると、一九四五年八月一五日、韓国における日本の植民地統治も終わりを告げる。この日を韓国では「光復節」つまり、光を取り戻し、独立を実現した日と定めている。「光復後」を日本語では「第二次世界大戦終了後」、または「終戦後」と訳すことができる（訳者注）。
（3）共和国：韓国の歴代政権を韓国では順番に「第一、第二共和国」と称する。第二共和国とは、一九六〇年の四月一九日の革命運動（四・一九ともいう。）から一九六一年の五月一六日、朴正煕を中心とした軍人らが起こした軍事クーデター（韓国では習慣的に「五・一六」という）までの間、韓国に存在した政権を指す（訳者注）。
（4）六・二九民主化宣言：一九八七年六月二九日、盧泰愚大統領候補（当時、民主正義党代表委員）が発表した「国民の大団結と偉大な国家への前進のための特別宣言」を指す。ソウルオリンピックを成功させるために「大統領直接選挙制」を受け入れ、反体制政治家・金大中の赦免・復権を約束したことから韓国の政治状況は一挙にかわる（訳者注）。

(5) 維新：韓国では維新政府、維新政治、維新政権と「維新」を特別な意味として捉えている。一九七二年に朴正熙大統領（当時）が断行した「維新」では、非常事態を宣言、憲法を自らの手で改正して「維新体制」を確立した。
(6) 『参与政府5年政策広報白書』国政広報処、二〇〇七年、二五三頁。
(7) 鄭仁淑『金泳三政府下の言論統制関連事例、記事集』（Ⅰ）（Ⅱ）、一九九七年。この調査は寛勲クラブが時限を設けて運営した「韓国言論二〇〇〇年委員会」の委嘱を受けた専門委員会の研究結果である。研究者は金泳三政府の言論統制事例を推し量ることのできる記事を『メディアの今日』『記者協会方』『正しい言論』のような言論専門批評誌から集めている。
(8) 「乱打、乱打、死活をかけた攻防、ハンギョレと朝・中・東の戦い、拡戦一路、野党・市民までが加勢」『時事ジャーナル』二〇〇一年三月二九日号。
(9) 呂永茂『左派大統領の言論との戦争』ニュースアンドピープル、二〇〇七年、二九五～三二三頁。
(10) 呂永茂（前掲書）、二九五～三〇三頁、に全文が掲載されている。鄭晋錫「〝言論文書〟真相究明が本質」『文化日報』一九九九年一一月三日付。
(11) 成漢鏞『DJは何故地域葛藤解消に失敗したのか』中心、二〇〇一年、二九〇頁～。
(12) 権テドン『青瓦台（大統領府）・中央日報の大衝突、五〇〇日の顛末――忍耐、忍耐の末に暴露した二年ぶりの反撃』月刊中央、一九九九年一一月号、六六～七三頁。
(13) 金大中「金大統領様、このぐらいで下がってくれませんか」『週刊朝鮮』二〇〇七年八月二七日号。
(14) 「朝鮮方相勳社長・東亜金炳琯前名誉会長など言論社大株主三名拘束」『朝鮮日報』二〇〇一年八月一八日付。
(15) 「本社方相勳社趙、検察公訴事実否認、社説・コラム筆陣に不当な要求拒否、その時すでに刑務所行きを覚悟」『朝鮮日報』二〇〇一年九月二五日付。
(16) 『参与政府五年政策広報白書』国政広報処、二〇〇七年。
(17) 「金昌均コラム：誰が誰に向かって指を指すのか」『朝鮮日報』二〇〇九年八月五日付。
(18) 呂永茂『左派大統領の言論との戦争』（前掲書）、三七～七〇頁。
(19) 『参与政府5年　政策広報白書』国政広報処、二〇〇七年、二五六頁。

(20)　孫太圭「盧武鉉大統領の言論観と言論政策」『盧武鉉政権言論弾圧白書』韓国新聞法曹編集人協会、二〇〇八、一二〜一九頁

第2章　現代中国のマスメディア産業構造

――一九七八～二〇一四年の間の変遷を中心に――

文　春英
隋　欣
呉　瑩瑩

一九七八年以降、中国経済の高速の発展に伴い、中国のマスコミ業界も著しい発展を遂げた。マスコミ産業の広告総額は、一九八二年はGNPの〇・〇一五％にすぎなかったが、二〇一四年は〇・八八％に増加した(1)。マスコミ産業全体の発展に伴い、中国マスメディアの構造も持続的に進化と変化を遂げている。

本章は中国マスメディアの三十数年にわたる発展のデータをもとに、一九七八年以来の中国マスメディアの変遷過程を描き、その変遷に対して段階を区分して記す。一九七八年から一九九〇年は、印刷メディアが優位を占め、一九九一年から二〇〇四年は、電子メディアが印刷メディアを追い抜き、二〇〇五年から二〇一四年は、インターネットメディアが急激に発展した。本章では、その間の精確なデータに基づいて、中国のマスメディアの基本状況について分析を行う。

1　マスメディア産業の変遷（一九七九～二〇一四年）

中国のマクロ経済の発展およびマスコミ業界の肥大化に伴い、中国マスメディアも著しい発展を遂げた。メディア産業の規模の変化はマスメディア構造変遷の基礎でもある。

中国における印刷メディアの変遷(2)

(1)新聞出版の種類の変化

一九七八年に、中国の新聞紙の数は一八六種類だったが、二〇一三年には一九一五種類まで増加し(3)、三五年間もの間に一〇倍にふくれあがった。その成長過程を見ると、新聞界の発展規模には段階的な特徴が見られる。一九七八年から八五年まで、新聞出版の種類は急速な増加を見せ、年成長率は一〇％（一九七九年を除く）を上回り、平均すると八一・四三％に達した。最も急速な発展を遂げた一九八〇年と一九八五年の年成長率はそれぞれ一七二・四六％と二一五・五％に達した。一九八六～九六年まで、新聞の種類は持続的に増加したが、その後緩やかになり、年成長率は一〇％を下回り始める。一九九七年から二〇一〇年まで、新聞の種類は変動後次第に安定を取り戻し、二〇〇四年以降は一九三五種類を維持した。この時期中国では新聞界に対する調整を行い、新聞界の規模をさらに合理化・多元化し、バランスのとれた発展を実現した。二〇一〇年以降、新聞は伝統出版業からデジタル化へのモデルチェンジを実現するという難題に直面して、新聞の出版種類は下降線を見せ始め、二〇一〇年の一九三九種から二〇一三年には一九一五種に減った。

(2)定期刊行物（雑誌類）の種類の変化

同様に、社会経済の発展とマスコミ業の巨大化のおかげで、改革開放後定期刊行物の種類も大規模な増加を実現した。一九七八年から二〇一三年まで、中国の定期刊行物の種類は九三〇種から九八七七種まで増加した。(4) 改革開放後三十数年以来の、中国の定期刊行物業の盛んな発展を鮮明に反映している。新聞出版の種類の大きな変動に比べて、定期刊行物の種類は比較的に安定していた。一九九〇年以降は基本的に一〜八％の成長を維持し、全体的に増加態勢を見せた。三〇年余りの発展過程で、一九九〇年と二〇〇五年、二〇一一年だけマイナス五・三八％、マイナス〇・二三％、マイナス〇・三五％と、マイナス成長を見せた。

電子メディアの産業規模(5)

(1)ラジオ放送局総数の変化

国がラジオ・テレビ業に対して政策を調整したため、ラジオ放送局の数は著しい変化を見せた。一九七八年から一九九七年まで、ラジオ放送局は急速な発展を遂げた。初期の九三局から一九九七年の一三六三局と、ラジオ放送局の数量が二〇年の発展を経て一四倍近く増加した。量的な急速成長は、中国のラジオ事業が客観的な情勢と主観的な自覚という二重の推進の下で、飛躍的な発展を得たことを物語る。一九八四年から、一九八三年の「二級放送局」（省級、市級放送局を指す―訳者注）政策を「四級放送局」（中央、省、地方、県級―訳者注）に変えた結果、ラジオ放送局の数量は大幅に増加した。一九八八年以降、急激に発展していた放送業界は、一九九八年から二〇一三年まで、数が激減し、勢いがとまり、マイナス成長がラジオ放送局の数量変化の主旋律となった。「四級放送局」政策はラジオ事業の盛んな発展を推進すると同時に、管理困難な局面を招いた。ラジオ・映画・テレビ部が一九九七年に「治濫治散」（内部新聞と質の劣る新聞に対し許可を取り消し、規模を圧縮する政策―訳者注）の政策を実施し始めたため、ラジオ放送局数は放物線形の下がりを招いた。一九九七年の一三六三局から急激に一九九八年の二九八局まで下落し、下落幅は七八・一四％に達した。一九九九年以降、国がラジオ放送局に対して合併と整備を実施したため、ラジオ放送局の数量は次第に減少し、二〇一三年には一五三局のみとなった(6)。その間、二〇一二年のラジオ放送局の数量は二〇〇を割り、一六九基に下落し、前年の下落幅に比べて二五・五六％に達した。

(2) テレビ局総数の変化

ラジオに対する政策と同様の政策の影響を受けて、三十数年来の中国テレビ局の量的変化は、ラジオ放送局の変化と大体同じ傾向を見せる。一九七八年から一九九七年まで、テレビ局の数量は穏やかに増加した後、急速な発展を遂げた。一九七八年には、中国にはまだ三二局のテレビ局しかなかったが、一九九〇年には九二三局にふくれあがった。この時期のテレビ局の数量の年平均成長率は二一・八六％に達した。一九八三年の「二級放送局」政策が「四級放送局」に変わったおかげで、一九八四年から一九八九年まで、テレビ局の数量は急速に増え、一九八四年と一九八五年には、それぞれ七八・八五％と一一七・二％の成長率を見せる。一九九〇年から、テレビ局の数量は次第に安定基調に入った。一九九八年、ラジオ・映画・テレビ部の「治濫治散」政策の影響のもとで、全国テレビ局の数量は急速に三四七局に落ち込み、下落幅は六二・四一％に達した。一九九九年から二〇〇二年まで、中国テレビ局の数量は急激に減るが、その後回復、年々増加する傾向を見せた。しかし、伸び幅は比較的に小さく、平均年間成長率は一・四九％と、二〇〇二年には全国テレビ局の数量は三六八局となった。その後二〇〇三年から二〇一四年までの一二年の間は、テレビ局の量的な調整を経て、テレビ局の数量は年々少しずつ減り始め、平均下落幅は六・一四％となった。その間、二〇〇三年には、テレビ局の数量は前年の三六八局から三一七局まで減り、下落幅は一三・八六％に達した。二〇一一年と二〇一二年、この二年間の下落幅はそれぞれ一三・七七％と一四・〇八％で、二〇一四年になると、全国のテレビ局は一五九局まで減少した。

ネットメディアの産業規模(7)

一九九四年四月二〇日、中国は正式に国際インターネットに接続した。次の年、中国は社会に向けてインターネットを開放し、全面的なサービスを提供し始めた。インターネットサービスが正式に始まったのは一九九七年で、中国ネットサイトの総数は〇・一五万個であったが、二〇一四年末には三三五万に増えた。この変化からは十数年以来のインターネットメディアの爆発的な発展の激しさが分かる。一九九七～二〇〇四年まで中国のインターネットは爆発的な発展を見せた。ネットサイトの数量は一九九七年の〇・一五万から二〇〇四年の六六・九〇万に達し、四四六倍も増加した。この時期、ネットサイトの数量は三桁の増加を維持した。爆発的な発展を遂げた二〇〇〇年には、増加の幅は一六五一・五%に達した。印刷メディアと電子メディアの発展に比べて、ネットワークメディアの勢いは激しいものであったと言えよう。二〇〇四年から二〇一四年まで、中国ネットサイトの数量は引き続き増加し、初めの六六・九〇万から迅速な発展を遂げ、二〇一四年には三三五万に増加した。

しかし、年間成長率で見ると、この時期の発展はとても不安定で、いくつかの変遷を見せた。まず、二〇〇五年は比較的緩慢で、年間成長率は三・七四%であった。これは当時のマスコミ業界全体の傾向と関係がある。二〇〇八年、汶川大地震、オリンピックなど重大な事件がインターネットメディアの発展に契機を提供した。この年のネットサイトの年間成長率は九一・三八%に達した。引き続いて二〇一〇年、国家がインターネットに対し整備を始めるが、その時、いくつかの不法なネットサイトが閉鎖されたので、ネットサイトの総数は初めてマイナス成長を見せ、下降幅は四〇・九六%となった。ところが、二〇一一年以降、電子商務、ネット金融の急激な発展がインターネットメディアの発展に契機を提供したので、ネットサイトの数量は上昇し始め、二〇一一～一四年までのネットサイト数量の年間平均増幅は一五・二六%となった。

2　マスメディア広告市場の起伏[8]（一九八三[9]～二〇一四年）

印刷メディアの広告市場

(1) 新聞広告売上高の変化

一九七九年、中国の広告業は全面的に蘇り始めた。『天津日報』がこの年の一月四日に天津の歯磨き粉の広告を掲載した。一九八三年、全国の新聞広告の収入は〇・七三億元しかなかったが、二〇一四年になると、新聞広告の売上高は五〇一・六六億元に達した。要するに、新聞広告はずっと増加態勢を維持している。

ただし、その増加速度は段階的な特徴を見せる。一九八三～九七年まで、新聞広告収入の増加は迅速で、平均成長率は四四・八一％に達した。新聞に広告を載せるようになった初期には、新聞発行量が多く、これに加えて広告価格が比較的安かったため、大量の商業広告が新聞に掲載された。一九八六～九〇年まで、電子メディアの参入によって、新聞広告の売上高は前に比べて緩やかな発展を見せ、しかも年々下がる傾向を見せた。一九九一年、『広州日報』、『新民晩報』の拡張版の増加が、中国新聞界の拡張版の序幕を開けた。数百社の新聞が次から次へと紙面を増やしたので、新聞広告の年間成長率は次第に上昇した。一九九六年一月、広州日報新聞グループ会社が創立され、正式に開業した。それを皮切りに各新聞社が相次いで新聞グループ会社を創立した。新聞界における資源の調整と統合によって、二〇〇〇年代初めの数年間、新聞広告の売上高の増加速度は回復傾向を見せた。

しかし、長くは続かなかった。二〇〇四年、新聞広告の売上高は二三〇・七二億元まで滑り落ち、二〇〇三年の二四三・〇一億元と比較すると、五・〇六％下がった。これは一九七九年の新聞広告の経営を始めて以来、初めてのことであった。二〇〇六年、新聞は再度のメディア競争で、内容面で優位をもって、深く広告資源を掘り起こし、年間成長率二二・〇八％を実現した。不動産と薬品の広告は始終新聞広告の支柱的な得意先であった。二〇〇七年から、国家の薬品広告に対する監視・管理が強化され、広告に対する規制が強化されると、不動産業界からの広告供給は次第に減った。

このような政策的な要因の他に、テレビメディア、インターネットメディアも新聞広告に大きな衝撃を与えた。新聞広告の売上の年間成長率は緩やかな成長に転じ、二〇一三年と二〇一四年、連続二年間新聞広告の売上はマイナス成長を見せた。二〇一三年と二〇一四年、新聞広告の売上高はそれぞれ五〇四・七〇億元と五〇一・六七億元となり、前年に比べてそれぞれ九・一七％と〇・六〇％下がり、新聞広告の発展はますます苦境に陥る。

(2)定期刊行物広告売上高の変化

新聞広告の売上に比べ、定期刊行物広告の売上高は少し劣っていた。一九七九年より中国ではマスコミも広告業務を始める。当然ながら定期刊行物広告が掲載されるようになる。一九八三年、定期刊行物の広告収入は〇・一一億元であったが、二〇一四年には八一・六二億元までに上昇した。一九八三～九四年まで、定期刊行物広告の変動性は非常に明らかであった。一貫して増加傾向を見せ、平均成長率は四二・六六％であった。最盛期の一九九四年、定期刊行物広告の成長率は一一四・一六％に達した。

その後一九九五年より、定期刊行物広告の勢いは弱まり、何度もマイナス成長に陥ることもあった。下り坂だった二〇〇四年の下落幅は一六・四五％に達した。二〇一〇年、業界株価上昇という有利な状況の下で、定期刊行物広告の売上は六・〇八％の増加を見せ、一挙に増幅に転じた。二〇一三年に至って、定期刊行物広告の売上は持続的に急速な成長を見せ、平均して四二・〇八％の成長を遂げた。二〇一四年、定期刊行物広告の売上高には再びマイナス成長が表れ、広告の売上高は二〇一三年に比べ六・一四％下がった。

電子メディアの広告市場

⑴ラジオ広告売上高の変化

ラジオ広告は一九七九年に始まった。真っ先に広告業務を回復したのは上海ラジオ放送局で、「春雷薬性へアクリーム」という広告を放送した。以降、各ラジオ放送局は続々と広告業務を展開し、広告放送を全面的に開始、著しい成長を見せる。

一九八三年、ラジオ広告の売上高は〇・一八億元だったが、二〇一四年には一三二・八四億元までにふくれあがる。一九八三〜八八年まで、ラジオ広告は大幅の伸びをみせる。一九八五年を除く五年間の増加速度は三〇％であった。一九八九年と一九九〇年、ラジオ広告の増加速度は明らかに緩やかなものに転じた。しかし、一九九〇年から一九九五年の間に、ラジオ広告の売上高は増加に転じ、年間平均成長率は五四・二四％に達した。

しかし、テレビコマーシャルの影響で、一九九六〜九八年の間、ラジオ広告の売上はまた三〇％以下まで反落した。一九九九年、アジア金融危機の影響を受けて、ラジオ広告の売上高は一度マイナス成長（マイナス五・九％）となるが、その後二〇〇〇〜〇九年まで、ラジオ広告は多様化傾向を見せる。たとえば周波数制を実施し、聴収技術と環境を改善し、市場の潜在力を掘り起こして、広告を増やす努力をした。二〇〇三年、国家ラジオ・映画・テレビ総局はこの年を中国の「ラジオ発展の年」と決め、ラジオ広告の発展のために良好な政策環境を提供した。二〇〇四年と二〇〇六年、ラジオ広告の増加速度はそれぞれ二八・八〇％と四七・一七％に達した。二〇一〇〜一四年の間に、住民の自家用車の保有量も大幅に上昇したこともあって、ラジオ広告の市場は一定の発展を見せた。二〇一二年のラジオ広告の売上高は前年に比べて五五・〇九％増加した。しかし、二〇一四年に、ラジオ広告の売上高は再びマイナス成長（マイナス五・九一％）に転じる。

(2)テレビコマーシャル売上高の変化

一九七九年一月二八日、上海テレビ局が中国大陸テレビ局では初めてコマーシャル「参桂補酒」を放送したが、それは中国のテレビコマーシャルの開始を告げる事件でもあった。一九八三年、テレビコマーシャルの収入は〇・一六億元しかなく、ラジオ広告の収入よりも低かったし、新聞広告の〇・七三億元の売上にも及ばなかった。しかし、二〇一四年春になると、テレビコマーシャルの売上は一二七八・五〇億元に達し、他のあらゆるメディア広告の収入をはるかに上回る。一九八三年以降、テレビ局の影響力と規模は、国の力強い後押しもあって急速に拡大した。その後一九八三〜九二年の間は、テレビコマーシャルの発展において最も迅速な一〇年であったと言えよう。

テレビコマーシャルの売上高の年成長率は、一九八四年と一九八五年に重大な躍進を見せ、それぞれ一一二・五%と一五五・八三%となった。その後一九九三年から二〇〇一年までの間は成長を持続したが、しかし、成長速度は年々下がる傾向を見せ、一九九四年の五二・〇四%から二〇〇一年の六・二%まで落ち込んだ。二〇〇二年、テレビコマーシャルの売上高成長率は再度反発して、二八・八%に達した。二〇〇三〜一二年まで、テレビコマーシャルの成長率は基本的に一〇〜三〇%の間を維持した。二〇一三年、テレビコマーシャルの売上高成長率はマイナス二・七五%となり、中国のテレビコマーシャルは初めてマイナス成長を見せた。

ネットメディアの広告市場

一九九七年三月、Chinabyte. com に中国大陸初のアニメーションのバナー広告が現れ、中国のネットワーク広告の誕生を宣告した。この年、中国のネット広告の売上は〇・〇一億元しかなかったが、三年後の二〇〇〇年には三・五〇億元を突破した。二〇〇三年になると、ネット広告の売上はさらに一〇・八〇億元まで増加し、二〇〇九年、ネット広告の売上は一〇〇億元を突破、一〇九・一六億元に達した。百万元から数億元まで、一〇億元が一〇〇億元を突破するまで、たったの一三年であった。増加速度は速く、四大伝統メディアよりはるかに速い。一九九八～二〇〇〇年までは、ネット広告の増加が最も急激な三年であった。この期間、ネット広告の売上の増加速度は三桁の数字を維持した。一九九八年、年間成長率は二九〇〇%に達し、数年来のメディア広告の増幅の極みを見せた。

二〇〇一～〇四年までの期間、全世界的な経済危機の影響を受け、ネットバブルが弾けた。二〇〇一年と二〇〇二年、ネット広告は爆発的な増加を経験した後、増加速度は大幅に落ち込み、年間成長率はそれぞれ一一・四三%と二五・六四%まで下がった。二〇〇三年、ネットメディアは新技術と新しいマーケティング思想の推進の下で、引き続き広告業務の革新を目指し、ネット広告の売上は増加に転じ、一二〇・四一%まで回復した。

二〇〇四～一四年まで、ビデオネットサイト、SNSとネットゲームなどの使用により、中国は「Web2.0」時代に突入する。その結果、ネットへの個人の参与、創作、共有といった特徴が中国でも現れた。そこから派生したのが「精密で正確なマーケティング」、「コミュニティマーケティング」、「言い伝えのマーケティング」、「メディアを跨るマーケティング」、「事件のマーケティング」などで、インターネット通販の注目を浴びるようになった(10)。この期間中、ネット広告の売上高と成長率はずっと高いままで下がらなかった。二〇〇五年、ネットワーク広告の売上高はまだ三一・三億元しかなかったが、二〇一四年になると、この数字は九六九・〇九億元に達し、二〇一五年にはネット広告の売上高が一〇〇〇億元を突破した。市場規模から見て、二〇一三年、ネット広告の市場規模は一〇〇〇億元台を突破し、一一〇〇億元に達した。二〇一四年、ネット広告の市場規模は一五四〇億元と、初めてテレビコマーシャルの市場規模を超えた。

3　マスメディア構造の変遷（一九八三～二〇一四年）

以上、中国マスメディアの産業規模と市場の変化について分析した。それに基づいて、次は五大メディア広告の売上高が占めるマーケットシェアの変化を通じて、中国メディア構造の変遷について考察する。

第一に、マスメディア産業全体での新聞が占める比重は下降傾向を見せた。一九八三～八九年まで、新聞のマーケットシェアは一貫して三〇％以上の成長基調を維持し、四大伝統メディアの中で一位を占めた。一九八五年、占有率は三五・三一％に達していたが、それが占有率の最も高かった一年でもあった。一九九〇～二〇〇三年までの間は、一九九八年、一九九九年と二〇〇一年を除いて、新聞のマーケットシェアは平均的に二〇％の成長を見せた。この時期、新聞のマーケットシェアが縮小した原因は主にテレビコマーシャルの高速な発展にあった。二〇〇四～一四年まで、新聞のマーケットシェアは一八・二五％から八・九五％まで下がり、減少幅は比較的大きかった。モバイル通信の高速発展が新聞のマーケットシェアを下げる主要な原因でもあった。

第二に、定期刊行物は一貫して低い成長率を見せた。一九八三～八八年まで、定期刊行物のマーケットシェアは拡大傾向にあった。一九八八年、マーケットシェアは四・七三％に達し、史上最高の占有率を見せた。一九八九年から、新聞が占める割合の拡大とテレビの迅速な発展の影響を受けて、定期刊行物のマーケットシェアは年々下がり続けた。一九九六年より定期刊行物のマーケットシェアは次第に安定基調に転じ、基本的に一・五％の成長率を維持した。二〇〇三年、定期刊行物のマーケットシェアは一度二・二六％まで上昇したが、これは当時定期刊行物の広告が大幅に増加したからである。しかし、その二年後、このデータはまた迅速に一・六四％まで反落した。二〇一四年に至って、定期刊行物の広告の売上高の占有率は一貫して一・五％から二・〇％の間で動き、四大伝統メディアの中で最下位を占めた。

第三に、ラジオは年々下がる傾向を見せた。一九八三〜九八年まで、テレビメディアの繁栄はラジオメディアの発展を厳しい状況に追い込んだ。ところが、一九九九年に転機が訪れた。一九九一年から、全国各地のラジオ放送局は次々と交通情報を伝えるチャンネルを開設した。時期を同じくして、一九九〇年代末から中国の住民の消費能力は上昇し、一人当たり自動車の保有量も着実に増え、交通ラジオ放送を聴く時間も次第に増加した。聴衆の増加は広告の増加に繋がり、ラジオ広告のマーケットシェアは上昇に転じた。二〇〇〇年以降、テレビコマーシャルとネット広告のマーケットシェアの影響を受けて、ラジオ広告のメディア広告全体に占める割合は下落して二％を維持した。二〇〇六年に至って、ラジオ広告の占有率は三・六四％まで増加したが、二〇〇六〜一〇年までの間のラジオ広告占有率は基本的に三％台で推移した。

第四に、テレビはメディアの首位を維持することになった。一九八三〜九二年までの間は、テレビコマーシャルの売上高の増加が最も早かった時期である。一九九一年、テレビコマーシャルの売上高の占有率は二八・五三％で、一挙に新聞広告の占有率を超え、四大メディアの首位に躍り出た。最高峰であった一九九二年、テレビのマーケットシェアは三〇・二八％に達し、有史以来の最高の数値を見せた。一九九三〜二〇〇四年まで、前段階の急速な発展を経験した後、テレビコマーシャルのマーケットシェアは安定の中で小幅に揺れ動きながら増加傾向を見せ、マーケットシェアの優位を一貫して維持した。二〇〇四〜一四年までの間は、ネットメディアの発展が急激であったため、テレビコマーシャルの市場は大きな衝撃を受けるが、マーケットシェアの占有率は依然として首位を占めた。しかし、広告市場の拡大に伴い、二〇一四年、テレビコマーシャルの市場占有率は二二・八一％に落ち込んだ。

第五に、ネット広告のマーケットシェア全体は絶えず拡大、上昇傾向にある。一九九八年、ネット広告はメディアのマーケットシェアの〇・〇六％を占め、四大伝統メディアにははるかに及ばなかった。インターネットの影響力の絶え間ない発展に伴い、ネット広告のマーケットシェアは立て続けに拡大し、上昇の勢いを見せた。そこで二〇〇五年には、メディア広告総額の占有率は二・二一%まで拡大し、定期刊行物広告のマーケットシェアの〇・四五%（当時定期刊行広告のマーケットシェアは一・七六%であった）を上回る規模になった。二〇〇七年になると、ネット広告のマーケットシェアは六・〇九%に達し、定期刊行物とラジオ広告のマーケットシェアを超えた。二〇〇八年、ネット広告のマーケットシェアは一時縮小したが、それでも当時の定期刊行物広告とラジオ広告のマーケットシェアより高かった。その後二〇〇九年、ネット広告の占有率は迅速に五・三五%まで回復、定期刊行物広告の一・四九%とラジオ広告の三・五二%を追い抜いた。二〇一〇年以降、モバイル通信の拡大により、ネット広告のマーケットシェアは引き続き年々増加の勢いを維持した。二〇一四年、ネット広告の売上高はメディア市場の一七・二九%を占めた。その年のテレビコマーシャルのマーケットシェア（二二・八一%）には及ばなかったが、しかし増加の勢いは明らかであった。

4　マスメディア構造の変遷と段階区分

現在、中国マスメディア産業構造に対する学会の研究の大部分は現象の分析から出発した定形分析であるか、あるいは特定の変革時期についての単純な分析である。本章は厳格なデータ分析を通じて、現代マスメディア構造変遷に対して科学的な根拠をもって、その関連性を論じることにしている。データ分析と数量化の考察評価は社会科学研究において重要な役割を果たしている。マスメディアの発展データに対する考察と分析に基づいて、三十数年来のマスメディア発展の規模と広告市場に関するデータを集め、対比分析を行い、中国のマスメディア発展段階の区分と変化を明らかにしていく。

印刷メディアが優位を占める（一九七八～九〇年）

産業規模の面で、この時期、四大伝統メディアは規模の面で拡大し続けた。各メディア発展規模を検討する指標が一様でないため、平均的年間成長率を根拠にして、マスメディアの特定時期における規模の発展について対比を行った（表2－1）。一九七八～九〇年まで、新聞紙の平均的な年間成長率は四四・四九％に達して、同じ時期の他の三大メディアを大きくリードした。同時期定期刊行物種類の平均的年間成長率はラジオ放送局を少し下回るが、新聞紙の平均的年間成長率はテレビ局をはるかに超えたため、全体的に見れば、印刷メディアの増加速度はこの時期の電子メディアの増加速度より速かった。

また広告市場から見て、一九八三～九〇年まで、新聞広告のマーケットシェアは一貫して四大伝統メディアの首位に位置し、「新聞界の黄金期」であった（図2－1）。最盛期の一九八五年、マーケットシェアは三六・三五％に達して、テレビコマーシャルに最も接近した一九九〇年、新聞広告のマーケットシェアはテレビに比べて四・六三％上回った。定期刊行物広告とラジオ広告のマーケットシェアは一貫して低い状態で推移、一九八三年と一九八四年、ラジオ広告のマーケットシェアは定期刊行物広告を少し超えた。しかし、その後定期刊行物広告の占有率と同じ傾向で、定期刊行物広告のマーケットシェアを少し下回った。データが明らかにしたように、一九八三年から一九九〇年まで、印刷メディア広告のマーケットシェアは一貫してトップの地位を占めた。電子メディアがそれを追いかけていたが、印刷メディアは依然として優位を占め、この時期を支配するメディアとなった。

電子メディアが印刷メディアを追い越す（一九九一～二〇〇四年）

メディア産業規模の増加速度から見て、一九七八年から一九九〇年までの各メディア産業規模は、一九九一年から二〇〇四年の間、メディア政策変化の影響を受け、各メディアの発展の状況は複雑な様相を見せ、起伏が大き

表2－1　新聞、定期出版物、ラジオ、テレビ、インターネットメディアの推移（1978～2013年）

（%）

年	新聞	定期刊行物	ラジオ	テレビ	インターネット
1978～1990	44.49	17.66	17.99	29.39	—
1991～2004	2.20	3.67	5.89	4.23	314.56
2005～2013	－0.08	0.68	－9.90	－8.00	24.65

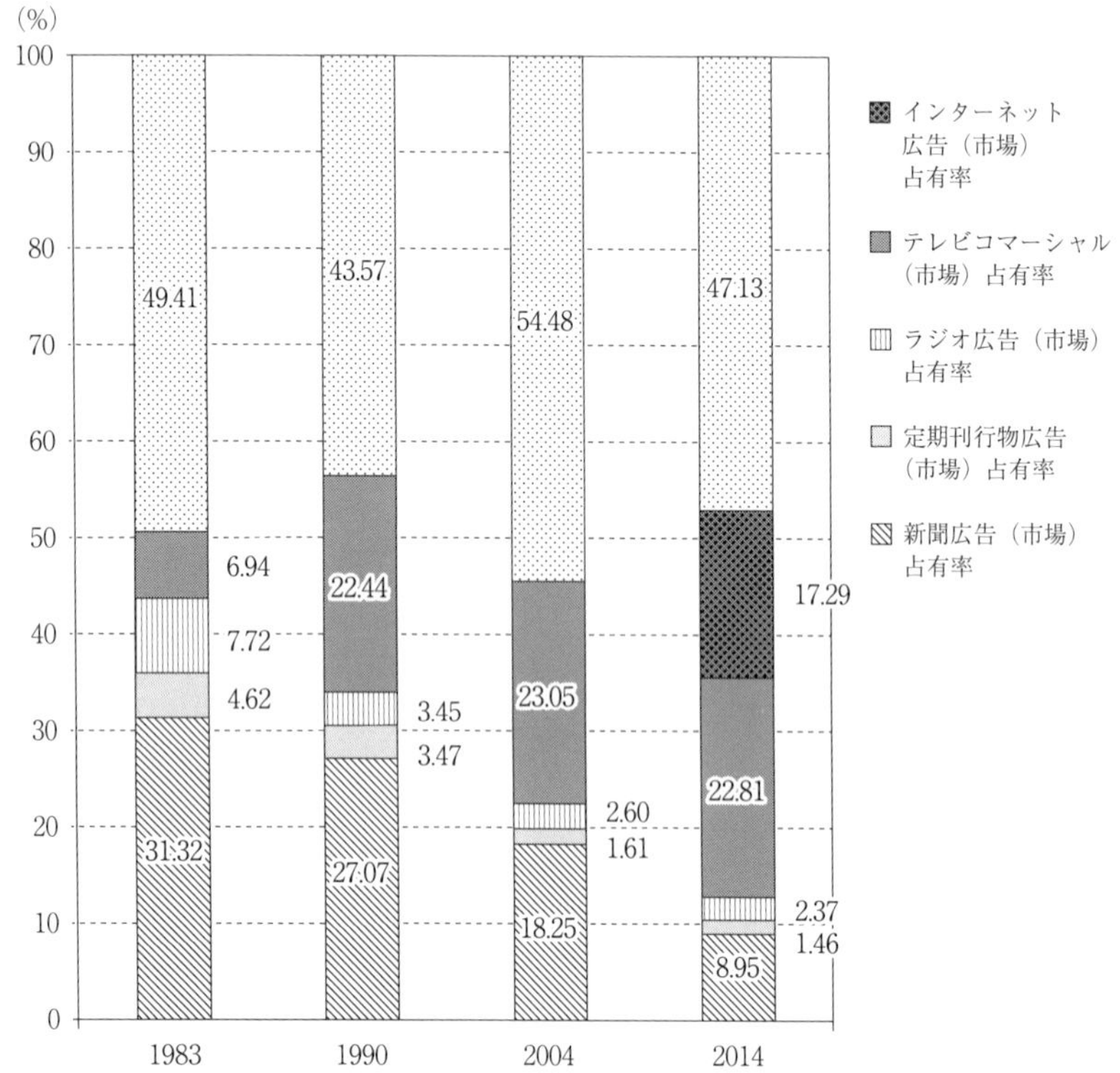

図2－1　新聞、定期刊行物、ラジオ、テレビ、インターネット広告のマーケットシェア（市場占有率）の対比（1983～2014年）

かった。一九九七年、国家のラジオ・テレビに対する整備整頓の政策により、ラジオ放送局とテレビ局数は一九九八年に急激に減った。しかし、この時期、ラジオ、テレビの産業規模の平均的増加速度はそれぞれ五・八九％と四・一三％で、依然として新聞と定期刊行物を上回った。すなわち二〇世紀の八〇年代後期のメディア業界の再編過程を経て、電子メディアはこの時期全面的に印刷メディアを追い越す。それで中国のマスメディア産業構造は変わった。

広告市場から見て、一九九一年、テレビコマーシャルの売上高は一〇億元に達し、当時の広告の総売上の二八・五一％を占め、新聞広告占有率の二七・四一％を追い越した。テレビコマーシャルの売上高の占有率が微弱でありながら優勢を示したが、この時点で一九七九年広告業務開始以来、テレビコマーシャルの占有率は初めて新聞を超えたのである。一九九二年、テレビコマーシャルの売上高は再度首位となり、新しいマスコミ構造ができた。一九九三年と一九九四年に、新聞広告の占有率はテレビを超えたとは言え、一九九五年から、テレビコマーシャルの占有率は一貫して新聞より高く、テレビコマーシャルの優位は日に増してその地位を不動のものにした。一九九一年から二〇〇四年まで、定期刊行物とラジオのマーケットシェアは依然として低い状態であった。しかし、ラジオのマーケットシェアは定期刊行物を少し超えていた。ここで分かるように、この時期の電子メディア広告の占有率は一貫して印刷メディアより高く、優位を占めた。当初印刷メディアはマスメディア構造の中で優位を占めたが、次第に電子メディアに取って代わった。

インターネットメディアが急激な発展を遂げる（二〇〇五～一四年）

産業規模から見て、二〇〇五年から二〇一四年まで、新聞、ラジオおよびテレビ産業規模の平均的増加速度は次から次へと底を割る時であった。それは国家のラジオ放送局とテレビ局に対する調整・合併政策と密接な関連があり、同時に新聞が新しいメディアの発展に猛烈な衝撃を受けたからである。定期刊行物産業規模の増加速度は緩やかになり、〇・六八％になった。なかでもインターネットメディア産業規模の増加が著しく、増加率は二四・六五％に達し、四大伝統メディアを追い抜いた。

広告の市場から見て、二〇〇五年から二〇一四年まで、テレビは依然として五大メディアの首位を占めていた。新聞広告のシェアはすでにテレビに対抗することもできなくなり、そのギャップも年々大きくなった。ラジオと定期刊行物は全体的に言えば依然として低調であった。ただし、この時期ラジオの産業規模は定期刊行物の産業規模より大きくなる。そんななか、変化が最も大きかったのはインターネットである。二〇〇五年、ネット広告の売上はメディア広告総額の二・二一％を占め、定期刊行物を超えた。二〇〇七年、ネット広告のマーケットシェアは六・〇九％に達し、定期刊行物のマーケットシェアを超えた。またラジオのマーケットシェアに追いつき、非常に力強い増加の勢いをみせた。二〇一四年、ネット広告のマーケットシェアは一七・二九％と、テレビコマーシャルの売上に接近していった。二〇一五年のネット広告の売上は一〇〇〇億元を突破し、占有率も増大した。総じて言えば、この時期、出版メディア広告のマーケットシェアはゆっくりと下がる傾向を見せ、ラジオ、テレビのメディア広告のマーケットシェアは依然として各メディアの首位を維持した。しかし、インターネットメディアの力強い発展の勢いは、すでに新しいマスメディア構造の変化を予告した。同時に、この時期のマスメディア構造は出版メディア、電子メディア、インターネットメディアが互いに競争しながら融合する特徴を見せた。

5　変化の真只中にある中国マスコミ産業

中国の現代マスメディアは「無から有へ、小から大へ、弱から強へ」と、歴史の巨大な変化を経て、国内生産に占める比率が次第に増加した。中国マスコミ産業内部での力争いは絶えず変化している。印刷メディアと電子メディア、インターネットメディアの産業規模と広告収入の変化は、マスコミ市場構造を自発的に調整している。厳密なデータを通じて、この変化の過程を考察することによって、私達は中国マスコミ産業構造の進展変化をより明確に把握することができた。前述したように、一九七八年から一九九〇年まで、印刷メディアは依然として最も幅広く人々に受け入れられたメディアであった。印刷メディア広告のマーケットシェアは一貫して電子メディアの上位を維持し、生産規模の増加速度も電子メディアより高く、マスメディア構造の中で固く優位を占めていた。一九九一年から二〇〇四年まで、電子メディアが全面的に印刷メディアを超えて、印刷メディアに取って代わり始めた。二〇〇五年から二〇一四年まで、電子メディア広告の占有率は依然として相対的に優位を維持していたが、しかし、インターネットメディア広告の占有率が二〇〇五年と二〇〇七年に定期刊行物とラジオメディアを超え、二〇一四年にはテレビメディアに接近した。そしてその追い越す勢いは、印刷メディアと電子メディアにきわめて大きな影響をもたらして、すでに新しいマスコミ構造の様相を見せた。

現在、マスコミ構造の変化はまだ進行中にある。印刷メディアと電子メディアは新しいメディアの急速な発展の圧力と脅威に直面している。開放の姿勢でインターネットの先進技術と伝播様式を取り入れ、新しい発展モデルを求め始めている。インターネットとモバイル通信に代表される新しいメディアが活気を見せている。インターネットは無秩序な拡張の時代を終え、すでに主流メディアの地位を確立した。これからの研究では、私達は引き続きマスメディア構造の変化に注目し、そして、マスコミの融合時代に、各メディア間の相互関係はどうなっていくのかを、さらに探索したいと思う。

データの制約のため、本章は受け手の規模を組み入れてマスメディア構造の進展変化の参考変数を考察することができなかった。これが本章における心残りである。

（翻訳　篠村理恵）

注

(1)『中国広告年鑑（一九九八）』の統計によれば、一九八二年の広告総額は一・五億元、『一九八二年国民経済と社会発展統計公報』によれば、一九八二年の社会総生産額は九八九四億元：『二〇一五中国マスコミ産業青書』統計によれば、二〇一四年の広告総額は五六〇五・六億元、国家統計局オフィシャルサイト統計情報によれば、二〇一四年の全国GDPは六三六一三八・七億元である。
(2) データの出所：国家ニュース出版広電総局。
(3) 二〇一四年までの統計。
(4) 二〇一四年までの統計データ。
(5) データの出所：『中国ラジオ・テレビ年鑑』（一九八八、一九九二、一九九四―一九九九、二〇〇一―二〇一三）、中国ラジオ・テレビ年鑑社。
(6) 二〇一四年までの統計データ。
(7) データの出所：『中国インターネット発展状況報告』（第一回〜第三五回）、中国インターネット情報センターCNNIC。
(8) 印刷メディア、電子メディア広告経営額数量の出所：『中国広告年鑑』（一九八八、一九九二、一九九四―一九九九、二〇〇一〜二〇一三）、中国広告年鑑社、ネットワークメディアの広告経営額データの出所：『中国マスコミ産業発展報告』（二〇〇四〜二〇一五）、崔保国主編、社会科学文献出版社。
(9)『中国広告年鑑』のメディア広告売上高に関する統計が一九八三年から始まったため、本章の各メディア広告売上高データも一九八三年から始まる。
(10) 黄河・江凡「中国大陸のネット広告の発展段階について」『国際報道界』二〇一一年〇一号、九一〜九七頁。

第3章　日本の政治システムとメディア産業

畑仲哲雄

英国のマスコミュニケーション研究者デニス・マクウェールによれば、マスメディアの規範論はその国の支配的な政治理論を映している。だが、そのことを分かりやすい形で明文化したものはなく、当事者たちに意識される機会も乏しいという(1)。ジャーナリストには権力を監視する役割が期待されている半面、自分たちが立脚するマスメディア産業の構造が統治機構に寄り添い、最適化しながら変容してきたことを自覚的に問い直す機会に恵まれていない。本章では、自明のものとして受け止められてきた日本型のマスメディア産業と統治機構の構造について再考する。

1　日本型マスメディアの形成

政論新聞から大衆新聞へ

日本型のマスメディアの生成について、簡単に振り返っておきたい。江戸時代に「かわら版」が都市住民の娯楽媒体として流通していたことは広く知られている。新聞紙の源流とされる「かわら版」の作り手は戯作者や絵師たちで、市井の出来事を物語として分かりやすく伝えた。これが明治時代に入ると、「教養」を備えた旧武士階級たちの手による新しいタイプの新聞が発行されるようになる。

明治に出現した新しい新聞とは、欧米から流入する自由民権思想を背景に、身分の別なく政治的な意見を掲載できるメディアで、「政論新聞」と呼ばれる。帝国議会が開設される前から、政党の主義主張などを喧伝する目的で発行され、(2)投書家と呼ばれる言論人や政治家たちに活躍の場を提供した。それは「万機公論に決すべし(3)」という明治政府が掲げた政治信条に沿うものであり、ドイツの社会学者ユルゲン・ハーバーマスが論じた公共圏（Öffent-lichkeit）と共通するような討議空間を形成していたといってもよい(4)。

ところで、近代初頭の新聞発行者たちはジャーナリストであると同時に事業家でもあった。政治的言説を掲げる政論新聞を尻目に、幅広く多くの人に読まれるかわら版のような面白い紙面作りが顧客を獲得していく。新聞紙の商業化・大衆化は歴史の必然であった(5)。たとえば、黒岩涙香が東京で創刊した『萬朝報』はその典型だ。黒岩は紙面に多数の商業広告を掲載することで価格を下げ、スキャンダル報道や人気小説を連載して読者大衆から絶大な人気を博した(6)。新聞が政府や政党の道具から、市場で支持される商品となることで、メディアとしての独立性を獲得していったと言える(7)。

日本の新聞産業を変革したもう一つのエポックは、戦争と大災害という日本を覆った悲劇である。日清戦争（一八九四〜九五年）や日露戦争（一九〇四〜〇五年）で、新聞各社は多数の従軍記者を戦地に送り、勇ましい戦況報道が読者獲得の起爆剤となった。さらに関東大震災（一九二三年）で東京の新聞社が相次いで被災したのを勝機とみた『大阪毎日』と『大阪朝日』が東京進出を果たす(8)。二紙は、震災の翌年にそれぞれ一〇〇万部に達し「全国紙」になる基礎を固め、被災を免れた在京紙の『読売(9)』とともに、市場に立脚するメディアとして社会に定着していくことになる。

メディア産業の「二重構造」

日本のメディア産業の基本的な構造が形づくられたのは第二次世界大戦期である。週刊や旬刊などを含めれば一二〇〇ほどあったされる新聞紙は、一九三〇年代後半から四〇年代にかけて、数段階に分けて整理された(10)。

政府による業界再編によって、新聞界は全国紙と地方紙に区分され、地方紙は原則的に各県ごとに一紙に統合された（一県一紙）（表3－1）。東京・大阪に本社を置く全国紙（朝日・毎日・読売）と、単県域のみで発行される県紙である(11)。全国紙と県紙の構造は、戦時下のプロパガンダを、効率的に伝播させるのに有効であった。すなわち、戦時下の全国紙は中央政府の動向や決定事項を全国民に伝える役割を担い、地方紙もそれぞれの地域で県民向けの情報伝達や部隊・連隊の活動を伝えた。新聞統合によって、全国紙はもちろん県紙は市場を独占し、経営基盤を盤石なものとした。

注意しておきたいのは、地方紙が県内で一つに統合されたことの波及効果である。小規模な新聞のなかには、自由主義や民権思想を背景に創刊された政党紙の末裔も少なくなかった。だが県ごとに統合されたことで多様な言論が消失してしまったのである。

占領軍によるジャーナリズム教育

第二次世界大戦後の日本を統治した連合国軍最高司令官総司令部（GHQ）は、日本の統治機構もマスメディアも温存した。GHQが当初力を入れたのは非軍事化と民主化である。「自由」を与えられたジャーナリストたちは、戦時下の翼賛報道と経営者の戦争責任を追及して民主化運動の先頭に立った(12)。その頂点は、労働組合が職場を占拠して編集局長のポストを奪った「読売争議」である(13)。今日の論調からは想像もできないが、当時の『読売』は急進的な左翼紙であった。

表3－1　全国紙と地方紙の一覧

【全国紙】	朝日新聞、毎日新聞、読売新聞、日本経済新聞、産経新聞
【地方紙】	北海道新聞（北海道）、東奥日報（青森県）、岩手日報（岩手県）、河北新報（宮城県）、秋田魁新報（秋田県）、福島民報・福島民友新聞（福島県）、茨城新聞（茨城県）、上毛新聞（群馬県）、埼玉新聞（埼玉県）、東京新聞（東京都）、神奈川新聞（神奈川県）、千葉日報（千葉県）、山梨日日新聞（山梨県）、静岡新聞（静岡県）、中日新聞（愛知県ほか）、岐阜新聞（岐阜県）、信濃毎日新聞（長野県）、新潟日報（新潟県）、北日本新聞（富山県）、北國新聞（石川県）、福井新聞（福井県）、伊勢新聞（三重県）、京都新聞（京都府）、神戸新聞（兵庫県）、奈良新聞（奈良県）、山陽新聞（岡山県）、中国新聞（広島県）、日本海新聞（鳥取県）、山陰中央新報（島根県）、山口新聞（山口県）、徳島新聞（徳島県）、四国新聞（香川県）、愛媛新聞（愛媛県）、高知新聞（高知県）、西日本新聞（福岡県ほか）、佐賀新聞（佐賀県）、長崎新聞（長崎県）、熊本日日新聞（熊本県）、大分合同新聞（大分県）、宮崎日日新聞（宮崎県）、南日本新聞（鹿児島県）、琉球新報・沖縄タイムス（沖縄県）

出所：筆者作成、データの出所は日本新聞協会ホームページ。

ＧＨＱによる占領政策は、覚書（memorandum）を手交し、措置を講ずるよう指示する間接統治であった。矢継ぎ早に出される覚書に従い、司法・行政・立法の統治機構が民主化され、憲法も全面改正された。ＧＨＱは新聞各社にも次々と指示を行い、記事内容を厳しく検閲した。なかでも「日本新聞規則ニ関スル覚書」（プレスコード）[14]は、戦後日本のマスメディア産業に絶大な影響を与えた。

ＧＨＱは当初、戦時下に旧廃刊を強いられた新聞の復刊や新興紙創刊に協力的で、読売争議にも一定の理解を示していた[15]。「表現の自由」を与えられたジャーナリストは民主的な新聞づくりを目指したが[16]、ソ連の台頭で冷戦体制を意識し始めたＧＨＱは、左翼思想の広がりを懸念し始め、労組の支配下にあった『読売』に「プレスコード違反」を指摘した。これが引き金となり、読売争議は労組の敗北に終わる。

新聞経営者たちもしたたかで、プレスコードが出された翌月、戦時プロパガンダを担った同盟通信社は自主解散するとともに、ＧＨＱ民間情報教育局（ＣＩＥ）が全国各地で開催した日刊紙代表者向け勉強会につどい、ＣＩＥの意向を忖度しながら翌年七月に「新聞倫理綱領」を採択した。これをもとに新聞経営者たちは日本新聞協会を設立する。結果、日本の新聞界は「一県一紙」にみられる戦時体制のまま、ほぼ無傷で再出発した。

戦後日本の新聞業界は外形的には、占領軍による再教育によって米国型のジャーナリズム倫理を受け入れて生き残りを果たしたと言える。だが、産業構造は戦時体制の構造そのものであった。ＣＩＥがその存続を許したのは、占領政策遂行上の利点が多かったことに加え、冷戦体制に備える必要が生じたためだ。占領軍の事情は、当時吹き荒れていた急進的な新聞界の労働運動を抑えたい新聞経営者の思惑と合致した。産業としての新聞が学んだことは、権力からの独立や言論の自由を内面化することではなく、権力に適応しながら生き延びることの重要性であった。

2　巨大化・複合化するマスメディア

テレビブームの到来

日本では戦後テレビブームが到来し、主流新聞社とともにメディア産業の中核を占めるようになる。ＧＨＱの指導により、一九五〇年に無線電信法に代わる電波三法（電波法、放送法、電波監理委員会設置法）が施行された。これにより戦時政府のラジオの宣伝機関であった一般社団法人日本放送協会が、現在の特殊法人日本放送協会（ＮＨＫ）へと生まれ変わり、非営利の公共放送を担うこととなった。

公共の電波を独占的に使う放送局には、公共的なニュースを届ける責任が課せられた。しかしＮＨＫには前身の社団法人時代から取材部門がなく、通信社が新聞社向けに配信する記事を「です・ます調」に直して読み上げるだけであった。戦後も共同通信などのニュース原稿を頼みにしており[17]、テレビ放送が始まって以降のＮＨＫニュースは、戦時下の映画ニュースのような映像を主体にしたものであった。

他方、ＮＨＫと競ってテレビ放送を目指していた読売新聞社長の正力松太郎[18]は、一九五二年に初の民放である日本テレビ放送網を創設し、翌五三年にテレビ放送を始めた。放送機材の運搬が遅れたため本放送はＮＨＫより半年あまり遅れたが、予備免許はＮＨＫよりも早く取得していた。当時の人気番組は相撲やプロレス、プロ野球などのスポーツで、街頭テレビに大勢の人々が群がるという社会現象を巻き起こした。

正力がテレビ放送に強い意欲を示した理由は諸説があるが、(19)少なくともニュース報道においては、新聞社が取材した情報を再利用できる利点が大きく、新たに設立される民放局の多くは新聞社と深い関係を持った。当時は「報道は民放、娯楽はＮＨＫ」という言葉にリアリティがあったと言われる。

新聞社とテレビの系列化

読売新聞社と日本テレビとの系列化を筆頭に、戦後のマスメディアは大手新聞社と民放局による巨大連合が形成されていく。

現在のＴＢＳは一九五一年にラジオ局として発足、五五年にテレビを開局した。当初は読売や朝日も出資していたが、資本の整理が行われ毎日新聞社の系列となる。現在、両者に資本関係はないが、コンテンツや人事で友好関係にある。テレビ朝日は教育専門局として一九五九年に開局、七三年に総合番組局となった。朝日新聞社とは株式を持ち合い、強力な提携関係がある。同じ一九五九年に開局したフジテレビは産経新聞社のほか文化放送などの系列企業とともにフジ・サンケイ・グループを形成し、その中核企業となっている。一九六四年に科学技術教育局として発足したテレビ東京は七三年に一般局となり、日本経済新聞社と密接な関係を築いた。これで東京に本社を置く五つの全国紙と放送局による系列ができあがった（表３－２）。

読売新聞社と日本テレビ、毎日新聞社とＴＢＳ、朝日新聞社とテレビ朝日、産経新聞社とフジテレビ、日本経済新聞社とテレビ東京という五大メディアグループの秩序は、自然に生まれたわけではない。日本テレビ創設時には毎日新聞社と読売新聞社も出資していたし、日本経済新聞社はテレビ朝日の前身となる日本教育テレビ（ＮＥＴ）

表3-2　在京キー局・準キー局と関係が深い新聞社

在京キー局（開局年）	在阪準キー局（開局年）	在名基幹局（開局年）	関係が深い大手新聞社
日本テレビ放送網（1953）	読売テレビ放送（1957）	中京テレビ放送（1969）	読売新聞社
TBSテレビ（1955）	MBSテレビ（1958）	CBCテレビ（1956）	毎日新聞社
テレビ朝日（1958）	朝日放送（1956）	名古屋テレビ（1962）	朝日新聞社
フジテレビジョン（1958）	関西テレビ放送（1958）	東海テレビ（1958）	産経新聞社
テレビ東京（1973）	テレビ大阪（1982）	テレビ愛知（1983）	日本経済新聞

注：開局年は日本民間放送連盟ホームページ。テレビ大阪、テレビ愛知は県域局。

に出資していた。民放テレビ草創期には資本系列は入り乱れていた。これを五大新聞社ごとに整理したのは田中角栄政権であったと言ってよい。

影響力の大きい新聞社と放送局による資本集中はクロスオーナーシップ[20]と呼ばれ、欧米諸国では規制されるのが一般的だ。しかし、日本では主権が回復した一九五二年に吉田茂政権が、電波三法のうち電波監理委員会設置法を廃止。放送事業は、国（郵政省＝現在総務省）の指導を直接受けることになった。

新聞社と放送局のメディアグループという構造は、当時の為政者とメディア所有者によって構築されたものと言える。クロスオーナーシップに伴う弊害は、大手マスメディアが報道しないため、国民に広く知れわたらないという問題をはらんでいる。

キー局と地方局とのネットワーク化

放送法の規定により、公共放送のNHKは全国をあまねくカバーし、それ以外の民間放送局はすべてローカル放送とされた。先述の在京キー局のほか全国各地に地方放送局が設立された[21]。在京キー局と大阪・名古屋に本社を置く準キー局は、例外として県をまたぐ広域放送が許されたが、それ以外の地域では一つの地方局は一つの県にしか番組を届けられないことになった。

放送記者の育成に手間取っていたNHKに対抗するため、民放各局はネットワークをつくり、ニュース報道でリードした。というのも、新聞社と密接な関係にある局は新聞記事を放送原稿に書き換えることで、ニュース番組を制作でき、それをネットで融通し合えるという強みを発揮できた。先鞭を付けたのはＴＢＳ系ニュースネットワークＪＮＮ[22]である。ＪＮＮは現在二八局が加盟している。ネット局を最も多く獲得したのは日本テレビ系ＮＮＮ[23]で現在三〇局に上る。以下、フジテレビ系ＦＮＮ[24]が二八局、テレビ朝日系ＡＮＮ[25]が二六局。そして、最後発のテレビ東京系ＴＸＮ[26]が六局となっている（加盟局数は二〇一六年六月現在[27]）（表３－３）。

地方局のネット加盟には若干のばらつきがあり、一種のねじれもあったが、国の指導を背景に整理が進められ、一九八六年の民放テレビ全国四波化という平準化策によって、偏りがおおむね是正された。在京キー局五社は、豊富な報道コンテンツを持つ全国紙と密接な関係を持つだけでなく、全国各地の地方局とネットワークを形成し、いまや情報産業の中心に鎮座していると言ってよい。

読売・産経・日経 vs. 朝日・毎日というイデオロギーをめぐる差異はあるが、日本の新聞界と放送界は、きれいに整理された。新聞は戦時体制の残滓とも言える全国レベルと県単位の二重構造を存続させ、民放は全国紙と繋がりつつ全国の地方局と放送網を形づくった。この網の目のごとく張り巡らされた商業メディアの情報網は、公共放送であるＮＨＫとともに日本の津々浦々までをカバーする。

だが、このような産業構造は、国民にとって望ましいものなのだろうか。

放送行政は周波数やチャンネルを割り当てる必要から、国による調整が必要であった。放送は公共の電波を一部独占することから、他の産業以上に公共的な使命を担うことが求められる。日本は主権回復後、政府から独立して放送通信事業を監督する米ＦＣＣ[28]のような政府から独立した委員会組織を解体して以降、放送を政府意向に左右される脆弱な環境に置いたと言える。放送ジャーナリストが権力を監視しようとしても、キー局の経営幹部は国（総務省）に頭が上がらない仕組みができあがっている。キー局に対する国の指導は、ネットで結ばれた全国の地方放

表3-3　ニュースネットワーク

	JNN（28社）	NNN（30社）	FNN（28社）	ANN（26社）	TXN（6社）	独立協（13社）
北海道	北海道放送 HBC	札幌テレビ放送 STV	北海道文化放送 UHB	北海道テレビ放送 HTB	テレビ北海道 TVH	
青森	青森テレビ ATV	青森放送 RAB		青森朝日放送 ABA		
岩手	IBC岩手放送 IBC	テレビ岩手 TVI	岩手めんこいテレビ MIT	岩手朝日テレビ IAT		
宮城	東北放送 TBC	宮城テレビ放送 MMT	仙台放送	東日本放送 KHB		
秋田		秋田放送 ABS	秋田テレビ AKT	秋田朝日放送 AAB		
山形	テレビユー山形 TUY	山形放送 YBC	さくらんぼテレビジョン SAY	山形テレビ YTS		
福島	テレビユー福島 TUF	福島中央テレビ FCT	福島テレビ FTV	福島放送 KFB		
東京	TBSテレビ TBS	日本テレビ放送網 NTV	フジテレビジョン	テレビ朝日	テレビ東京	東京メトロポリタンテレビジョン TOKYO MX
群馬						群馬テレビ GTV
栃木						とちぎテレビ GYT
茨城						
埼玉						テレビ埼玉 TVS
千葉						千葉テレビ CTC
神奈川						テレビ神奈川 tvk
新潟	新潟放送 BSN	テレビ新潟放送網 TeNY	新潟総合テレビ NST	新潟テレビ21 UX		
長野	信越放送 SBC	テレビ信州 TSB	長野放送 NBS	長野朝日放送 ABN		
山梨	テレビ山梨 UTY	山梨放送 YBS				
静岡	静岡放送 SBS	静岡第一テレビ SDT	テレビ静岡 SUT	静岡朝日テレビ SATV		
富山	チューリップテレビ TUT	北日本放送 KNB	富山テレビ放送 BBT			
石川	北陸放送 MRO	テレビ金沢 KTK	石川テレビ放送 ITC	北陸朝日放送 HAB		
福井		福井放送 FBC	福井テレビジョン放送 FTB	福井放送 FBC		
愛知	CBCテレビ	中京テレビ放送 CTV	東海テレビ放送 THK	名古屋テレビ放送	テレビ愛知 TVA	
岐阜						岐阜放送 GBS
三重						三重テレビ放送 MTV
大阪	毎日放送 MBS	読売テレビ YTV	関西テレビ放送 KTV	朝日放送 ABC	テレビ大阪 TVO	
滋賀						びわ湖放送 BBC
京都						京都放送 KBS
奈良						奈良テレビ放送 TVN
兵庫						サンテレビジョン SUN
和歌山						テレビ和歌山 WTV
鳥取	山陰放送 BSS	日本海テレビ NKT				
島根			山陰中央テレビ TSK			
岡山	山陽放送 RSK		岡山放送 OHK		テレビせとうち TSC	
香川		西日本放送 RNC		瀬戸内海放送 KSB		
徳島		四国放送 JRT				
愛媛	あいテレビ ITV	南海放送 RNB	テレビ愛媛 EBC	愛媛朝日テレビ EAT		
高知	テレビ高知 KUTV	高知放送 RKC	高知さんさんテレビ KSS			
広島	中国放送 RCC	広島テレビ放送 HTV	テレビ新広島 TSS	広島ホームテレビ HOME		
山口	テレビ山口 TYS	山口放送 KRY		山口朝日放送 YAB		
福岡	RKB毎日放送 RKB	福岡放送 FBS	テレビ西日本 TNC	九州朝日放送 KBC	TVQ九州放送 TVQ	
佐賀			サガテレビ STS			
長崎	長崎放送 NBC	長崎国際テレビ NIB	テレビ長崎 KTN	長崎文化放送 NCC		
熊本	熊本放送 RKK	熊本県民テレビ KKT	テレビ熊本 TKU	熊本朝日放送 KAB		
大分	大分放送 OBS	テレビ大分 TOS	テレビ大分 TOS	大分朝日放送 OAB		
宮崎	宮崎放送 MRT	テレビ宮崎 UMK	テレビ宮崎 UMK	テレビ宮崎 UMK		
鹿児島	南日本放送 MBC	鹿児島読売テレビ KYT	鹿児島テレビ放送 KTS	鹿児島放送 KKB		
沖縄	琉球放送 RBC		沖縄テレビ放送 OTV	琉球朝日放送 QAB		

白抜き文字の局は、クロスネット社

注：衛星放送およびマルチメディア放送は除く。
出典：民間放送連盟ホームページ http://www.j-ba.or.jp/network/tv.html

送局に波及し、さらに、キー局と関係がある新聞社のジャーナリズムをも牽制しうる。

3　統治システムとメディアの階層

中央集権型の統治構造

第二次世界大戦の終結で、日本社会は劇的に変化した。たしかに、GHQの指導によって日本の非軍事化と民主化が推し進められた。憲法改正によって、思想・言論の「自由」も保障された。農地や選挙制度など戦時下の諸制度が相次いで改革された。労働者の団結権が保障され、教育の民主化が進められ、女性解放のうねりも高まった。マスメディアを通じて流れるコンテンツの内容も変化した。

しかし、日本社会が戦時体制下とはまったく異なる別の社会に生まれ変わったかといえば、必ずしもそうではない。たとえば地方自治が新憲法の一つの柱とされ、住民が知事を直接選挙するようになったものの、その裁量権は制限され、中央集権的な統治構造が長らく続いてきた。地方自治体に国の出先機関として事務処理をさせた機関委任事務[29]が廃止されるまで、半世紀を要している。デモクラシーや平等・自由などの理念が称揚される割には、統治機構のヒエラルキーは戦前・戦中の姿が継承された。コンピュータになぞらえれば、基本ソフトウェア（ＯＳ）が更新されてもハードウェアは同じという場面は随所にみられる。

地域社会学者の鈴木栄太郎によれば、ヒト・モノ・カネが集まる都市社会は、農村社会が原型であるという。日本の共同体は、生活協力と共同防衛の機能をもつ集落社会であり、カネ、モノ、文化、権力などの累積するノードのような地点を都市と呼ぶ（鈴木　一九五七）。こうした都市社会論は、鈴木自身が戦前に取り組んだ農村社会論を発展させたものだが、鈴木によれば戦後の日本も「国民社会の中心的存在としての首都」が君臨し、地方都市は従属的地位にあると説いた。

二一世紀の今日も国と地方のヒエラルキーは至る所でみられる。国家公務員と地方公務員、国会議員と地方議員、都市銀行と地方銀行、中央労働委員会と地方労働委員会など枚挙にいとまがない。地方分権は一九八〇年代以来の政治課題とされており、マスメディアも重要なニュースとして報じてきた。そのマスメディアの業界が、国と地方の階層構造を映したものとなっていることの問題は、どれだけ自覚されているだろうか。

マスメディアの集権的構造

戦後、全国各地で新聞の復刊や新規創刊も試みられたが、ひとたび戦時統制下で経営基盤を盤石なものとした全国紙と地方紙の市場支配力は強く、有力新聞社はメディア産業の中核となった。一九五〇年代からは、テレビ産業の発展に伴い、朝日・毎日・読売・フジサンケイ・日経の五大メディアグループが形成された。これにＮＨＫと共同・時事の二つの通信社を加えれば、今日の全国メディアの大まかな見取図ができる。

前項でも言及したように、日本の統治構造は、国の中枢機構を東京に集中させ、国―都道府県―市町村という統治権力の序列が形成された。全国メディアの構造も、この統治構造にぴったり寄り添っている。ニュースになる情報は、ヒト・モノ・カネが集中する東京に集まっているため、取材記者も東京に集中する。東京でつくられた膨大な記事が全国に伝わるという傾向は一朝一夕に変えられない。

朝日新聞グループを見てみよう。もとは大阪の地方紙だった『朝日新聞』も、現在は東京・大阪・北九州・名古屋の四本社のほか、札幌と福岡に支社と本部があり、全国の県庁所在地を中心に四四の総局と約二五〇の支局を配置する。連結企業も含めれば七〇〇〇人を超す従業員を要する日本最大級の新聞社である。中核機能は東京本社に集約されている。地方支局発の記事が本社を経由して全国に伝わることもあるが、政治・国際・経済・文化などのニュースの多くは東京発である。

朝日のグループ企業には、在京キー局のテレビ朝日をはじめ約二五の放送局がある。表3－3の通り、テレビ朝日系ANNには二五局が加盟している。ニュースネットワークも新聞と同じく、地方局発のニュースや情報が全国に伝えられる例もあるが、東京発の情報が地方に伝わるという流れが圧倒的に多い。テレビ朝日には一〇〇〇人以上の従業員がいるが、ネットに加盟している地方局の場合、従業員が一〇〇人前後という局も珍しくなく、力の差は歴然としている。

公共放送のNHKの場合は、東京に放送センター（本部）があり、道府県庁所在地などに五〇以上の放送局と世界約三〇カ所に取材拠点がある。意思決定機関である経営委員会が、一万人にのぼる従業員の舵取りをしている。共同通信社や時事通信社も中枢機能を東京に置き、全国各地の地方紙や地方局にニュースを配信する。地方紙に掲載されている全国・世界のニュースの多くは、通信社の東京本社から配信されたものである。

マスメディアのニュースや情報が、東京から地方へと伝えられる傾向が長年にわたって構築されてきたのは、司法・行政・立法の中枢部が東京に置かれ、重工業から文化産業に至るまで多くの資本が首都圏に集中しているためであろう。東京一極集中を批判する論説記事が全国紙に載ることもあるが、自分たちの産業や企業内部もまた中央集権的な構造をしていることを自省する意見はほとんど聞かれない(30)。

統治権力との「共生」

日本のマスメディアは、戦時下にあって軍政府に協力し、戦後GHQに従うことで生きながらえ、戦後は放送産業の発展とメディアグループ形成を通じて巨大化してきた。一般企業が新たにマスメディア業界に参入するにはハードルがあまりにも高く、二〇〇五年に滋賀で行われた地方紙創刊の試みは、先行各社の閉鎖的な慣行によって潰された。[31] マスメディアのなかには、政府を監視することが大切だと考えるジャーナリストは少なくない。だが、マスメディア産業が集権型の統治構造と相似形の構造を維持し続ける限り、ジャーナリストたちも東京優位のヒエラルキーは簡単に変えられそうにない。

日本型マスメディアの問題点として、批判者の口の端にたびたび上ってきたのは記者クラブ問題[32]であろう。過去に鎌倉市役所や長野県庁が記者クラブを主流メディア以外にも開放したり、[33] 二〇〇九年の民主党政権時代には独立系メディアやフリージャーナリストの参加を促したりする動きも見られた。しかし、そうした試みが既存の大手マスメディアに対して記者クラブのあり方を見直す契機となったとは言えない。むしろ中央官庁や主要政党が記者クラブ詰めの記者を対象に開催する「オフレコ記者懇談会」や、首相が開催するメディア企業幹部との会食が活発に行われるようになった。マスメディアと統治権力は一種の共生関係にあると言える。

冒頭で述べた通り、D・マクウェールは、マスメディアの規範理論がその国の支配的な政治理論を映し、それが分かりやすい形で明文化されることはなく、意識されることも少ないと論じた。本章を締め括るにあたって、一つの推論を立てるとすれば、日本型のマスメディアは中央集権型の安定した統治構造への依存なしに成立しないのではないかということだ。

集権的な統治構造に寄り添う大手全国メディアは、部数や視聴率の競争を通じ「最大多数の最大幸福」に象徴される功利主義ときわめて相性がよかった。だが、こうしたあり方は、人口が減り、経済成長がほとんど期待できない二一世紀に入り、軋み始めている。多数者が安定的に生存するため少数者を犠牲にすることを厭わない悪しき功利主義に抗っているのは、現状、沖縄の二つの地方紙[34]などきわめて少数である。日本型マスメディアの変化を促しうる一つの契機は、地域と国家、少数者と多数者など利益が相反する討議にあることは論を待たない。

注

(1) デニス・マクウェール（一九八五：九四）参照。
(2) 第一回帝国議会が開催されたのは維新から二三年を経た一八九〇年である。それまでに国会期成同盟派と反対派の新聞が紙面を通じて論戦を繰り広げた。
(3) 「万機」は政治的に重要な事柄、「公論に決すべし」とは世論に基き決めよの意。「五箇条の誓文」第一条の後半部分に記された。
(4) ハーバーマス（一九九四）によれば、コーヒーハウスには政治・経済・文学の担い手や市民たちが集い、議論を通じて統治権力を批判するジャーナリズムが育まれた。
(5) 鹿島茂（一九九一）は、フランスで広告を大量掲載して廉価新聞を発行したジラルダンの事例を詳細に描いている。
(6) 『萬朝報』は赤みがかった紙を使っていたことから「赤新聞」と呼ばれた。「赤新聞」はやがて暴露紙や安っぽい新聞を指す言葉へと転用された。高橋康雄（一九八九）ほか参照。
(7) 大阪毎日新聞社の第五代社長・本山彦一は「新聞商品論」を唱えたことで知られる。
(8) 『毎日新聞』は『大阪毎日』と『東京日日』が、『朝日新聞』は『大阪朝日』と『東京朝日』がそれぞれ一つになった。
(9) 読売新聞社は、一九一七年に社名を読売新聞社とし、のちに報知新聞社を合併した。このため戦時下の題号は『読売報知』だったが、戦後は『読売新聞』に戻った。本章では特別の事情がないかぎりそれらをかき分けることなく、社名を読売新聞社、題号を『読売』と表記することにする。
(10) 新聞界の通史については春原昭彦（二〇〇三：二〇〇）など参照。新聞統合の実相については、里見脩（二〇一一）参照。
(11) この時期に形成された新聞産業の二重構造は、八〇年を経た現在もほぼ引き継がれている。
(12) たとえば、塚本三夫が「全体として民主化に向かっての流れが、あわただしいまでに急速に形成されつつあったのが、敗戦直後の日本の状況であったといえるであろう。／新聞についても例外ではなかった。むしろ「民主化」を要求し、その実現を目指すさまざまな運動の先端を切ったのは新聞労働者であった」（塚本　一九九五：一三九）と記しているとおり、戦後の労働運動において新聞労働者はとりわけ急進的であった。

(13)　読売争議は第一次と第二次に分かれる。第二次争議では、労組長の鈴木東民が編集局長のポストに就いたが、社会主義化を嫌ったGHQがプレスコード違反で『読売』を攻撃し、二次争議に敗れた鈴木らは職場を追われた。山本武利（一九九六）など参照。

(14)　一九四五年九月一九日に伝えられた「日本新聞規則ニ関スル覚書 = Memorandum Concerning Press Code for Japan (SCAPIN 33)」の文言は以下の通り。

一．ニュースは厳格に真実に符合するものたるべし。

二．直接又は間接公共を害する惧ある事項を印刷することを得ず。

三．聯合国に対する虚偽又は破壊的批評を行わざるべし。

四．聯合国占領軍に対する破壊的批評および軍隊の不信若は憤激を招く惧ある何事も為さざるべし。

五．聯合国軍隊の動静に関しては公式に発表せられたるもの以外は発表又は論議せざるべし。

六．ニュースの筋［news stories］は事実に即し編輯上の意見［editorial opinion］は完全に之を避くべし。

七．ニュースの筋は宣伝的意図を以て着色することを得ず。

八．ニュースの筋は宣伝的企図を強調又は拡大する目的を以て微細の点を過度に強調することを得ず。

九．ニュースの筋は関係事実又は細目を省略することに依り之を歪曲することを得ず。

一〇．新聞の編輯に於てニュースの筋は宣伝の意図を設定若は展開する目的を以て或るニュースを不当に誇張することを得ず。


（出典：伊藤・清水編（一九六六）「占領軍指令」『マスコミ法令要覧』三四八頁。カタカナ部分を平仮名に変換した）

(15)　山本（一九九六）、有山輝雄（一九九六）など参照。

(16)　井川充雄（二〇〇八）など参照。

(17)　NHKラジオで「言論活動」を展開したといえるのは、徳川夢声らの政治諷刺であった。

(18)　正力は、「読売争議（一次）」が起こった際、A級戦犯容疑で拘置されており、社長を辞任していた。追放解除後の52年に日本テレビ放送網を設立し、テレビの商業放送（民放テレビ）をリードした。一九五四年には読売新聞社社主となり、翌五五年には衆議院議員に当選し、科学技術庁長官や原子力委員会委員長などを歴任した。

(19) 有馬哲夫（二〇〇六）は、正力がＣＩＡの工作に協力していたことを公文書から明らかにしていた。
(20) 業際保有とも呼ばれる。
(21) 地方局は地方新聞社や全国紙から出資を受けていることが多い。首都圏や関西圏だけでなく、全国各地で放送局と新聞社が資本で繋がっており、新規参入が阻害されている。藤竹暁（二〇一二）によると、地上波民放は「テレビ・ラジオ兼営社三四社、テレビ単営九三社、ラジオ単営六五社、マルチメディア放送一社の計一九三社」にのぼる。
(22) Japan News Network の略。
(23) Nippon News Network の略。
(24) Fuji News Network の略。
(25) All-nippon News Network の略。
(26) TX Network。ＴＸはテレビ東京のコールサインＪＯＴＸから。
(27) このほか、関東・関西・中京地域に独立U局が一三局ある。
(28) Federal Communications Commission. 連邦通信委員会。放送通信事業の規制監督組織。
(29) 一九九九年の地方分権一括法により廃止された。
(30) 畑仲哲雄（二〇一四）三七三頁参照。
(31) 『みんなの滋賀新聞』が創刊から廃刊に至った経緯については、畑仲（二〇〇八）参照。
(32) 公的機関や業界団体などで大手マスメディアが中心となってつくる任意の組織。取材を認めようとしない帝国議会に報道の自由を求めてつくられたとされるが、今日では排他性や閉鎖性が批判の的になり、むしろ国民の「知る権利」を阻害しているとの指摘もある。
(33) 鎌倉市は一九九六年、記者クラブに属さない報道機関にも記者室と記者会見を開放し、長野県は二〇〇一年に「脱記者クラブ宣言」を行い改革を進めたが、こうした動きが全国に波及していない。
(34) 二〇一五年六月、自民党の若手政治家を中心とする文化芸術懇話会において、元ＮＨＫ経営委員で小説家の百田尚樹が「沖縄の二つの新聞は潰さないといけない」と問題発言をした。

参考文献

有馬哲夫（二〇〇六）『日本テレビとＣＩＡ――発掘された「正力ファイル」』新潮社。

有山輝雄（一九九六）『占領期メディア史研究――自由と統制・一九四五年』柏書房。

アン・フリーマン、ローリー（二〇一一）『記者クラブ――情報カルテル』緑風出版。

井川充雄（二〇〇八）『戦後新興紙とＧＨＱ――新聞用紙をめぐる攻防』世界思想社。

伊藤正己・清水英夫編（一九六六）『マスコミ法令要覧』現代ジャーナリズム出版会。

鹿島茂（一九九一）『新聞王伝説――パリと世界を征服した男ジラルダン』筑摩書房。

佐藤卓己（二〇〇四）『言論統制――情報官・鈴木庫三と教育の国防国家』中公新書。

里見脩（二〇一一）『新聞統合――戦時期におけるメディアと国家』勁草書房。

鈴木栄太郎（一九五七）「聚落社会の概念及び都市の概念」『北海道大学文学部紀要』第六号。

高橋康雄（一九八九）『物語・萬朝報――黒岩涙香と明治のメディア人たち』日本経済新聞社。

塚本三夫（一九九五）「編集権」稲葉三千男ほか編『新聞学　第三版』日本評論社。

畑仲哲雄（二〇〇八）『新聞再生：コミュニティからの挑戦』平凡社。

畑仲哲雄（二〇一四）『地域ジャーナリズム――コミュニティとメディアを結びなおす』勁草書房。

ハーバーマス、ユルゲン（一九九四）『公共性の構造転換――市民社会の一カテゴリーについての探求』未來社。

林香里（二〇一一）『〈オンナ・コドモ〉のジャーナリズム――ケアの倫理とともに』岩波書店。

春原昭彦（二〇〇三）『日本新聞通史　一八六一年―二〇〇〇年』新泉社。

藤竹暁編著（二〇一二）『図説　日本のメディア』ＮＨＫブックス。

マクウェール、デニス（一九八五）『マス・コミュニケーションの理論』新曜社。

安田浩一（二〇一六）『沖縄の新聞は本当に「偏向」しているのか』朝日新聞出版。

山本武利（一九九六）『占領期メディア分析』法政大学出版局。

琉球新報社論説委員会編著（二〇一六）『沖縄は「不正義」を問う』高文研。

第4章　北朝鮮における「メディア政治」
――権力維持のための権力によるメディア――

李　相哲

1　メディアは統治の道具

北朝鮮には「音楽政治」という言葉がある。北朝鮮メディアに頻繁に使われる「先軍政治」「科学重視政治」のように金正日の統治方式の一つだ。[1] 音楽と政治は不可分離の関係にあるという意味以外に、「音楽と革命を一体化させた（首領の）領導芸術」[2] として、金正日式統治行為として「音楽政治」は定着している。

北朝鮮に「メディア政治」という言葉は固有名詞としては定着していないが、メディアと政治が不可分の関係にあり、メディアを通して権力は維持され、「音楽政治」以上にメディアを統治手段の最も重要な道具として使うという「メディア政治」は、建国初期にすでに一種の政治行為として定着している。

北朝鮮では、メディアの使命は「首領様の偉大性と領導の賢明性、崇高な徳性、栄光あるわが党の革命伝統を人民に深く宣伝することである」（金正日）[3] と規定する。この定義でいう「首領様」とは、金日成時代は金日成を、金正日時代は金正日を、金正恩時代は金正恩を指すのは言うまでもない。

朝鮮民主主義人民共和国が建国（一九四八年九月九日）されて以来、三代世襲が行われるまで、北朝鮮メディアは一度だけ変化をみせた。

金日成がほぼすべての政敵の排除に成功する五〇年代終わり頃を境に、北朝鮮メディアは労働党のメディアから首領一人のためのメディアに変質する。ただし、建国後現在に至るまで、メディアの政権維持の手段としての属性、すなわちメディアの本質、基本構造は変わっていない。

北朝鮮にも新聞・放送・通信などいわゆるマスメディアは存在する。金日成は、ソ連のレーニンや中国の毛沢東同様、マスメディアの重要性を認識し、それを政治に利用した。第二次世界大戦終結後間もない一九四五年九月、ソ連から北朝鮮に帰還した金日成は、朝鮮共産党北部朝鮮分局（後に「朝鮮労働党」と改称）結成大会に出席、次のように述べている。(4)

「我々は党報（党機関紙）をいち早く創刊して党員と人民にわれわれが進むべき方向を教えなければならない。そして彼らが反動分子たちの策動を粉砕し、新祖国建設の闘争に加わるよう力強く呼びかけなければならない。党報の名前は『正路』とするのが望ましい(5)」（金日成）

その後、機関紙『正路』が創刊されるのは、四五年一一月一日である。金日成の支持基盤である「満州派」が政権の中枢を占める朝鮮民主主義人民共和国（以下「北朝鮮」）が誕生する三年前のことだ。『正路』が紙名を『労働新聞』に変えるのは、翌年の九月一日、「朝鮮労働党」の結成の時だ。(6)

創刊の辞で同紙は、「人民が進むべき正しい道を示すこと」を使命とした。『労働新聞』は、その後の北朝鮮メディアのモデルとなるが、一九五〇年代終わり頃までは、一般的な社会主義国家のメディア同様、党の声を人民のなかに届ける「党の代弁者」の役割、そして人民を国家建設に動員するための「組織者の役割」を果たす党のためのメディアという性質を残していた。その時はまた、北朝鮮では党直属の機関紙の他に各級政府機関、社会団体、労働組合が発行する機関紙に特色ある新聞づくりが許され、経営面での自由が限定的ではあったが認められていた。ところが、一九六一年を境に、北朝鮮メディアは、党のための「党報＝党機関紙」から、首領のためのメディアに性格を変え、画一の報道が目立つようになる。

一九六一年といえば、金日成が政敵となるすべての政治派閥（日本統治時代に国内で地下活動を行った国内派、ソ連派、延安派、甲山派）を排除し、金日成「唯一体制」を確立した時期である。

この時から今日に至るまで北朝鮮メディアは、完全に「首領のためのメディア」、すなわち、指導者の「偶像化」のための宣伝を最大の使命とし、政権維持のための道具を自任するメディアになりさがった。

本章は、金正恩時代の北朝鮮メディアの北朝鮮政治過程における位置づけ（性格）について、メディアの組織構造について、報道の形式的、内容的な特徴について記述し、北朝鮮におけるメディアと政治との関係を解明していく[7]。

2　メディアの本質と北朝鮮政治

北朝鮮がメディアの存在意義をどこに求めているかは、金正日の言葉[8]に明確に示されている。

金正日は、メディアの役割は「社会のすべての構成員を金日成主義者として教育し、社会全体を金日成主義の要求通り改造すること」[9]だと述べている。さらに、全人民を「金日成主義[10]」者に改造するため、メディアは「首領様の偉大性と領導の賢明性、崇高な徳性、栄光あるわが党の革命伝統を人民に深く宣伝」しなければならないと言った。

メディアに「首領の偉大性と賢明性」を宣伝する使命を付与したのは、究極的には政権維持、すなわち金一族の統治体制を維持することにある。

では、なぜ、北朝鮮では首領の偉大性宣伝が、政権維持の最重要課題となるのか。それは、建国後の北朝鮮の政治過程を鳥瞰してみれば分かる。

個人崇拝の伝統をつくったメディア

一九四五年八月、日本が無条件降伏を申し出ると、国外で抗日活動を行っていた朝鮮人団体の代表者らは一斉に朝鮮に続々と戻った。上海や米国を拠点に独立運動を展開した「大韓民国臨時政府」(11)の要人、李承晩《イスンマン》らはソウルへ、満州で中国の抗日部隊の下でパルチザン活動を展開していたいわゆる「満州派」軍人ら（金日成を含む）は平壌へ、そして、韓国国内で反日活動を行っていた朝鮮共産党員や民族主義者らは、平壌とソウルに散らばり、いよいよ誕生する新政権の主導権を握るため躍起になっていた。

朝鮮半島が日本の植民地統治から脱した四五年の金日成は、若いうえに無名な下級将校にすぎなかった。同年八月まで、金日成はソ連領極東地域、ハバロフスク近郊のパルチザン訓練キャンプにて、ソ連軍から訓練を受けていた。終戦時には日本軍と戦闘を交わすことなく、ソ連軍が用意した帰国船に乗り、帰国の途についた金日成には六〇人ほどの仲間しかいなかった。

終戦を迎えた北朝鮮には、中国の延安において中国共産党とともに抗日戦争を戦った「延安派」（中心人物は朴一禹）や、ソ連で共産主義教育を受け、北朝鮮に派遣された「ソ連派」（中心人物は許哥誼）、朝鮮国内で地下活動を行っていた「南労党派＝国内派（南朝鮮労働党）」（中心人物は朴憲永）、朝鮮半島北部の咸鏡南道（現在の両江道）甲山郡一帯で抗日活動を展開していた「甲山派」（中心人物は朴金哲）が金日成と新政権のトップの座を争った。

一九四六年二月、ソヴィエト社会主義共和国連邦書記長、ヨシフ・ヴィッサリオノヴィチ・スターリンは、新生朝鮮の新しいリーダーを選ぶため占領軍が推薦する金日成と朴憲永をモスクワに呼びつけて面接を行うが[12]、結果的にソ連で訓練を受けた経歴を持ち、ロシア語がある程度話せるうえ、ソ連軍将校らと親交のある若い金日成を選んだ。

民族主義者や抗日闘争で名を轟かせた「英雄」が多い中、スターリンは、三三歳と若くて基礎教育をしっかり受け、ソ連軍に協力的な金日成を操りやすい指導者と見なしたのだ。

それまで無名のパルチザン隊員だった金日成を政権のトップの座につけるのは占領軍にとっては難しくはなかったが、権力を保持するだけでなくカリスマ性を持たせることは容易なことではなかった。金日成の権力基盤を固めるためには金日成を「英雄」に仕立て上げる必要があった。

そこでソ連占領軍は、金日成の「偉大性、領導の賢明性、崇高な徳性」を人民に広めるため緻密な宣伝工作を繰り広げる。北朝鮮における金日成に対する過剰な賛美、偶像化の伝統はここに端を発する。その工作にメディアが利用されたのは言うまでもない。

抗日闘争の英雄、百戦百勝の金日成将軍像をつくるためソ連軍が行った様々な秘密工作の詳細については、最近、ロシアの公文書館から見つかった原始資料や当時を知る元占領軍将校の証言で明らかになっている。

金日成がソ連から北朝鮮に帰還した直後より専属記者として「金日成将軍凱旋紀」を執筆した韓載徳[13]の回顧録にも、ソ連軍の宣伝工作にまつわる逸話が紹介されている。

一九四五年一〇月一四日、平壌で開催された「祖国解放祝賀集会」の演説でデビューを果たした金日成は、平壌西郊外の万景台を訪れる。秘書や通訳、写真記者に、ソ連軍政当局が遣わしたロシア人記者が随行、『平壌民報』の編集長だった韓氏もそれに同行したが、それはソ連軍政当局の演出だったと証言する。

「平壌の集会で金日成を目にした群衆は、彼が若すぎるので『偽者だ』と騒いだ。その疑惑を払拭するため、ソ連軍政当局は『故郷凱旋』をセッティングした[14]」。金日成はソ連軍の操り人形ではなく、正真正銘朝鮮の人間で、抗日のために満州の大地を転々としながら戦った英雄。そういうストーリーをつくり、二〇年ぶりに故郷に錦を飾る金日成の姿を人民に広めるのが目的だった。

ソ連軍政当局が金日成の「偉大性」を演出し、彼を「神格化」するためいかなる努力を傾注したかは韓氏の回顧録の至る所に記されている。

後継者指名に資したメディア

そのような宣伝手法は、その後息子の金正日時代になるとさらにエスカレートする。金正日も金日成同様、指導者になるまでは無名の、ただの青年にすぎなかった。金日成の息子であるという事実以外に、「英雄的」な、讃えるべき実績や伝説を持っていなかった。

金日成と一緒に抗日ゲリラ戦闘に参加し、その後、朝鮮戦争（一九五〇～五三年）を戦った政治家がまだ生き残っている中、平凡な経歴をもつ金正日を後継者の座につけるためには、人民や幹部たちに金正日の「偉大性」を知ってもらう必要があった。

金正日がいかなる手段をもって後継者の地位を獲得したかは本章の主題から外れるので省略するが、一九七四年二月、後継者として公認された後の、指導者地位を固めるまでの過程で、金正日は、メディアを味方につけ、メディアを巧妙に利用した。

平和な環境のなかで少年時代を過ごし、青年になってからは一般の北朝鮮男性が必ずまっとうしなければならない軍部隊での服役の経験すら持たない金正日を「偉大な指導者」としてつくり上げるためには、メディアの力を借りるしかなかった。

北朝鮮は、活用可能なすべての媒体を利用して、金正日の「偉大性」にまつわる神話づくりに総力を上げる。出生地や出生年月日までを改竄して神秘的な伝説をつくり、経歴を書き換え、誇張した。

拙著『金正日秘録』によれば、大学二年が終わる六二年、二一歳の金正日は二カ月ほど平壌近郊にある龍城区域の御恩洞で軍事訓練を受けるが、それが「軍歴」のすべてであった。しかし、北朝鮮メディアは、金正日を「百戦百勝」の名将と書き立て、軍事の天才、「偉大な将軍」と讃える。(15)

金正日時代に、北朝鮮は金日成にまつわる様々な伝説をつくり、「現人神」に仕立て上げるが、それは、金正日の「偉大性」を証明するための手段でもあった。

金正日時代のメディアの政治報道で見られる特徴は、金日成に対する崇拝を徹底し、金日成の権威を絶対的なものにしたあと、金日成のイメージに金正日を投影させ、金日成の口を借りて、金正日の偉大性を人民に告げるという「巧みな」メディア工作である。

北朝鮮メディアによると、金日成は、政権中枢の幹部らを前にこう述べたという。「組織秘書同志（金日成は息子、正日をこのように呼ぶことが多かった）が、わしの息子だからこんなことを言うのではない。彼は私の革命思想と主体思想を最も高い水準で体験しているからだ(16)」。

金正日が後継者になれたのは、金日成の息子だからではなく、たまたま、指導者としての素質を有しているうえ、首領さまの良き理解者で、首領の考えを一番正確に理解でき、実践できる方だからだという論理だった。

金正日時代の北朝鮮メディアは無条件、絶対的な原則をもって首領、金日成の神格化、偶像化を至上の命題にしていたのは、金正日の威信を高め、よって政権の基盤を盤石なものにし、政権を維持して行くという目的があったからだ。

変わらぬメディアの本質

金正恩時代に入っても北朝鮮メディアのこのような目標、すなわち、首領の「偉大性」宣伝を最大の使命とするという本質は変わっていない。変わった部分があるとすれば報道手法のみだ。たとえば、それまでの露骨な「神話づくり」「偶像化」の手法を改め、首領をより身近な存在にし、「親人民的」なイメージをつくるという手法にかえる。

二〇一二年五月九日、北朝鮮の「朝鮮中央放送」および「平壌放送」、「朝鮮中央通信」など主要メディアは一斉に、「朝鮮労働党中央委員会第一書記金正恩同志が平壌の万景台遊戯場を訪れた」と報じ、麦藁帽子をかぶり、上着のボタンを外したまま、公園の雑草を取る姿を写真と動画で配信した。そして、遊戯場の責任者たちを叱責する場面を大々的に報じた。その場で、金正恩は管理者らに向かって「皆さんの目には雑草がみえないのか?! みなさんには主人公としての立場と職場に対する愛着、人民のために奉仕するという良心がないのではないか。設備（草刈機など）がなければ、手があるのに何故雑草をとらないのか。酷い」と叱りつけたと書きたてた。

北朝鮮『労働新聞』に掲載された一号写真(17)を研究した韓国東亜日報社、辺英旭《ビョンヨンウク》(18)によれば、二〇一二年一月より一三年五月までの間に『労働新聞』に掲載された金正恩の写真は、例外なく人民とのスキンシップを演出するものだったという。なかには、金正恩が接見者と共に撮った団体記念写真が多く、そのなかの一九一枚を分析した結果、金正恩は一二万八九八二名と記念写真を撮ったという。金日成、金正日時代にはありえないことだ。

二〇一二年四月一五日に催された軍事パレード終了後、金正恩は二〇回にわたり、パレードに参加した二万四〇〇〇人と記念写真を撮った。目的は、「人民と一緒にいる指導者」を演出するためだった。

北朝鮮メディアが「演出する」指導者像に変化が見られるということだ。つねに厳しい表情に、近寄りにくい偉大な人間を演じた金正日と違い、後継者として公の場にその姿を現した金正恩は、人民に近寄る姿勢をみせる。これは、北朝鮮が直面した現実、政治的な状況と関係があった。

金日成主席死後（一九九四年）、二〇〇万以上の餓死者を出し、苦難の行軍[19]を余儀なくされた人民は、新しい指導者から慰めと新しい「希望」を求めようとした。

北朝鮮メディアが演出した金正恩の「偉大性」は、金正日と対照的であったのはそのためだ。住民たちは、金正恩が住民の家を訪れ食卓を囲って談笑する姿や、軍人や学生らと腕を組み、満面に笑みを浮かべ喜ぶ姿をたびたびテレビ画面や新聞の写真を通して目撃することとなる。かつて金正日時代には、現場で指導者が人民のなかに交わり人民と腕を組む場面などなかった。

金正恩時代に入り、北朝鮮メディアは、宣伝手法だけでなく、形式的な面においても変化を試みているのが随所でみられるようになった。

二〇一五年八月一五日より、北朝鮮の四大新聞（『労働新聞』『民主朝鮮』『平壌新聞』『青年前衛』）は、紙面をオールカラー印刷に切り替え、写真の比重を大幅に増やした。朝鮮中央テレビ放送局に体育チャンネルを増やし、ニュースを伝えるスタジオのイメージを一新するなど、報道形式にも配慮する姿勢を見せる。

金正恩時代に入ってから、メディアは人民の目を気にするようになったという証拠でもある。

金正恩が登場する写真は必ずカラー写真にし、「新聞が金正恩のアルバムとなったのではないかと錯覚におちいるほど」（ビョン・ジンウク）で、さらに、金正恩のイメージに気を配るあまり、たびたび合成写真までつくり、金正恩の「偉大性」を強調しようとする。

『朝鮮新報』は、「青年首領の登場が人民生活に確実な変化をもたらしている」と前置きしたあと、金正恩時代にはいって「テレビジョン報道時間を待つ視聴者が増えた」とし、その理由は「最高領導者の活動を動画映像とともに早く伝えるという慣例が確立、重要な国家行事を生で伝えているケースが多くなったから」と書いた[20]。

このような報道から分かることは、北朝鮮メディアの宣伝手法に変化も見られるが、その本質、役割にはなんら変わりがないことも確認できる。

金正恩時代に至っても、北朝鮮メディアの最大にして最重要関心事は首領であり、首領の動向であり、首領の「偉大性」の宣伝であることが分かる。すなわち、三代世襲が行われ、金正恩が政権を握った現在になっても、北朝鮮メディアの使命は、唯一体制維持にあること、そのために首領の偶像化にすべてのエネルギーを投入するという慣行は変わっていないのである。

当然ながら、北朝鮮メディアは、金日成・金正日・金正恩の偶像化を最大の役目とすること以外にも、世界のいかなる国のメディアとも異なる特徴を持つ。(1)メディアの組織構造、(2)メディアの機能面において、(3)統制システムと内容の面においても、北朝鮮ならではの、世界に類をみない特徴を持つ。以下は、この(1)(2)(3)の順で、北朝鮮メディアの「中身」についてさらに詳しくみてみることにする。

3　北朝鮮メディアの現況と組織構造

北朝鮮の三大メディア

北朝鮮メディアといえば、『労働新聞』「朝鮮中央通信」「朝鮮中央テレビジョン」など三大メディアを挙げる場合が多い。元朝鮮中央放送委員会所属の記者であった張海成《チャンヘソン》によると、「三大メディアの役割はそれぞれ異なる。労働新聞は正論性、朝鮮中央通信社は対外性、朝鮮中央テレビは情緒性をもって機能している」という。

北朝鮮メディアはこの三大メディアが中心になって報道活動を行う。その他のメディアは、まずは、この三大メディアの指導を受ける。重要ニュースは朝鮮中央通信が一律に配信し、論調は労働新聞が、洗脳教育は朝鮮中央テレビが担当するという構造だ。その他の新聞、テレビなどメディアは、独自の取材は許されず、独自の論調を唱えることはできない。また、独自のプログラムをつくることもできない。

三大メディアが果たす役割を張海成は次のように説明する。

労働新聞の正論性とは、政権の政策方向を提示することを意味します。その方向は直線的である場合もあれば、迂回的（巧妙な言いまわしをする）である場合もある。朝鮮中央通信社は、北韓（北朝鮮）住民らが知ったらいけない内容も伝えることがあります。それは純粋に外国に対し発するメッセージだからです。朝鮮中央通信社の記事は、北朝鮮らしくない場合も多々あります。独占的な内容が多い。場合によっては、国内の論調と異なる報道もします。ここからも、政権がメディアをいかに巧みに操っているかが分かるのです。その中で、緩衝的な役割を果たすのがテレビです。たとえば、テレビでは歌を多く放送しますが、それは「首領の偉大性」を謳う歌であり、「政策歌謡」であって、住民を情緒的に洗脳するためです。住民らはそれを無意識に受け入れるのです(21)

三大メディアの指揮系統、すなわち組織構造は首領を頂点に、その下に労働党中央委員会、さらに労働党の下部組織の指導の下にメディアは運営される。組織形態としては中央委の専門部署の一つ、宣伝扇動部が宣伝方針、内容をきめ、それら業務に携わる記者・編集者・技術者は組織指導部傘下の各級党委員会の組織部の采配（人事管理）を受ける。

さらに、各々のメディア組織に所属する記者・編集者らは朝鮮記者同盟という組織を通じて管理され、定期的に修業を積み、党が示す宣伝工作任務を忠実に完遂することが要求される。当然ながら、労働党の方針に沿い、労働党の必要とする記事を書かなければならないので、内容は画一的なものが多い。

朝鮮記者同盟は、記者・編集者に対し、年二回、同盟の党委員会が催す講習会に参加することを義務づけている。思想的に問題になりうる記事を書かせないためだ。

張海成によれば、北朝鮮の記者の間ではこんな笑い話が伝えられている。

平壌に住むある記者が田舎に住む祖母にテレビを買っておくった。祖母は、そのテレビが自慢だった。箱の（テレビ）なかに、人が出てきたり、歌がながれたり、平壌の町が現れたりするではないか。最初、村の人々はその箱に夢中になったが、段々とみんな見にこなくなった。なぜかというと、箱の中にでてくる人や画面、歌はおなじもの、ずっと繰り返されるから。故障したのかなと思った祖母は、孫に手紙を出し、新しいテレビを買って送ってくれないか、と頼んだという。

メディアの報道内容が単調すぎるという実態を皮肉った話だが、北朝鮮メディアの報道内容が、こうなってしまう背景には、組織構造上の問題がある。

メディアのコンテンツは、最高指導者の指示と中央委の指導の下、指針通りに作らなければならないからだ。とくに、金正日（首領）の指示は絶対的に守らなければならない。

金正日は自分が現地を訪れ視察を行う場面、とくに軍部隊を視察する場面を報道するときは秘密の漏洩の心配があるから、画面に護衛官や軍人らの顔や現場の様子を映さないようにし、テレビ番組の八〇％は音楽プログラムにしろ、と指示した。メディアは、この指示を必ず守らなければならない。

ただし、気まぐれな最高指導者の指示は随時変わるので、北朝鮮テレビ番組の八〇％は音楽プログラムになってはいないが、北朝鮮のテレビに最高指導者の動静を伝えること以外に、歌と踊りが多いのは、金正日の指示によるものであるという（張海成）。つまり、メディアの内容、編成に至るまで、最高指導者の「趣味」や思いつきに左右される場合が多い。

北朝鮮における新聞

北朝鮮には、外国にもよく知られる『労働新聞』以外に、一六種類の日刊紙を含む約三〇種類の新聞が発行されている。北朝鮮でも新聞は政治的にメディアのなかで中心的な役割を果たす。北朝鮮がつくった『百科事典』では、新聞とは「人民大衆の啓蒙者であり宣伝者であり、人々の思想精神文化生活において党と国家政策を貫徹するにあたって社会世論を代弁し、指導していく重要な役割を果たすメディア」[22]と定義する。

北朝鮮において新聞は例外なく、労働党中央委員会宣伝扇動部の管理・監視の下でつくられる。行政上、新聞発行に関わる日常的な業務を管掌する部門としては、内閣傘下に出版総局新聞課があるが、新聞発行を統制し、指導するのはあくまで党組織である。

北朝鮮最大の日刊紙『労働新聞』は、労働党中央委員会傘下の政務局（従来の書記局）の指揮下にある労働党中央委の専門部署の一つ「宣伝扇動部」の管理、監督を受ける。

一時発行部数五〇万部を誇った『労働新聞』も現在では、用紙不足で二〇万部（公称）程度しかないが、それでも、国内政治では絶大な影響力を誇る。党員はもとより、一般住民も強制的に、必ず毎日読報活動[23]に参加しなければならない。そして指導者の教示、党の政策方針は『労働新聞』を通して人民のなかに届ける。

北朝鮮で発行される主要新聞には、『労働新聞』のほかに平壌市党委員会が発行する『平壌新聞』、金日成社会主義青年同盟が発行する『青年前衛』、最高人民会議が発行する『民主朝鮮』、朝鮮人民軍総政治局が発行する『朝鮮人民軍』があり、各道（日本の県に相当）党委員会は機関紙（日刊）を発行する。

表4－1　北朝鮮の主要新聞（中央紙）

新聞名	創刊日・沿革	発行主体	使命（役割）	形式
労働新聞	1945.11.1～ 当初は『正路』， 46年9月1日，新民党機関紙『前進』を合併『労働新聞』に	労働党中央委員会	首領の偉大性宣伝 党の路線・政策宣伝 党の対内外問題に関する立場を代弁	日刊，年中無休，6面発刊 1面：首領教示，首領動向 現地指導時の内容，社説 2面：政治・革命教養 3面：経済，4面文化 5面：韓国情勢（否定的な記事のみ） 6面：国際情勢（資本主義非難など）
民主朝鮮	1945.10～ 創刊時は『平安日報』 46年6月より『民主朝鮮』	最高人民会議及び内閣	人民を金日成思想・主体思想に武装 人民を党政策貫徹に組織動員 人民を金日成主義者に改造	4面，月曜日休刊 金日成・金正日誕生日には6面 朝鮮中央通信社および『労働新聞』 提供の記事を掲載
青年前衛	1946.4.20～ 創刊時は『青年』， 46年11月7日『民主青年』 64年5月『労働青年』に 96年1月『青年前衛』に	金日成社会主義青年同盟	青年に金日成思想を解説・宣伝 青年を首領に無限に忠誠する継承者に育て，党の路線，政策貫徹に動員	4面
朝鮮人民軍	1948.7.10～	朝鮮人民軍総政治部	人民軍将兵の首領の決死擁衛，社会主義を武力で保衛 首領の忠実な戦士として準備させる	4面，日刊新聞
平壌新聞	1957.6.1～	平壌党委員会	平壌市民を首領の革命思想・主体思想で武装させること，政治・経済面で平壌を全国の模範にするため党員・勤労者を組織動員する	4面の日刊，全国に発行 英語，フランス語版で作られる 『平壌タイムズ』（8面）発刊 朝鮮語40万部，外国語3万部
労働者新聞	1946.2.9～	朝鮮職業総同盟	党の唯一態勢を維持 労働者・同盟員を首領に無限に忠実な革命家にし，主体革命偉業に組織動員	週刊・大判4面発行
農業勤労者	1946.3.20～ 創刊時『農民新聞』，65年3月『農業勤労者新聞』に 2001年1月，現在の題号	朝鮮農業勤労者同盟	首領に忠実な勤労者に教養 農業勤労者を主体思想と先軍革命思想に武装，党の農業政策貫徹に組織動員	週刊，大判4面
シェナル（新しい日）	1928.1.15（？）～ 71年4月1日復刊	金日成社会主義青年同盟	中・高校生を首領へ忠実な継承者に 首領の偉大性を学ばせる	週2刊，4面。当初は青少年全体を対象 85年6月1日より中学高学年以上対象

少年新聞	1946.5.5～ 創刊時『子ども新聞』 48年6月6日，現在の題号	金日成社会主義青年同盟	少年団員を首領へ忠実な継承者に 首領の偉大性を学ばせる	小学校・中学低学年の少年団員が対象，週2刊（タブロイド版）
教育新聞	1948.4.15～ 創刊時『教員新聞』 2004年3月『教育新聞』に	教育省	教育部門の教員，教養員を主体思想・先軍思想，それを具現した教育政策に武装，政治思想性を高めること	週刊，大判4面発行
文学新聞	1956.12.6～ 翌年の3月に停刊 85年2月15日『文学通報』 86年9月30日『文学新聞』に	朝鮮作家同盟	首領の文芸思想と文芸理論を広く解説，宣伝，作家の創作活動を鼓舞 首領の崇高な徳性，偉大性を紹介，宣伝	月3刊，大判4面
体育新聞	1960.1.1～ 一次『体育戦闘速報』，『体育』に解題。 89年8月12日より『体育新聞』に	体育省	体育員（スポーツマン）を政治思想的，技術実務的にしっかりと準備させ，体育を大衆化，生活化する党の方針貫徹	週刊，大判4面

これらの新聞すべてが、労働党中央宣伝扇動部の統制下にある（表4－1）。

新聞社内組織がどうなっているかについては、外部にはあまり知られていなかったが、近年、北朝鮮から韓国に亡命してきた元記者らの証言でその全容が明らかになりつつある。

韓国言論振興財団の研究報告書[24]によれば、新聞社内には「新聞編集団」がつくられる。この組織は社内の記者・編集者以外に労・農通信員（別途に職業を持っていながら、新聞に記事を書いたり、情報を提供したりする者）、新聞に寄稿する作家など外部の筆者で組織される。

北朝鮮の代表的な新聞『労働新聞』を例にその組織構造を見てみると図4－1の通りとなる。

北朝鮮の新聞社組織の特徴の一つは、最高責任者である「責任主筆」には、当該新聞が所属する機関の党宣伝部門の最高責任者の一人が任命されることだ。たとえば、中央党機関紙の『労働新聞』の主筆には内閣副総理級の中央委宣伝扇動部の幹部が任命され、各道が発行する機関紙には道の宣伝部門の責任者の一人が任命される。

金日成時代から、北朝鮮の宣伝部門の政策立案、執行の最高責

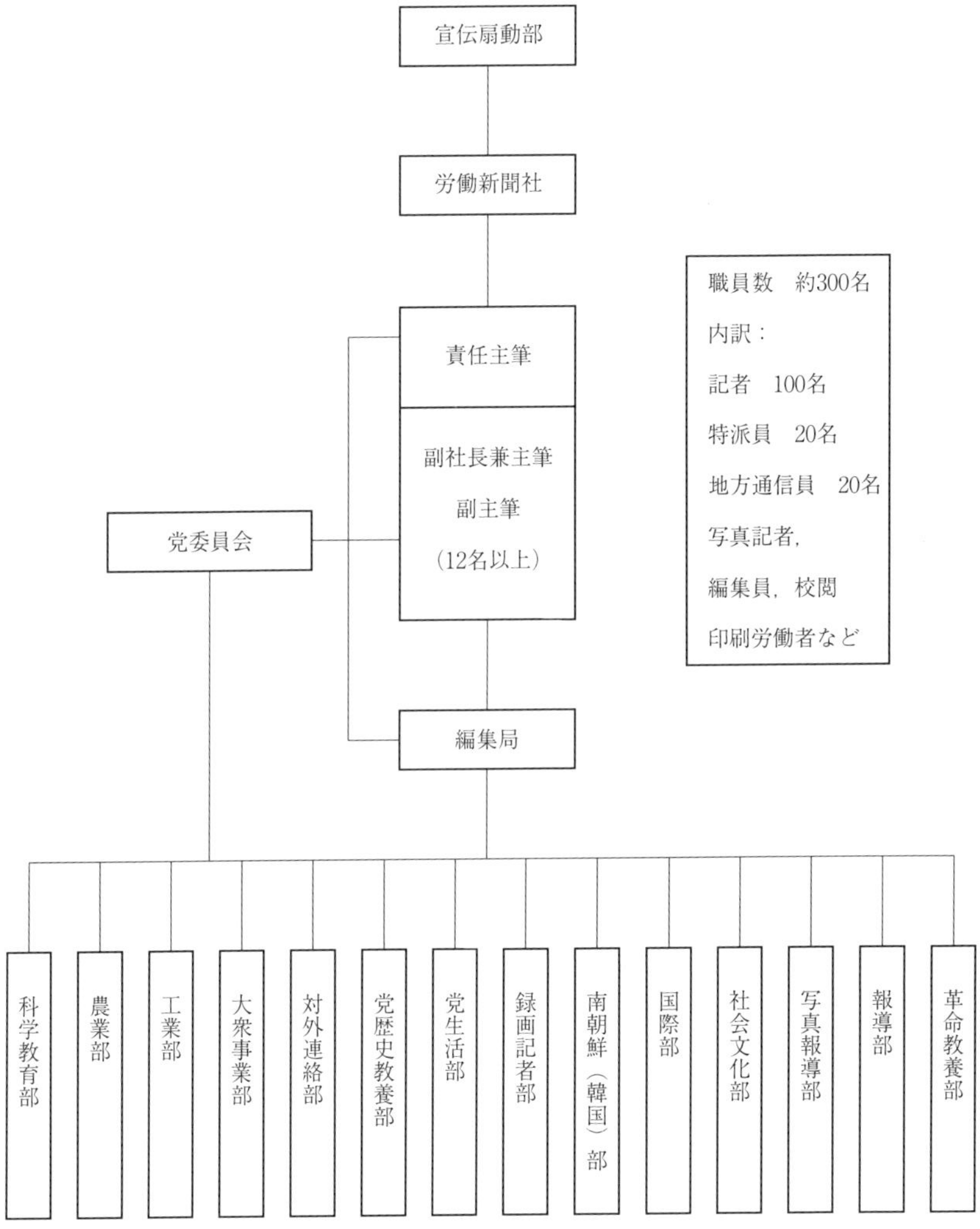

図4－1　労働新聞社の主要部署及び職員数

任者として長い期間宣伝扇動部長を務め、九〇歳になる現在なお、部長職にいる金己南（国務委員として宣伝扇動部長兼任）も労働新聞社の責任主筆を歴任している。

責任主筆の下に、副社長兼主筆、その下に主筆、さらにその下に副主筆を一二〜一九名置く。また、社内にいる労働党員の生活や職務態度を監視する党委員会が置かれ、主筆を含むすべての社内幹部を監視する体制が敷かれる。

編集局傘下の部署としては、他の国にはない部署が多く存在する。その最たるものがもっぱら金日成・金正日・金正恩の革命歴史を解説・宣伝する「党歴史教養部」、労働党員らに課業（任務）を科し、党の政策、方針を宣伝する「党生活部」、「革命教養部」、新聞の発行状況や読報活動を督励する「大衆事業部」[25]（改革開放初期、中国の党機関紙にも必ずあった部署）、韓国関連のニュースを取り扱う「南朝鮮部」がある。その他の部署は農業部、工業部、科学文化部のように、各分野に分かれる。

これら、北朝鮮の主要新聞の沿革、特徴については、表4－1および表4－2を参照されたい。

北朝鮮のテレビとラジオ

北朝鮮テレビがどのようにニュースを伝えているかは、しばしば、重大ニュースを発表する朝鮮中央テレビの画面を通して、その一端を垣間見ることができる。

二〇一六年九月九日、朝鮮中央テレビは、全世界に向けて「第五回目の核実験の成功」を発表した。そのニュースを読み上げたのは今年（二〇一六年）七三歳の李春姫[26]アナウンサーだ。民族衣装のチマチョゴリをまとい、独特の、強いアクセントで重大発表を読み上げる李春姫の姿は、北朝鮮の独特の「テレビ文化」が凝縮されているとみてよい。北朝鮮では、李のようなアナウンサーが最高の放送人とされる。二〇〇六年第一回目の核実験のニュースや、二〇一一年一二月、金正日朝鮮労働党総書記の死亡ニュースを伝えたのも李だ。

表4－2　北朝鮮におけるおもな地方紙

紙名	創刊・沿革	発行主体	編集方針
平南日報	1945.10.1～	労働党平安南道委員会	道の党員・勤労者たちを主体思想に武装 首領に無限に忠誠する革命家に
平北日報	1945.11.27～	労働党平安北道委員会	首領の革命思想と不滅の領導業績 崇高な徳性を広く解説・宣伝
慈江日報	1955.1.1～	労働党慈江道委員会	首領の革命思想と不滅の領導業績 崇高な徳性を広く解説・宣伝
両江日報	1955.1.1～	両江道委員会	道を革命伝統教養の拠点につくり、首領と社会主義に対する信念を強化
咸南日報	1945.9.23～	咸鏡南道委員会	金正日の教示を高く捧げ、道の重要産業部門、人民経済の成果を広く宣伝
咸北日報	1945.11.28～	咸鏡北道委員会	
黄南日報	1945.9.6～	黄海南道委員会	農業生産に関する金正日の教示を徹底的に擁護、金属工業、農業分野の成果宣伝
黄北日報	1955.1～	黄海南道委員会	黄海北道に対する首領の教示を徹底的に貫徹、人民経済部門の成果、経験を宣伝
江原日報	1945.10.15～	江原委員会	

朝鮮労働党出版社が一九九五年に発行した冊子、『出版報道事業に対する党の方針解説』のなかには「放送話術を戦闘的、革命的な話術にすることについて」という項目がある。冊子では、放送分野における報道のあり方は、すべて金正日総書記の指示に従い、その通り実践しなければならないと力説する。

金正日はアナウンサーの原稿の読み方についても指示を出している。「党の声を伝達するわが放送員（アナウンサー）たちの話術は、必ず放送の性格と使命に似合う最も戦闘的で革命的な話術にしなければなりません」と述べたという(27)。

放送話術がなぜ戦闘的で、革命的でなければならないかについて冊子は、二つの理由を挙げる。(1)「放送は、首領さまが率いるわが党の肉声であり、主体朝鮮の声である」。だからアナウンサーの声は「戦闘的な気迫と革命的な情熱が溢れ出るようにし」「敵の肝を冷やすほどのトーンで読み上げなければならない」と金正日は言ったという。(2)人民を力強く扇動するため、「弱々しく、情熱のない話術では人々を革命闘争と建設事業に力強く引っ張ることができない」（金正日）からだという。要するに、北朝鮮テレビの一次的な目的は、首領と党の声を人民に伝え、指導者が示す方向へと人民を動員し組織することである。

第四回目の核実験の成功を伝える李春姫の姿を、中国官営メディアの『環球時報』は、「伝統衣装を纏った彼女の声は力強く、響きが感じられた。顔からは自負心まで感じられた」と評した。国際社会の反対を嘲笑うかのような北朝鮮の態度がアナウンサーの声と表情から読み取れるという意味だ。

北朝鮮のテレビ放送は、朝鮮労働党宣伝扇動部の直接の指揮・監督の下運営される。宣伝扇動部は傘下に「朝鮮中央放送委員会」を置き、その下にさらに対内放送委員会、対外放送委員会、対南（韓国）放送委員会を置いて、それぞれの放送局を指揮、監督する体制をつくっている。

放送部門には、三〇〇〇人にのぼる記者、編集者、アナウンサー、技術者が働くが、[28]組織構造上は全員、「朝鮮中央放送委員会」の職員となっている。この放送委員会の下に対内、対外向けのラジオ、テレビ放送が置かれ、独自に番組を放送するという仕組みになっている。

朝鮮中央放送委員会傘下にはラジオ総局、テレビジョン総局、文芸総局と三つの局があり、各々の局の下にテレビ放送、ラジオ放送局がぶら下がっている形となっている（図4－2）。

朝鮮中央放送委員会

テレビ・ラジオ放送局を統括する行政組織。テレビ局・ラジオ局の記者、編集者職員は職制上、全員朝鮮中央放送委員会の職員だ。

北朝鮮のテレビ・ラジオ局は国家が経営する事業体であるが、それら放送関連の事業体を束ね、一つの組織体にしたのが「朝鮮中央放送委員会」である。

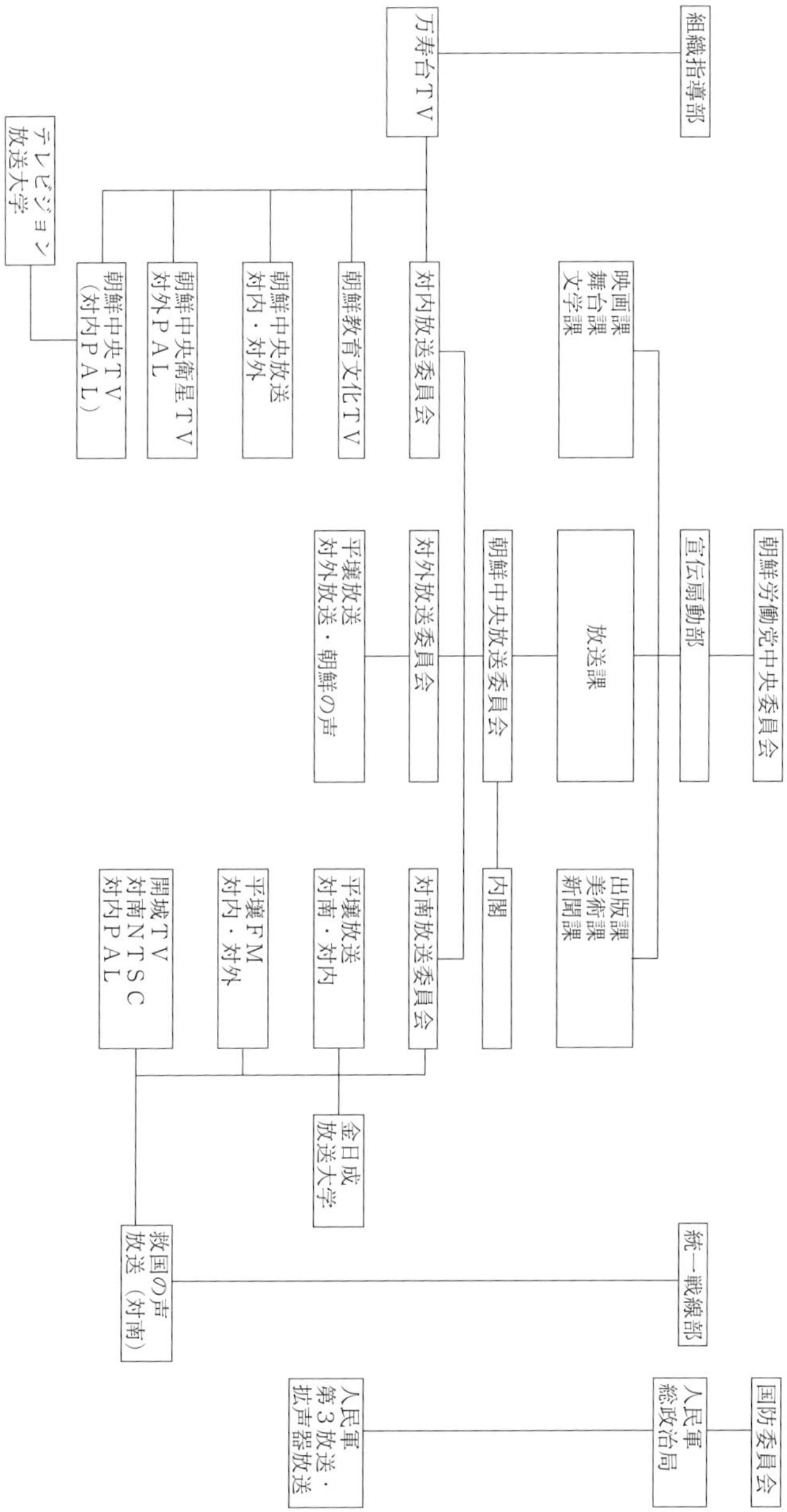

図4－2　北朝鮮におけるテレビ・ラジオ放送

同委員会は朝鮮中央テレビ、朝鮮中央放送など平壌に本部が置かれる中央局を管理する組織でもある。中央同様、各地方にはまた地方のテレビ、ラジオ放送の放送業務を監視、管理する市・道（直轄市）放送委員会があり、その下に、下部組織として地域放送、すなわち有線スピーカー放送（北朝鮮では第三放送と称する）を担当する郡、里放送委員会が置かれる。

ただ、郡以下の地域に設置される放送委員会は、地域ごとに設置されている有線放送（北朝鮮では重大発表、重要指示は有線放送を利用することが多い――筆者注）の技術的な問題を解決するのが主要任務で、内容の面での指導権限は有しない。

放送委員会のなか、歴史が最も長く影響力の強い部門がラジオ総局だ。ラジオ総局の下には、また、中央放送編集局、平壌放送編集局、第三放送編集局と三つの局が置かれる。

テレビジョン総局は、また、編成局、報道局、主体思想宣伝局、音楽局、テレビジョン放送編集局、FM放送編集局、放送技術研究局、対外宣伝プログラム交換局、後方局、対外宣伝局に分かれる。

文芸総局は、ラジオとテレビで放送される文芸作品の製作を担当する部署だ。傘下に、ラジオ文芸処、テレビジョン文芸処、演出部、照明部、美術製作処、事務所、俳優団、合唱団、放送大学を有する。

放送委員会のなかにも北朝鮮のすべての組織同様、組織の構成員を監督する労働党組織として、書記室（組織内の党員を束ねる）、組織指導部書記室、宣伝扇動部書記室、責任指導員など部署が置かれている。

他に、若い青年たちでつくられる金日成社会主義青年同盟員を管理、監視する組織も置かれる。さらに、社内の労働党委員会は社内の幹部の思想動向や人事の昇任、処罰の権限をもつ幹部処や、放送内容を事前と事後に検閲する検閲処がある。

総合放送編集局の業務部署は、革命資料室、対外事業処、技術設備管理処、地方指導処、特派指導処などの部署に分かれる。なかでも地方指導処は、元山、開城、南浦、沙里院、海州、江介、恵山、新義集州、咸興、清津、平城、など一一カ所の地方放送局を「指導」する立場にあるなど、総合放送編集局は行政的にも強い権限を有する。また、放送委員会傘下には独立の団体として、放送芸術団と放送学院がある。では、朝鮮中央放送委員会は具体的にどのようなテレビ、ラジオ放送を運営しているだろうか。

北朝鮮のテレビ放送

(1) 朝鮮中央テレビ

北朝鮮を代表するテレビジョン放送である。一九六三年三月三日の開局当初は「平壌テレビジョン放送局」という局名を使っていたが、一九七〇年に現在の局名に変えた。

月曜日から土曜日までは午後五時より一一時まで、日曜日・祝日は午前一〇時より午後一時、午後三時より一一時三〇分まで二回放送する。ニュース、指導者の動向を伝えると同時に、ドキュメンタリー映画、宣伝映画（ニュース）など映画と称するプログラムが多いが、それは映画好きの金正日の個人的な趣味とも関連があるといわれる。他に、ニュース、音楽、スポーツ、子供番組があるが、一号行事や各種会議、大型行事が多いため、番組編成はつねに変わる。コマーシャルがまったくないのも特徴的だ。

(2) 万寿台テレビ

平壌市民および平壌在住の外国人を対象にするテレビとして一九八三年に開局した。本社が平壌市中区の大同江西岸の丘、万寿台にあることもあって万寿台テレビと命名したと言われる。平日には放送せず、土曜日に四時間、日曜日に六時間だけ、東ヨーロッパの映画、スポーツ、公演などを中心に放送する。特徴的なのは放送途中、約一〇分間、最高指導者を讃える歌や体制の優越性を宣伝する歌を流すことだ。

一九八八年より九五年までの間に米国制作のアニメーション、「トムとジェリー」（朝鮮語では「愚かな猫と智恵の多いネズミ」に訳した）を、セリフなしに毎週二話放送したことがあるが、近年は、社会主義国家以外の国の番組はほとんど放送しなくなった。

(3) 開城テレビ

一九七一年四月一五日、金日成生誕六〇周年を一年後に控え、韓国向け放送と国内向け放送の二つのチャンネルを運営するテレビ局として開局した。外国に向けて北朝鮮体制の優越性を宣伝するためのテレビ局として開局したが、一九九七年に対南（韓国向け）放送は朝鮮中央テレビに吸収され、対国内向け放送は、チャンネル名を朝鮮教育文化テレビと変更して放送する。

平日は三時間、日曜日と祝日には一〇時間ずつオンエアするが、主に外国語講座、基礎教育講座、一般常識、社会文化活動に関する内容、国内外のスポーツニュース、北朝鮮映画、コンサートなどを放映する。

北朝鮮のラジオ放送

テレビ普及率が低く、電力事情の悪い北朝鮮ではラジオが断然影響力も強く、宣伝扇動に威力を発揮する。

北朝鮮ラジオ放送の大きな特徴は、その内容が対外国、韓国向け放送に重点が置かれていることだ。国内向け放送は「第三の放送」と呼ぶ有線ラジオ放送を通じて行われる。

また、ラジオ放送は対外国、韓国への宣伝を主要目的とするため、高出力（一五〇〜一〇〇〇キロワット）システムとなっており、FM放送も高出力施設を韓国に近い開城と海州市に設置して韓国向けの宣伝放送を中心に実施する。

短波放送は三つの送信所と三一の周波数をもって外国に向けて放送する。

(1)朝鮮中央放送（ラジオ）

北朝鮮のメディアのなかでは最も強い影響力を誇る媒体である。一九四五年一〇月一四日に開局したが、設備や放送システムは日本統治時代の二七年二月一六日につくられた「京城放送局」のそれをそのまま引き継いだ。一九四五年、開局当初は「平壌放送局」、その後「平壌放送」、「北朝鮮中央放送」と局名を変えるが、四八年一一月に現在の「朝鮮中央放送」となった。現在中波3チャンネル、短波4チャンネルを通して、毎日二二時間放送を実施する。

(2)平壌放送（ラジオ）

一九七二年に開局したラジオ放送局である。朝鮮中央放送が運営していた第一中央放送（対内用）、第二中央放送（対外・対韓国用）の第一は「朝鮮中央放送」に、第二は「平壌放送」に分離独立したので、平壌放送は対外・対韓国放送を行う。一日二三時間三〇分間、最高指導者の偉大性と体制の優越性を宣伝する内容で番組は編成される。

(3)その他のラジオ局

また、六七年三月に開局した「南朝鮮解放民主民族連盟放送」があるが、後の六九年には「統一革命党声放送」に、八五年には「救国の声放送」に名称を変えながら、韓国に対する心理戦を展開する放送を運営しているほか、八九年一月には、韓国の若者を対象にした「平壌ＦＭ放送」を開設・運営している。

北朝鮮の通信社

朝鮮中央通信社（Korean Central News Agency/KCNA）は一九四六年一二月五日北朝鮮臨時人民委員会・第六〇回常務委員会の決定により設立された、北朝鮮唯一の国営通信社である。当初は、「北朝鮮通信社」という名称を使ったが、朝鮮民主主義人民共和国の建国（四八年九月九日）とともに、内閣傘下組織に編入され、同年一〇月一二日より現在の名称に変更された。役割は、主に次の四つである。

(1)労働党と政権機関の立場を代弁
(2)対内外のすべてのニュースの出入りを統制
(3)党と政府の政策を宣伝
(4)「情報」を武器に韓国国内を撹乱[29]

ソ連のタス通信や中国の新華社通信に倣い、外国の通信社の記事を受信して各新聞社、放送局に提供する役割も担うが、他の社会主義国のそれとは違う特徴を持つ。

まず、政治、外交、行政、経済に関するすべてのニュースの取材・配信を独占、外国から受信するニュース、国内で報じられるニュースを統制する。新聞社や放送局（テレビ・ラジオ局）には独自の取材、配布は許されない[30]。

次に、朝鮮中央通信社は、その使命を「金日成・金正日思想の宣伝」としていることだ。近年では、外交チャンネルとしても機能、北朝鮮の立場を特定国家、または国際社会に表明する、政府機関としての顔をもつ[31]。

さらに、組織形態においても他の国の通信社とは異なる特徴を持つ。国内向けの報道部のなかに最高指導者の対内外活動を独占的に取材し報道する「政治行事報道部」が置かれ、最高指導者の神格化、偶像化のための家系作り、すなわち金一族の歴史をつくり、金日成・金正日・金正恩の偉大性に関する記事を生産する「偉大性報道部」など、北朝鮮ならではの部署が存在することだ。

対外宣伝を担当する国際情勢報道局（「五局」ともいう）は、資本主義国報道部、社会主義国報道部、第三世界国報道部のように、理念で部署が区切られている。

また、外部にはあまり知られていない部署として、報道統制が敷かれる社会主義特有の「参考通信編集局」があるが、この部署は国際情勢、韓国情勢に関する重要記事、分析レポートをまとめ「通信」「新聞」「資料」の形にして、政府機関、要人に配布、最高指導者に上げる。このような内部でしか流通しない刊行物は一八種類あるが、代表的なものとして「白紙通信」（韓国や外国の報道を原文のままファイルにしたもの）、「八号通信」（党中央委員会書記、政治局委員、党部長以上の最高幹部向けに外国の重要ニュースを要約し、要点のみをまとめたもの）、その他一般幹部向けの参考通信、中間層幹部向けの参考通信、外務省のような対外業務に携わる機関向けの「資料通信」「参考通信」「参考新聞」がある。(32)

朝鮮中央通信社は組織構造上、内閣所属の機関となっているが、朝鮮労働党中央委員会の直接の指揮下で運営される。内閣の関与を受けず、党中央各専門部署と連携のもと、ニュースを統制、政府にとって都合の良いニュースを配信、政府の立場を外部に伝える役割を果たす。

それまでは、『朝鮮中央通信』、『朝鮮新報』（日本）、『わが民族同士』などサイトを通して北朝鮮内部のニュースを選別的に外部に伝えていたが、二〇一一年二月からは、『労働新聞』をそのままインターネットに載せる。

金正恩が後継者として指名されたあと、金正日が七〇歳の誕生日を迎える二〇一一年二月一六日に、『労働新聞』のインターネット版をつくり、それを通じて公開するようになった。

4　メディアに対する管理と統制

では、これらのメディアはどのように管理され、統制されるのか。北朝鮮当局がメディアをどのような方法で管理し、統制するかを述べる前に、北朝鮮ではメディアが具体的にどのように機能しているかを見てみよう。

メディア機能についての認識

北朝鮮刊行の『出版報道事業に対する党の方針解説』（朝鮮労働党出版社、一九八五年）によれば、北朝鮮の「メディアの第一次的課業と基本任務は、敬愛する首領様（金日成）と親愛なる指導者同志（金正日）の偉大性を対内外に広く宣伝する」ことだ。

北朝鮮メディアは、この「第一次的課業と基本任務」をめぐって機能すると言っても過言ではない。

(1) 報道機能の重点は指導者の偉大性の宣伝

北朝鮮においてもメディアの最も重要な機能の一つは、報道機能であることはいうまでもない。形式上、北朝鮮でいう報道機能は、日本やその他資本主義国のメディアの機能、報道活動に似てはいるが、しかし、北朝鮮では、資本主義国家のメディアの報道機能を否定的に捉える。「（資本主義国家のメディアは）読者や視聴者らに〝興味〟をもたせることを基本に据えている。このような興味本位のニュースとは人間の本能を刺激することを目的としており、無条件に人々を驚かせるための猟奇的で扇情的、色情的な色彩の強い事柄を指すものであり、このような事柄しかニュースにならない[33]」

たしかに、北朝鮮メディアには、読者や視聴者の「興味」をそそるような報道はほとんど掲載しない。最高指導者の動静を一番大きな比重で取り上げる。しかし、北朝鮮を研究し、監察するいわゆる「北朝鮮ウォッチャー」は、このような退屈なニュースから逆に興味深い事実を発見することもある。

二〇一三年三月、米国の元プロバスケットボール選手デニス・ロッドマンが北朝鮮を訪問したとき、朝鮮中央通信は金正恩がロッドマンと談笑する写真を配布した。北朝鮮メディアの報道活動の基本任務は、最高指導者の動静を伝えることであるからなんら不思議はないが、この写真が後に物議をかもす。

その写真から通訳の姿を消したのが後に発覚した。通訳の顔と上半身は削除したが、腕を消すのを「忘れて」しまったからだ。当時、北朝鮮メディアは、若い指導者の偉大性を宣伝するため、金正恩第一書記（当時）は数カ国語を完璧に駆使できると報じていたので、若い指導者はロッドマンと通訳なしで会話を楽しんでいる場面を見せたかったのだ。つまり、この類いの報道からも、北朝鮮ではメディアが目指す方向性や、メディアの機能をどのように認識しているかが分かる。

我々の新聞・通信・放送は毎日のように偉大な領導者、最高指導者同志が人民軍部隊や人民経済の様々な部門に対し行う現地指導の事実や、社会各階層勤労者に対し与えられる感謝の事実、新しく発表される偉大な領導者の労作に関するニュースを第一面のトップ記事にする。そのようなニュースは一番重要なニュースとして明るく、丁寧に国内外に広く伝えることにしている。（このようなニュースを通して）偉大なる将軍様の革命活動に接する度に、われわれ党員と軍隊、人民は将軍様に対する無限の欽慕の情に浸り、先軍革命勝利に対する自信と勇気が溢れかえる。これがすなわちわれわれメディアの報道的機能であり役割である。(34)

メディアの機能に関するこのような認識は、金正日総書記時代にすでに定着し、現在でも継承されている。ロッドマン訪朝の記事や写真は、行き過ぎた感は否めないが、最高指導者に関する事柄は拡大解釈し、大げさに報道するのは常態化している。指導者が座ったことのある椅子、握手を交わした人からも北朝鮮メディアは極力、その意味を見出そうと努力する。

北朝鮮メディアの報道機能のなか、最も重要な機能は、最高指導者の偉大なイメージをつくることだからだ。北朝鮮の一号写真を研究・分析してきたビョン・ヘソンによると、金日成・金正日時代の一号写真には共通の特徴が見られると述べる。指導者の写真は、正面しか撮らない。周りの人とは距離を置き、人民と直接身体接触をする写真はあまり良い写真としない。その偉大性を損なうからだという。

ところが、金正恩時代は、後ろ姿を撮った写真もたびたび登場する。たとえば、二〇一五年五月九日、潜水艦で発射される弾道ミサイルの発射を観覧する後ろ姿が『労働新聞』にも掲載された。しかし、このような一号写真には、写真報道において新しい機能を付与したからだという。指導者が人民の側に立ち、人民と一緒に、同じ場面を眺められているような錯覚に陥るようにして、金正恩の親人民的なイメージを強調するためだ。

このように、北朝鮮メディアは、最高指導者に関する報道にメディア資源のほぼすべてを投入する。そのような慣行は、金日成時代にすでに始まり、金正恩時代に入ってもいまなお続いている。

二〇一五年六月二三日付『労働新聞』には一、二面に三三枚の写真を掲載したが、そのなかの一一枚に金正恩が映る。この日の紙面は、移動式中距離弾道ミサイル「ムスダン」発射試験の成功を伝える内容であったが、報道内容は金正恩が中心になっていた。六面だけの『労働新聞』の一番目立つ位置に、金正恩の写真を一〇枚以上も掲載するのは、異例なことでもない。『労働新聞』は近年、正恩のアルバムと化していると専門の多くは指摘する。

(2) メディアが沸騰すれば大衆も沸騰する――大衆動員の機能

普通の社会主義国家のメディアは、人民を組織し、動員する機能を一番重要な機能として位置づける。人民を社会主義建設に動員し、党が提示する政策課題を執行するよう住民を組織することはメディアの大きな役割の一つであると認識するからだ。

金正日は、「我々の記者、メディア関係者は全党、全軍、全人民を社会主義の強盛大国の建設に邁進するよう呼び起こす喇叭手（旗手）にならなければならない」[35]。つまり、メディアに従事する記者らは、人民大衆を建設事業に動員し、組織する最先頭に立つべきだという意味である。そのために、メディアはどのような役割を果たすべきかについても、金正日は明確な指示を出している。

まず、その直々に党が提示するスローガン（「一〇〇日戦闘」や「八〇〇万トン穀物高地占領」など）を正しく人民に伝達する。

次に、経済部門でもメディアは扇動事業を上手くやらなければならない。「経済部門での扇動事業」とは、建設現場などで人民の士気を高め、彼らが革命的な熱意を持って仕事に邁進するように鼓舞することだ。

北朝鮮メディアには、ダムの建設や巨大な建物を短期間で完成するよう督励するため、拡声器を通してその現場で起こっている英雄的な事跡、美談を紹介し、新聞に大書特筆し、ラジオと新聞で宣伝する機能が付与される。

北朝鮮では、「新聞と放送が沸騰すれば大衆も沸騰するし、国中が革命的な熱風で沸騰する」「この過程に消極や保守、安逸と緩みが消え去り、奇跡と革新、飛躍を生じる」と主張するのである。

つまり、北朝鮮メディアは、観察者として記録者として事実を伝えるために報道活動を行うのではなく、革命活動に積極的に参加すべき「参加者」であり、組織・動員者でなければならない。ただし、この「人民を組織・動員する」手法においても他の社会主義国のメディアとは異なる特徴を見せる。

北朝鮮メディアでは、人民を鼓舞し、組織する手段としても首領様の宣伝を重点に置く。北朝鮮で起こる数々の「奇跡的な成果」はすべて、首領の指導と関連づけられる必要があるからだ。

(3)忠誠心注入のための思想教養の機能

北朝鮮では、メディアの果たすべき役割として「思想教養的な機能」も重視する。報道は思想教養的な意味合いを持たなければ、ニュース価値はないものと判断される。

北朝鮮メディアは、「新しい興味本位のニュースだけに群がる資本主義国家のメディアと違い、人々を思想的に教養して力強い社会的存在に作り直すことに大きな力を注ぐ」と明言する。

北朝鮮でいう「教養」とは、最高指導者に対する忠誠心を注入することである。それに加え北朝鮮では、「党政策教養」（党が提示する政策方針への理解を指す）、「革命伝統教養」（金日成・金正日の革命闘争史、偉大性への理解など）、社会主義の愛国主義教養、朝鮮民族第一主義教養を指す。

(4) 対外宣伝と代弁者機能

北朝鮮政府がその時の国際的に重要な問題に対してどのような立場をとっているかは、メディアを通して把握せざるを得ないことが多々ある。彼らは時には、秘密ルートを通して、または外交ルートを通して自国の立場を外国に伝えるが、メディアを利用する場合がむしろ多い。

同じ核実験、ミサイル実験に関する声明を、時には朝鮮中央通信を利用したり、外交省や国防委員会の名前を使ったりするのは、通信社が政府の立場を代弁する権限を持っていることを意味する。すなわち、朝鮮中央通信などは、この場合報道機関というより、政府の代弁機関であり、政府そのものとして機能する。

北朝鮮ではメディアは、「他の国の人々に、自国の情勢と実情、人民の声を伝え、支持者・同情者を増やし、反帝国主義、自主的な道に進む世界の革命的な人民を積極的に支持応援することで自分の国の革命と世界革命の発展に貢献しなければならない」という使命感を持っているようだ[36]。

北朝鮮発行の新聞理論に関する冊子[37]によれば、メディアはとにかくまずは首領の偉大性の宣伝を核心に据え、世界の国々の人々が首領の主体思想を学ぶようにすることに貢献しなければならないという。

次に、強盛大国建設の過程に成し遂げた成果と闘争の様子を報道して「国力を誇示し、世界の人民の支持と連帯の声を高めさせること」、外交の面においては、「国際問題に関するわれわれの立場と見解をメディアを通して表明する」ことだ。

北朝鮮では、それを「報道外交」とも称する。北朝鮮の立場からすると、最も迅速で機動的な外交とも言える。また、報道外交は、特定国家だけではなく外交関係のない国にも自国の立場と見解を表明することができる。

その他、「社会世論の組織者」として、世論を操作し、敵国に対する敵愾心を鼓吹したり、メディアの報道を利用して、敵対する国の世論を分断したり、影響を及ぼす役割のことだ。

独裁政治のための「正論的」機能

北朝鮮メディアは「正論的」機能はメディアの根幹をなすものであり、柱であるとし、指導的な地位にある記事と位置づける。北朝鮮のメディア理論書[38]によれば、「メディアの機能を高める手段として『正論的』機能は、報道の基幹と柱をなすものだ」と規定する。北朝鮮のいう、正論的機能を果たす記事とは、党機関紙に掲載される社説（社論）、論説、正論、短評、評論を指す。北朝鮮ではこの類いの記事については、明確な基準を設定している。

(1) 社説（社論）

社説は、「労働党の政策や路線を全面的に、包括的に反映するものであり、記事のなかでは特別な位置を占める」[39]。つまり、北朝鮮新聞に掲載される社説の内容は、労働党の立場そのものであり、さらには最高指導者の意思を反映したものと考えてよいということだ。

金日成は、「党報を読まずに党の政策と党中央の意図を知ることはできない。党は党報を通じてすべての党員に政策を知らせ、行動方向を指示、信号を送る。とくに党報の社説は、党中央常務委員会の決定と意図を反映する最も重要な記事だ[40]」と述べる。

社説が、新聞の正論的中心をなす重要な記事であり、新聞の主義主張を現す記事であることに関しては、北朝鮮メディアも他の国の新聞に似ている。しかし、それが「指導的であり、指示的な性格を持つ」と解釈するのは、北朝鮮ならではの特徴とも言える。

(2) 論説

北朝鮮文献では、社説と論説の根本的な違いは、指示性があるかないかにあると説明する。社説は、大衆に対し適宜、方向を提示し、成し遂げるべき政策課題を知らせる必要があるので、「絶対的な明瞭性をもって読者にそれが義務であることをすぐ知ってもらうものにしなければならないが、論説は、指示的な性格は有しない」という。[41]

北朝鮮のメディア理論では、訴える力と扇動性の強弱においても社説と論説とでは差があると説明する。社説は当面の問題を解決するように要求する党の指示であるから、すべてに優先するが、論説は党政策の正当性、遂行の機能性、具体的な方法を解説して論証する、いわば解説と分析を中心とする記事だと説明する。また、論説は、労働党政策の正当性を論証することを目的とする「論理論説」、党政策遂行の方法など手段を解説することを目的とする「指導論説」、複雑な現実のなかから一番本質的で、特徴的な現象を識別して大衆が自分の見解を持てるようにする「報道論説」、国内外で起こる社会・政治的事件と関連してその本質を突き止め、政府の立場を表明するときに用いる「時事論評」などがある。

(3) 正論

正論は人民大衆の「政策的な水準、すなわち党の原則性と鋭さ、思想性と戦闘性を高める」のに役に立つ記事だ。北朝鮮の文献では正論は「諸般問題の政治的な本質と内容を解釈する記事」だと説明する。筆者の政治的な志向性が一番よく出る記事でもあるという。正論はまた、次のような特徴を有する。

特徴の一つ目は、取り上げるテーマが社説や論説と異なる。すなわち、政治的に最も関心が集中されている問題を取り扱う。二つ目は、深奥で鋭い分析手法、三つ目は、筆者の強烈な戦闘的闘志を表す。最後は、個性的で独創的な文体にあるらしい。

(4)短評

北朝鮮の文献によると、「言葉通りの、短い批評」を指す。北朝鮮の新聞に掲載される短評は、一方では、米帝を頭とするわが革命の階級的な敵たちの本質、蛮行、悪辣性、内部矛盾と滅亡の不可避性などを鋭く暴露、糾弾し、他方では、社会主義建設のための闘争に部分的に現れている、または、現れる可能性のある、足りない部分を批判、防止、是正させるのを基本使命とする。

つまり、北朝鮮の新聞に掲載される「短評」は大きく二種類に分類される。政権内や人民内部の矛盾や問題点を指摘するものと、米国や韓国などの敵対勢力を糾弾するもの、具体的には対外および対韓国の問題に関する評論だ。短く、論理的で、簡潔、鋭さが目立つのも特徴的だ。

(5)評論

北朝鮮では評論を「新聞雑誌評」「書籍解題」「文学芸術評」「官評」などに分類する。新聞雑誌評は、その役割や特徴的な面では、社説に最も近い。ただ、新聞雑誌評はその目的と果たす役割によって「テーマ的評」「一般的評」「報道的評」に分ける。北朝鮮の理論書の説明によればテーマ的評とは、一つのテーマを設定、新聞や雑誌がそのテーマをどのように扱っているかを「研究指導（批判的に論じる――筆者注）」するもの。一般的評とは、一定期間中に発行された新聞雑誌の編集集団の事業状況、経験と資料の問題点を指摘するなどの評論活動を指す。

5　メディア統制の実態

「法的」制度による統制

一九四八年九月八日に発表された北朝鮮最初の憲法、「人民民主主義憲法」第一三条には、「公民（国民）は、言論、出版、結社、集会、群衆大会およびデモの自由を有する」と書いている。

その後、五四年四月、同一〇月、五五年三月、五六年一一月、六二年一〇月と、計五回にわたる改定を経て一九七二年一二月二七日「社会主義憲法」を頒布するが、七二年の憲法でも言論の自由に関する項目はそのまま残している。

「社会主義憲法」第五三条はこうだ。「公民は言論・出版・集会・結社およびデモの自由を有する。国家は民主主義政党、社会団体の自由な活動条件を保障する」「公民は科学と文学芸術活動の自由を有する」（第六〇条）

その後「社会主義憲法」は、さらに六回にわたる修正・補充を重ね、二〇一六年六月三〇日、最新の修正憲法が頒布されたが、いずれの憲法にも言論自由を保障する条項はそのまま残っている。

金正恩時代に入って、社会主義憲法は「金日成憲法」に変わり、条項が増えるが、「公民の基本権利と義務」を規定する部分では「言論・出版・集会・結社・デモの自由」を明示している。

それでも、北朝鮮に言論の自由があるとは到底言えないのはなぜか。

憲法の条文だけを根拠に解釈しても、「言論の自由」を制限する条項があることが分かる。たとえば言論の自由を保障した「金日成憲法」第一一条には、「朝鮮民主主義人民共和国は朝鮮労働党の領導の下ですべての活動を進行しなければならない」とある。「すべての活動」とは、当然ながら言論・出版活動が含まれる。すなわち、メディアの活動も労働党の指導を受けなければならないことは憲法に明示されているのだ。

では、労働党の性格、党組織および党員らが守らなければならない規範と活動原則を定めた「朝鮮労働党規約」（以下「党規約」）はどうなっているだろうか。

一九四八年八月二八日に採択されて以来、「党規約」は五六年、六一年、七〇年、八〇年、二〇一〇年、二〇一六年と、六回にわたり大幅な改定が行われる。その間、労働党の性格は、「労働党は、我が国の労働階級と全体勤労大衆の先鋒的な組織部隊であり、我が国の労働大衆のすべての組織のなかで最高形態の革命組織」(規約序文)から「偉大なる金日成同志と金正日同志の党」(二〇一二年四月改定の規約)、「金日成と金正日主義の党」(二〇一六年六月改定の党規約序文)へと変わったが、「唯一思想体系を樹立することを党活動の基本原則とする」という考えは変わっていない。

党規約に定める「唯一思想体系樹立」は、党組織だけでなく、北朝鮮のすべての組織の基本原則でもある。つまり、党組織さえも唯一思想体系の原則を守らなければならないということだ。

では、「唯一思想体系」とは何か。党規約の上に君臨する、党規約を規律する原則が北朝鮮には別途存在する。「党の唯一思想体系確立の十大原則」がそれだ。序文を除いて一〇条六五項目からなる「十大原則」は、「全党と全社会を偉大な金日成同志の革命思想で一色化する」ことを目的につくられた。『金正日秘録』によれば、法律を超越する「原則」は、住民が必ず守らなければならない「戒律」のようなものである。(42)

「原則」には、次のような条文が含まれている。「金日成の権威を絶対化しなければならない」(第三条)、「金日成の教示は無条件に徹底」(第五条)しなければならない。「討論、講演を行い、文章を書くときはつねに首領様の教示を丁寧に引用し、それに基づいて内容を展開しなければならない。教示から外れる言葉を口にしたり、文章を書いたりしてはならない」(第四条七項)。

北朝鮮で生きる住民にとって最も重い刑罰は、このような「原則」に反する行動をしたり、言葉を口にしたり、文章を書いた場合に科される処罰である。

当然ながら、報道活動に従事する記者・編集者も例外ではない。この原則を守らなければならない。朝鮮労働党出版社が刊行した『出版報道事業に対する党の方針解説』(一九九五年、平壌)には、メディア活動において守らなければならない金正日の教示が随所に引用されている。

たとえば、金正日教示には次のようなものがある。

「首領様の偉大性を宣伝するのに紙面をケチってはなりません」

「記事を書くときは、どんな記事を書くのかに関係なく、首領様の思想と意図通り（基準）に書かなければなりません」

「新聞革命、報道革命を引き起こすためには、記者・編集員たちを熱烈な金日成主義者として準備させることだ」

「記者や編集員たちは文章力を自慢するのではなく、首領様の教示とその具現である党政策を最後まで貫徹する革命闘士にならなければならない(43)」

このような金正日の教示は、金正恩時代になってもなお、メディア活動において遵守しなければならない原則となっており、その〝おきて〟を破ることはできない。

組織・制度による統制

北朝鮮のメディアが労働党の統制下にあることは前に言及したが、具体的にどのような組織によって統制されるのか。

北朝鮮文献を丹念に読んでいけば、金正日がいかに宣伝・扇動分野に力を注いだかが分かる。『金正日秘録』では、金正日がどのように様々な統治システムを作ったかが記述されているが、そのなかでも、権力掌握の手段としてまずは宣伝部門を支配下に置き、その後、組織指導部の権力を掌握するという過程に注目している。

宣伝扇動部は、北朝鮮のすべてのメディア組織を行政的に指導し内容を建設する権限を持つ機関であり、組織指導部はメディア部門の人事を牛耳る。

金正日は生前『労働新聞』や「朝鮮中央テレビ」の報道活動に直間接的に口を出していた。個人的な趣味や思い付きではなく、制度的にメディアの報道活動は最高指導者の目の届く位置に置いたのである。

たとえば、新聞記事の場合、掲載までにおおむね四段階以上の関門を通過しなければならない。記者が作成した記事は、まず各部の部長が目を通してから、編集副局長、編集局長、副主筆、主筆の検閲を通過しなければならない。第二の関門として、内閣所属の出版総局のなかの「出版指導検閲局」の検閲を通過しなければならない。最終的に労働党中央委の専門部署の一つ、宣伝扇動部「出版報道課」の検閲を受ける。新聞ゲラが出来たらば、それを新聞社の主筆、初級党書記（社内の党員で作る党員組織＝党細胞の責任者）から確認のサインをもらう。さらに、重要な記事、社説などについては、最高指導者の意思が反映される場合があるので、五段階の「検閲」を経てやっと新聞は印刷に回される。

放送も同じだ。朝鮮中央放送委員会所属の元記者、張海成によれば、朝鮮中央テレビの番組は、制作編集過程では党機関の「指導員」が関与、その後、局内の検閲を通過したあと、国家出版検閲局の検閲を受けるのが普通、と証言する。

検閲過程はおおむねこうだ。番組の制作過程にまず、その内容が金正日や最高指導者の指示を忠実に反映しているかを検査する。この段階では局内の最高幹部の決済を受けるまで何度も「検閲」が行われる。その後、テレビ局内に常設される検閲部隊員約五〇人が検閲にあたる。その後、宣伝扇動部から派遣された幹部が番組内容を確認する。宣伝扇動部から出向する要員は、多いときは数十名に達するという。これら、宣伝扇動部の検閲要員の検査を受けた番組であっても、また出版総局の決済を受けなければならない。

さらに、検閲過程に提起された問題をまとめた資料を「検閲週報」にして、最高指導者のところに届ける。[44]

張海成によれば、放送記者たちの文章は七段階以上の検閲を受ける。⑴所属部長の検閲、⑵総合編集員が確認、修正事項を示し、修正が済んだら確認済みのサインをしたあと、⑶初級党書記の検閲、⑷放送委員会の委員長、または主筆（新聞社の場合）、⑸放送局所在地の出版検閲局（平壌の場合は平壌市出版検閲局）、⑹宣伝扇動部の出版報道課課長の決裁、⑺宣伝扇動部長（大臣クラス）の決済を受けるという順番で検閲が行われる。

金正日は「新聞編集において主体を立てることについて、労働新聞社責任幹部たちと行われた談話[45]」で、新聞記事の内容のみならず、紙面に載せる場合の大きさや配列にまで口を出している。

元朝鮮中央テレビジョンの記者だった張海成によると、記者や編集者が記事をつくるとき、一番注意を払うのは「十大原則」だった。「十大原則」は、北朝鮮の一般住民の生活と行動の規範となっており、記者や編集者もその原則を守らなければならない。

「十大原則」の中心的な内容は、最高権力者の指示を無条件、絶対的な原則をもって実践することだ。最高指導者の指示は勝手に解釈し、「言い方を変え」伝えても駄目だ。言葉通り執行しなければならないので、新聞社の主筆、放送局の責任者であっても自己裁量の余地はほとんどない。すべては気まぐれな指導者の裁量に任せられる。

6　先行研究と結論

北朝鮮メディアの歴史、現況、統制システムに関する総合的な研究は、日本では李相哲の論文[46]が「嚆矢」的な研究とも言える。同論文で使われている主な文献[47]は、韓国政府（統一研究院）がまとめた報告書以外に、辞典類、資料集、たとえば韓国統一部発行の『北韓機関・団体別人名集』（隔年度発行）などの資料だったので、メディア内部の状況、たとえば、組織管理体制がどうなっているか、検閲はどのような過程を経ているかなど、細部については触れることができなかった。

現在では、北朝鮮から韓国に亡命した元記者・編集者から証言を取ることが可能となり、北朝鮮メディアの実態は、李相哲の論文が発表された数年前に比べ、より詳しいことが分かるようになった。

韓国の場合、九〇年代に入ってから、大学の学位論文や公的研究機関のプロジェクトとして、北朝鮮メディアに関する研究が始まった。そのなか、基礎研究資料として利用されている研究成果は、北朝鮮以外の国では初めて北朝鮮メディアの全体像を紹介した金永周《キムヨンジュウ》と李範洙《リボムス》の『北韓の言論』（一九九二年）、『北韓言論の理論と実戦』（一九九一年）があり、二〇〇〇年代に入ってからは兪英九《ユヨング》の『北韓言論――組織特性と媒体別現況』（二〇〇〇年）、朴ウヨンの『北韓放送総覧』（二〇〇四年）があった。その後、受容者の状況や政治状況との関係に踏み込んだ研究としては李ジョンチョル『北韓住民の言論と社会に対する理解』（二〇一一年）、李柱哲《リジュチョル》の『北韓のテレビジョン放送――テレビジョン政治と人民の葛藤』（二〇一二年）が発表されるなど、北朝鮮メディア研究は徐々に一つの研究分野として定着しつつある。

他に、修士論文として「北韓新聞の変遷過程に関する研究」（延世大学、車チョンファの修士論文）、「北韓の外国言論統制の類型と方式」（延世大学、千時英《チョンシヨン》の修士論文）、「北韓インターネット言論に関する研究――ホームページ『わが民族同士』事例分析を中心に」（ハンナム大学、全勝弼《ジョンスンピル》の修士論文）など、多くの研究者に利用されることもなく、光の当たっていない研究もある。

本章では、参考文献として挙げている資料以外にも、学術セミナーで発表された論文、「北韓メディア環境と言論の機能」（二〇一五年、慶熙大学、チョ・スヨン）、「韓国新聞社の理念と北韓報道方式」（二〇一〇年、韓林大学、金敬姫・盧ギヨン）や『現代北韓研究』に掲載の論文、たとえば「金正恩のイメージ管理戦略――『労働新聞』〝一号写真〟を中心に」（二〇一三）など、この分野のほぼすべての主な研究を網羅しているつもりであるが、これらの研究をすべて検討して得られる結論は呆気ないものだった。

北朝鮮メディアの性格、組織の現況、機能など、どの角度から分析してみても、見えてくるのはただ一つ、「北朝鮮メディアは金一族のためにある」という現実である。

注

（1）音楽政治という言葉は、二〇〇〇年二月七日、平壌で開かれた人民武力省主催の集会で初めて登場したとされる。集会で、人民軍総政治局長の趙明禄は「我が国ではいま、過去のいかなる時代にもなかったわれわれ式の音楽政治が繰り広げられている」と発言した。音楽を通して当面のありとあらゆる難関を克服し、社会主義建設に向かって邁進する、統治行為として使う言葉。

（2）韓国統一部統一教育院編『北韓知識辞典』統一教育院教育開発課、二〇一三年一〇月、四六二頁。

（3）『北朝鮮の新聞』によれば、金正日が出版報道部門の幹部の前で行った演説とされるが、日時と場所は明らかになっていない。

（4）李相哲編『日中韓の戦後メディア史』（藤原書店、二〇一二、一四二頁）によれば、金日成がソ連領から北朝鮮に帰還したのは、一九四五年九月一九日。政権の座を狙っていた金日成は、同一〇月一三日、満州で抗日活動を展開した軍人らが開いた、五道党責任者および熱誠分子大会に参加、席上、機関紙発刊の必要性を訴えた。

（5）四五年一〇月一三日、五道党責任者および熱誠分子大会での発言である。

（6）一九四六年八月二八日から三日間、平壌では朝鮮共産党および朝鮮新民党の合党大会がひらかれるが、そこで両党は合併、朝鮮労働党を結成した。

（7）北朝鮮メディアに関する先行研究については、李相哲編『日中韓戦後メディア史』（藤原書店、二〇一二年）に言及されているが、より詳しい状況が知りたい読者は、同書の最後の部分、注釈の前につけた「附録：近年の北朝鮮メディアの研究について」を読まれたい。

(8) 一九七四年五月七日、金正日の「朝鮮記者同盟中央委員会にて下した結論――わが党の出版報道物は全社会の金日成主義化に貢献する威力的な思想的武器だ」という。

(9) 朝鮮労働党出版社『金正日選集』(平壌、朝鮮労働党出版社)第4巻、一五一頁。

(10) 私設朝鮮人民共和国研究室(北朝鮮関連情報を提供する研究サイトを自称)によれば、「金日成主義」が登場したのは一九七四年二月、金正日が事実上、金日成の後継者に確定した月である。具体的には二月一三日、彼が朝鮮労働党中央委員会第五期第八回総会において政治委員に選出されたのである。そのわずか六日後である二月一九日、金正日は『全社会を金日成主義化するための党思想活動における当面のいくつかの課題について』を発表、「全社会の金日成主義化」を宣布したのである。「金日成主義」の内実は、「金日成の主体思想」プラス「金正日のイデオロギー解釈」であり、実質的には〝金日成＝正日主義〟とでも表現すべきものであった。しかし、当時の金正日は金日成の威光を背景とした権力基盤を構築していたのであり、〝金日成＝正日主義〟についても、それはあくまで「金日成主義」として標榜されなければならなかった。そして金正日は、「金日成主義」の内容を詳細には語らないことによって、とき、環境などの条件の違いを考慮しながら、自由に現実を規定し、政策を正統化して実践に移すことができるようになったのである。それは、唯一的指導体制、すなわち金正日指導体制がイデオロギー面で確立したことであった。

(11) 大韓民国上海臨時政府：一九一九年三月一日、韓国の一般大衆のデモで始まった「三・一運動」が失敗に終わると、海外で朝鮮の独立運動を進めていた活動家の李承晩・呂運亨・金九らは中国の上海市に集まり、臨時政府を結成したが、その大韓民国臨時政府を習慣的に大韓民国上海臨時政府、または上海臨時政府という。

(12) 李相哲『金正日と金正恩の正体』文春新書、二〇一一年、六三頁。

(13) 韓載徳：一九一一年生まれ。一九四五年、平安南道建国準備委員会宣伝部長、平壌民報社編集局長、『民主朝鮮』の主筆、金日成の専属記者を歴任後、一九四八年朝鮮中央通信社報道部長、主筆を経て、一九五三年に工作任務をもって秘密裡に日本に派遣されるが、一九五九年、韓国に亡命。一九六五年に『金日成を告発する――朝鮮労働党治下の北韓回顧録』(内外文化社)を刊行する。

(14) 李相哲『金正日秘録――金正恩体制はなぜ崩壊しないのか』産経新聞出版、二〇一六年、七五頁。

(15) 北朝鮮メディアは、金正日の名の前に一八〇近い様々なタイトル(修飾語)をつけているが、そのなかで金正日は「将軍」と呼ばれるのを好んだという。
(16) 李相哲『金正日秘録』前掲書、一六五頁。
(17) 金正恩が登場する写真を「一号写真」と称す。金正恩が参加する行事を「一号行事」、金正恩の執務室を「一号特閣」と呼ぶなど、一号、または一号同志は、北朝鮮では首領を意味する。
(18) ビョン・ヨンウク「金正恩のイメージ管理戦略――『労働新聞』一号写真を中心に」『現代北韓研究』一六巻二号(二〇一三)、北韓大学院大学校北韓研究所、二一三～二五〇頁による。
(19) 金日成がパルチザン活動を行った三〇年代終わり頃に、日本軍の追撃をかわしながら、飢えと寒さに耐えて行軍(戦闘)を続けたことにちなんで、困難に耐え抜くことを「苦難の行軍」と表現する。
(20) 『朝鮮新報』二〇一二年五月八日付。
(21) 東国大学校らが二〇一二年にまとめた研究報告書『北韓言論現況と機能に関する研究』(韓国言論振興財団、ソウル)のなかから再引用。
(22) 朝鮮百科事典出版社編『光明百科事典(7) 教育・言語・出版報道』百科事典出版社、平壌、二〇一一年。
(23) 職場などで、仕事を始める前に三〇分間、集団で新聞を読むことが義務づけられている。
(24) 李柱哲、洪民らが二〇一二年にまとめた研究報告書『北韓言論現況と機能に関する研究』(韓国言論振興財団、ソウル)を指す。
(25) 北朝鮮の各職場で一日の仕事始めにまず、『労働新聞』を「学習」するのが慣例となっている。『労働新聞』に掲載されている首領の教示、あらたな政策を新聞を通して学ぶが、そのような活動を督励するのが大衆部。
(26) 一九四三年、江原道通川生まれ。平壌演劇映画大学を卒業した後、一九七一年二月より朝鮮中央放送アナウンサーに。金正日より北朝鮮では最高栄誉とされる「人民放送員」称号と「努力英雄」称号を授かる。北朝鮮「重大発表」や重大ニュースを伝えるとき必ず登場するアナウンサー。その顔は、北朝鮮テレビを通して全世界に知られている。
(27) 冊子のなかの金正日の教示はすべてゴジック体、一回り大きな文字にして他の文字と区別しているが、何時、どこで、誰を相手に述べたかの注記はない。以下、金正日の言葉を引用した箇所も同じ。

(28) ゴ・ユウファン〔ほか〕『北韓言論現況と機能に関する研究』韓国言論振興財団指定主題研究報告書、二〇一二年八月。北朝鮮から韓国に亡命した元北朝鮮の記者らのインタビューでまとめた数字。

(29) 一九七六年一二月平壌人民文化宮殿で行われた朝鮮中央通信社創立三〇周年記念報告大会にて行った、同通信社社長、金成傑の報告の内容を元に整理。

(30) 中国におけるニュース統制システムが北朝鮮と異なるのは、中国では、新華社通信以外の報道機関、すなわち、新聞社とテレビ局にも独自の取材がゆるされていることだ。新華社は中国共産党中央宣伝部直属の機関なので中国政府および中国共産党の公式見解を発表、報道する機関とも言える。国家として意思の統一が要求される重大ニュース、安全保障上の問題外交政策に関わるニュースや政府の幹部人事、国外ニュースの配信は新華社を通す場合が多い。外国通信社の中国における配信も新華社が管理、統制する。外国通信社や報道機関が国内ユーザーと契約する場合、新華社系代理店を通すことを義務づけている。また配信記事、写真、図表については国家統一や主権領土の完全性を損なうような内容（一〇項目を規定で明確にしている）は禁止。これに反する報道を行った場合、警告を受け、処罰されるだけでなく通信社の資格を取り消される場合もある。国内メディアが外国通信社記事を使用する場合も厳しい規定が設けられているが、北朝鮮と根本的に異なる点は、外国のニュースであっても通信社を通さず直接取材して報道することができることだ。北朝鮮では一律、朝鮮中央通信を通さなければならない。

(31) 北朝鮮政府が対外に向けて発表する声明（国防委員会声明、外務省談話など）、北朝鮮政府の立場を代弁する声明は、朝鮮中央通信社を通して発表する。

(32) 北朝鮮外務省は、韓国国内で発行される日刊紙五種類、月刊誌二種類を購読するほか、韓国の三大テレビ放送（KBS、MBS、SBS）の二四時間モニターリングするなど、外国、とくに韓国の情報を系統的に収集・分析・研究する。

(33) 朝鮮百科事典編纂委員会編『光明百科事典(7) 教育・語学・出版報道』百科事典出版社、平壌、二〇一一年、五五八頁。

(34) 『光明百科事典(7)』五五九頁。

(35) 『金正日選集⒂』二一三頁。

(36) 金永周・李範洙編『北韓言論の理論と実戦　原典を通してみるその理論・歴史、媒体・政策・思想』（ナナム新書、一九九一年五月）の「北韓言論—理論」の部、第7章の解説より。

(37)『北韓言論の理論と実戦　原典を通してみるその理論・歴史、媒体・政策・思想』(前掲書)のなかに、北朝鮮発行の冊子の内容が紹介されている。
(38)『北韓言論の理論と実戦　原典を通してみるその理論・歴史、媒体・政策・思想』(前掲書)八四頁。
(39)『北韓言論の理論と実戦』(前掲書)、八四頁。
(40)『金日成選集』(第6巻)、朝鮮労働党出版社、一九六〇年、二九九頁。
(41)『北韓言論の理論と実戦』(前掲書)、八八頁。
(42)『金正日秘録』(前掲書、一六四頁)によれば、十大原則は、金日成の実弟、金英柱が中心になって作成し、六七年に発表したものであるが、金正日の手で約六〇〇〇文字、一〇条六五項目に上る詳細な「戒律」に変わった。国民はその全文を暗記し、厳守しなければならない。
(43)『出版報道事業に対する党の方針解説』(一九九五年、平壌)のなかで引用されている金正日語録は、いつ、どこで、誰を相手に述べた教示なのかを明記していない。
(44)『北韓調査研究』一九九九年二月号、チャン・ヘソン「北韓の言論および放送の改革開放案」による。『北韓言論現況と機能に関する研究』(前掲書)より再引用。
(45)一九八二年一一月一三日の談話とされる。朝鮮労働党出版社『金正日選集』第7巻、一九九六年。『北韓言論現況と機能に関する研究』(前掲書)より再引用。
(46)李相哲「言論なき北朝鮮メディア　偶像化の宣伝道具に転落した六〇年の軌跡」李相哲編『日中韓の戦後メディア史』藤原書店、二〇一二年、一三六～一六〇頁。
(47)(1)『政治用語辞典』(社会科学出版社、一九七〇年)『現代朝鮮マル(言葉)辞典』(科学・百科事典出版社、ピョンヤン、一九八一年)、『政治辞典』(社会科学出版社、一九七三年)、その他『歴史辞典』『哲学辞典』など。(2)「北韓の新聞・放送」国土統一院政策企画室(国統政七九―一二―一五六二号)、ソウル、一九七九年、(3)金英柱・李範洙編「北韓言論の理論と実践、原作を通じて見るその理論・歴史・政策・思想」図書出版ナナム、一九九一年。(4)リ・ヨンピル『朝鮮新聞一〇〇年史』図書出版ナナム、ソウル、一九九三年、(5)その他。

第Ⅱ部　日中韓の政治とメディアの報道

第5章　日本の雑誌ジャーナリズムによる権力監視
――『週刊文春』による舛添要一・東京都知事の疑惑報道を事例に――

小黒　純

1　雑誌は衰退するのか

本書全体の問題意識にあるように、マスメディアの中で紙媒体の影響力低下は、世界的にほぼ共通している現象と言ってよい。日本国内に目を向けると、新聞は全体として発行部数を大幅に落としている。日本新聞協会の調べによると、二〇〇〇年の五三七一万部から二〇一五年の四四二五万部へと減少している。最近一五年間で一八％近く減らしている(1)。

四大マスメディアの一角をなす雑誌も苦しい。その販売額は、ピークだった一九九七年に比べ、二〇一五年は約半分にまで落ち込んだ(2)。雑誌ジャーナリズムの中核をなす週刊誌も例外ではない。日本雑誌協会が公表しているデータで、二〇〇八年と二〇一六年を比較してみると、男性週刊誌一〇誌のうち七誌が発行部数を三割以上減らし、そのうち『週刊朝日』など四誌はほぼ半減させていることが分かる（表5－1）。

そのような状況の中、これまで紙媒体の新聞や雑誌が表現の場となってきたジャーナリズムの将来はどうなるのだろうか。新聞や雑誌の読者が離れ続けるにつれて、ジャーナリズムも衰退していくのだろうか。それとも、紙媒体のジャーナリズムにも生き残る道があるのだろうか。

表５－１　男性週刊誌と女性週刊誌の発行部数の推移（2008年／2016年）

男性週刊誌

雑誌名	出版社名	印刷証明付き発行部数 2008年４～６月	2016年４～６月	増減
ＡＥＲＡ（アエラ）	朝日新聞出版	188,008	96,917	-48%
週刊朝日	朝日新聞出版	294,577	149,508	-49%
週刊現代	講談社	494,333	491,667	-1%
週刊プレイボーイ	集英社	340,833	195,000	-43%
週刊ポスト	小学館	519,000	384,208	-26%
週刊新潮	新潮社	719,213	478,241	-34%
週刊アサヒ芸能	徳間書店	243,108	155,452	-36%
SPA！	扶桑社	209,983	110,480	-47%
週刊大衆	双葉社	352,292	191,300	-46%
週刊文春	文藝春秋	766,667	659,208	-14%
サンデー毎日	毎日新聞出版	134,625	93,583	-30%
ニューズウィーク日本版	CCCメディアハウス		56,313	
読売ウィークリー	読売新聞東京本社	109,625		

女性週刊誌

雑誌名	出版社名	印刷証明付き発行部数 2008年４～６月	2016年４～６月	増減
女性自身	光文社	466,017	365,017	-22%
週刊女性	主婦と生活社	348,875	214,250	-39%
女性セブン	小学館	499,583	362,727	-27%

出所：一般社団法人日本雑誌協会が公表したデータを基に筆者が作成。

本章は、数ある雑誌の中から、『週刊文春』を取り上げる。同誌の報道の事例として、二〇一六年春の東京都の舛添要一知事にまつわる一連の問題・疑惑に関する報道を、全国紙二紙の報道と照らし合わせながら検証する。『週刊文春』が舛添氏の問題・疑惑をいかに報じたのか。同時期に全国紙二紙はどのように報じていたのか。こうした報道に対して、舛添氏側はどう対応したのか。これらを実証的に確認することによって、この問題において『週刊文春』が果たした雑誌ジャーナリズムとしての仕事ぶりを明らかにしたい。

『週刊文春』を取り上げたのは、他の週刊誌からも「〝文春砲〟なる新語も生まれ、いまや『日本を動かす』ともいわれる」(3)と評されるほどの存在感を発揮しているからである。二〇一六年に入ってから、有名女性タレントの不倫問題をはじめ、甘利明経済再生担当大臣の賄賂受領疑惑、宮崎謙介衆院議員の不倫問題など、スクープを連発した。『週刊文春』の報道に他のメディアも追随し、甘利氏は大臣を辞任、宮崎氏は議員辞職するなど、政界でも大きな影響力を示した。大手メディアの牙城だった永田町も、もはや『週刊文春』が席捲している。

また、『週刊文春』の報道の中で、二〇一六年春の舛添氏の問題・疑惑に焦点を当てたのは、次のような理由に基づく。一つは、対象が東京都知事という明確な「公権力」であるからだ。ジャーナリズムの重要な機能として、権力監視（権力チェック）が挙げられる。この面を検証するには、対象が「公権力」である報道がふさわしいと考えられる。

もう一つは、『週刊文春』の報道が始まった際から、舛添氏本人や、他の主要メディアが反応した事例だったからである。新聞やテレビなど他の主要メディアも「『週刊文春』が報じた」という形で記事の内容を引用して追随した。また舛添氏は、『週刊文春』が取り上げた問題に説明する場を設けた。

舛添氏の問題について『週刊文春』はどう報じたのか。その間、全国紙はどう報じていたのか。舛添氏自身は報道にどう対応したのか。これらを実証的に検証することで、雑誌という紙媒体のジャーナリズムがどのように機能したのかを解明したい。

2　事例研究──舛添要一・東京都知事の問題をめぐる報道（総論）

舛添知事の問題（公私混同疑惑）

舛添要一氏は二〇一四年二月、前知事の辞職に伴う選挙で約二一一万票を獲得して当選した。

二〇一六年六月の辞任へと繋がる動きとして、三月からメディアがまず高額な海外出張費の問題を報じた。「都知事のロンドン・パリ出張費　二〇人五泊で五〇〇〇万円」（『産経新聞』三月八日付朝刊）など。舛添氏は当初、強気の対応をしていた。四月一日の定例記者会見で、香港の記者から質問を受け、「聞きますけれど、香港のトップが二流のビジネスホテルに泊まりますか。恥ずかしいでしょう、そういうことであれば」(4)と応えている。

その後、『週刊文春』をはじめメディアが報じた舛添氏の問題は多岐に渡っている。『毎日新聞』は舛添氏が辞任表明した際、「舛添要一東京都知事を巡る問題」と題する記事で、一連の問題を次のようにまとめている。

舛添氏が選任した元検事の弁護士二人が作成した報告書によると、舛添氏は参院議員時代を含め▽二〇一〇〜一四年の家族同伴での宿泊代六件（計約八〇万円）▽家族との飲食だった可能性が高いなどとした〇九〜一四年の飲食代一四件（計約三三万円）▽一一〜一四年に購入した美術品一〇六点（計約三一五万円）▽一一年三月一一日の東日本大震災の翌日に中国で買ったシルクの中国服二着（計約三万五〇〇〇円）などを政治資金から支出した。報告書はこれらを「不適切」としたが、法的に使途の制限がなく「違法性はない」と判断した。ほかにも飛行機のファーストクラスとホテルのスイートルームを利用した高額な海外出張費や、公用車を使った別荘通いも問題

視された。（六月一五日付夕刊）

また、『朝日新聞』が「問題視された主な支出や行動」として扱ったのは、二〇一三年と二〇一四年の正月に千葉県県内の温泉ホテルに家族で宿泊した問題など六項目である。

○高額な海外出張：二〇一五年秋の欧州視察で、往復二六六万円のファーストクラスを利用
○公用車の私的利用：二〇一五年五月から約一年間、ほぼ毎週末、都庁舎などと神奈川県湯河原町の別荘を公用車で往復。家族同伴でのコンサートや野球観戦でも公用車を使用
○宿泊や飲食：二〇一三年と二〇一四年の正月に千葉県木更津市の温泉ホテルに家族と宿泊し、計約三七万円を支出
○同：二〇一三年五月、自宅近くの天ぷら料理店で約一万八千円を支出
○美術品や書籍の購入：インターネットオークションなどで絵画や版画など一〇六件を計約三一五万円で購入
○同：漫画「クレヨンしんちゃん」やクイズ本など約一万三千円を支出

一つ目の項目の海外出張は豪華なホテルや飛行場の貴賓室利用などが〝大名視察〟だと批判を受ける。二〜六番目の項目は、政治活動に使われるべき政治資金が、私的な部分に支出されているという、いわゆる「公私混同疑惑」である。このうち、「公私混同の象徴」(5)と位置づけられているのが、上記の千葉県木更津市の温泉ホテルに家族で宿泊した費用を政治資金で支出した問題である。

後述するが、二〜四番目の三項目は、『週刊文春』がスクープとして報じている。舛添氏はメディアから公私混

同疑惑を指摘され、記者会見や都議会などで説明に追われる。五月一三日の記者会見では、『週刊文春』が指摘した問題だけについて、舛添氏が回答することになった。六月六日には、元検事の弁護士二人による調査結果を記者会見で発表したが、「違法性はない」との説明に対して、逆に調査の客観性に疑問が出るなど、批判が高まった(6)。六月に入って始まった東京都議会では、与野党から舛添氏の公私混同疑惑についての批判が厳しさを増し、六月一五日、都議会で辞職を表明した。

『週刊文春』の報道

二〇一六年に入ってから、『週刊文春』は四月二一日号（四月一四日発売）で、外遊時における飛行機のファーストクラス利用や、高級ホテルのスイートルーム宿泊などの問題を取り上げている。しかし、『週刊文春』自らが「独走第○弾」と銘打っているのは、五月二六日号の「第三弾」からになっている。そこから遡ると、五月五・一二日号が『週刊文春』が位置づける第一弾であり、その号を含め七週連続巻頭で報道している。

なお、都庁への最後の登庁日となった六月二〇日を経た、六月三〇日号（六月二三日発売）では、記者会見や都議会で舛添氏が約束したことが、辞任したとしても果たされるのかどうかを危惧する内容の記事を掲載している。しかし、「独走第○弾」という文言は見出しから外している。

上記の計九号（九本）の見出しと記事の概要は、表5－2の通りである。こうした様々な問題・疑惑については、他のメディアも取り上げ、舛添氏は記者会見などで説明を求められた。

主要な問題・疑惑の中にも、以下のように『週刊文春』が詳細に報じたスクープが含まれている。

五月五・一二日号　公用車による別荘通い

表5－2　舛添氏の問題を報じた『週刊文春』の各号

号数	発売日	見出し	概要
4／21号	4月14日	舛添 血税乱費 知事の下劣な金銭感覚 外遊予算3億円以上！　ワシントンでは花見三昧　情報公開請求	外遊における飛行機のファーストクラス利用、現地でのホテルで最高級スイートルームに宿泊していた。
5／5・12号	4月27日	舛添知事「公用車」で毎週末「温泉地別荘」通い	年間49回、約400万円の経費を使い、公用車で神奈川県・湯河原の別荘に通っていた。
5／19号	5月11日	舛添都知事　血税タカリの履歴 自腹の時はマクドナルドのクーポンで“接待”	2年連続で正月に家族で千葉県木更津市の温泉宿に宿泊した際の費用をはじめ、美術品の購入、自著の買い上げなど、私的な使途とみられるものを政治資金から支払っていた。
5／26号	5月19日	舛添「汚れた都知事選」四百万円ネコババ疑惑 都知事選中に政党交付金を自分の資金管理団体に	栃木県日光市の高級温泉旅館での宿泊費、東京都世田谷区の自宅兼事務所の家賃なども政治資金から支払っていた。都知事選期間中に政党交付金526万円を受け取っていた。
6／2号	5月26日	舛添都知事カネと女「爆弾証言」	1年間で38回、都内の美術館・博物館を視察していた。
6／9号	6月2日	舛添都知事「母介護の大ウソと骨肉の銭ゲバ闘争」 姪が怒りの告発	舛添氏本人は長年母親を介護したと公言しているが、親類など関係者は事実に反するとしている。
6／16号	6月9日	舛添都知事新疑惑！ あんな「調査結果」では納得できません	公用車を夫婦で使い、ＮＨＫ交響楽団の演奏会へ。東京ドームのプロ野球観戦も公用車を利用していた。
6／23号	6月16日	舛添「出版社社長」の正体 最後のブレーン女性社長激白100分	舛添氏の正月家族旅行に同席したという出版社社長を特定、当該人物は2015年11月に急死していた。
6／30号	6月23日	舛添さん、本当に別荘売りますか？ 美術品リストに三日月明細は？	記者会見や東京都議会で約束した、神奈川県湯河原の別荘の売却、宿泊したホテルの領収書の公開などが実現されるかどうかを問題提起。

五月一九日号　　千葉県木更津市の温泉ホテルに正月、家族同伴で宿泊
　　　　　　　　自宅近くの高級天ぷら屋、イタリア料理店で飲食
六月一六日号　　家族同伴でのコンサートや野球観戦に公用車を利用

このうち、温泉ホテル宿泊の問題をいかに報じているか、詳しく分析する。それに先立ち、次項では『朝日新聞』と『毎日新聞』の全国紙二紙が、どのように舛添氏の問題を報じていたのかを概観する。

同時期における全国紙二紙の報道

(1) 分析の対象

全国紙でもこの間、舛添氏問題関連の様々な報道がなされた。どのように報じたかを分析するに当たって、本章では『朝日新聞』、『毎日新聞』の全国紙二紙を対象とする。関連の記事を各紙の記事データベースから抽出した結果、『朝日新聞』は六七本、(7)『毎日新聞』は八〇本(8)を検証の対象とする。

(2) 報道量の時系列的な分析

高額な海外出張費の問題に関する報道が始まる四月初旬から、舛添氏が辞任を表明した翌日の六月一六日までの間、どのような時期にどのような報道がなされていたのかを確認する。

【朝日新聞】

六七本の記事をみると、間断なく記事が出されていることが分かる。一本当たりの記事の分量（文字数）としては、最小一八一文字から最大三七七七文字と開きがある。このうち、二千文字以上の記事は一〇本あり、総文字数全体の三分の一強を占めている。

これらの記事がどういうタイミングで掲載されているかと言えば、一〇本のうち半分の五本は舛添氏が都議会で辞職を表明した時点に出ている。残りの四本は、舛添氏の記者会見を受けて、その内容をただちに紹介している。唯一の例外は、五月二四日付の「舛添氏、遠い『クリーン』」と題する記事一本だけである。

以上のように、『朝日新聞』は舛添氏が記者会見を開いた際や、都議会で辞職を表明した際に、それらの動きを受けてのタイミングで、大きく報道していることが確認できた。

【毎日新聞】

『朝日新聞』よりやや多い八〇本の記事は、時系列で見ると、辞任の方向に流れた六月一四日からの三日間で二八本と集中している。一方、四月は四本にとどまっている。

一本当たりの記事の分量（文字数）には、最小一一四文字から最大二七六二文字と大きな開きがある。このうち、二千文字以上の記事は一〇本あり、総文字数全体の約三分の一を占めている。

記事が掲載されるタイミングは、上位一〇本のうち八本が記者会見や都議会での辞職表明の時と重なっている。しかし、五月一八日付朝刊の特集記事「クローズアップ二〇一六」や、五月三一日付夕刊の「特集ワイド」は、舛添氏が公的な場所に姿を見せるタイミングで書かれているわけではない。

以上のように、『毎日新聞』も、舛添氏が記者会見や都議会で辞職を表明した際に、それらの動きを受けてのタイミングで記事の扱いが大きくなっているが、『朝日新聞』よりも分散していると言える。

(3) 調査報道の有無

全国紙二紙それぞれが、舛添氏の問題・疑惑について、独自の取材に基づく報道（調査報道）があるのか、あるとすればどのような内容であるかを確認する。キーワード検索などでこのような記事を特定することはできない。記事の冒頭部分に「…であることが（自らの取材で）わかった」などといった表現があれば、独自の取材や調査によって、他のメディアに先駆けて新たな事実を掘り出したことが分かる。抽出した全ての記事を通読して、独自の調査報道かどうかを判断し、確認する。

【朝日新聞】

すでに確認したように、『朝日新聞』の報道は、記者会見での発言や都議会での答弁など、舛添氏の公での言動を伝える比重が大きい。これらはいずれも、インターネットやテレビの生中継で映像が流されるイベントである。

一方、『朝日新聞』が独自に取材・調査した記事だと言えるのは、六七本のうち以下の三本が挙げられる。(9)

記事A：四月二九日付朝刊「妥当？放漫？　一泊二〇万円　舛添知事、都条例『最高四万円』」
記事B：五月二四日付朝刊「舛添氏遠い『クリーン』　盆正月に宿泊・『家族で』つぶやき」
記事C：五月二五日付朝刊「舛添氏、別荘近くで政治資金　道路回数券二〇〇枚・食品店で二万円…」

記事Aは、海外出張費はいくらなら妥当だと言えるのかを考えるため、大阪、愛知など大都市圏の六府県について、知事の海外出張やその規定について情報収集して報じたものだ。直接、舛添氏自身の問題を掘り下げた調査報道ではない。

記事Bは、舛添氏が都知事に就任する前の時期、つまり二〇〇九年から二〇一一年にかけても、盆や正月の時期に、沖縄のリゾートホテルに宿泊した際の費用が政治資金から支出されていることと、宿泊した日に舛添氏がブログやツイッターなどで言及した内容を一緒に紹介した内容になっている。

また記事Cは、舛添氏の別荘がある神奈川県湯河原町の周辺で購入した、雑貨や食料品、有料道路の回数券二〇〇枚などの費用を、繰り返し政治資金から支出していたことを摑み、報じている。

【毎日新聞】

『毎日新聞』による単独の取材・調査は、八〇本の記事の中で、以下の三本である。

記事D：五月二〇日付朝刊「似顔絵和菓子に九万円　就任直後、政治資金で」
記事E：五月二七日付朝刊「新党改革から一〇五〇万円　使途開示不要の組織対策費　一二～一三年」
記事F：六月一日付夕刊「どれが「シロ」　盆や正月「宿泊費」家族旅行？　妻名義の会社に「事務所費」」

まず、記事Dの内容は、「知事就任直後の二〇一四年三～四月、自身の似顔絵がデザインされた和菓子を政治資金で大量購入していたことが分かった。参院議員時代の一〇～一二年の海外出張時にも特注印鑑などを政治資金で買っていた。神奈川県湯河原町の別荘への公用車通いでも、都のルールに反していた疑いが新たに浮上した」というもの。『毎日新聞』自らが調査・取材し、こうした事実を明らかにしたという、調査報道である。

次に、記事Eの内容は、「参院議員時代の二〇一二～一三年、当時代表を務めていた「新党改革」から「組織対策費（組対費）」の名目で、政党交付金を含む一〇五〇万円の政治資金を受け取っていたことが分かった」というもの。「政治資金規正法で、組対費として党が議員個人に拠出した資金は、その後の使途を開示する必要がなく、舛添氏の具体的な使い道は明らかになっていない」ことを問題にしている。この記事も、『毎日新聞』の独自調査によるもので、調査報道と位置づけることができる。

最後の記事Fは、宿泊費、事務所費、備品・消耗品の三つに分けて、既出の問題点を整理した記事になっている。したがって、記事D・Eとは性格が異なり、完全なる独自の記事とは言えない。ツイッターなどに残された舛添氏のコメントから実態を探った部分や、物品を購入した店の店員に取材した部分が新しい。インターネット上に残されている舛添氏自身の言葉を引用する手法は、『朝日新聞』の記事Bと似通っている。

(4) まとめ

『朝日新聞』と『毎日新聞』の報道は、記者会見や都議会で舛添氏を取材し、記事にしたものが中心になっている。『毎日新聞』は記者会見の翌日だけでなく、比較的大きな関連記事を流しており、『朝日新聞』よりもやや分散して報道していると言える。一方、舛添氏に関する新たな問題や疑惑を報じる調査報道は、非常に限られている。『朝日新聞』の場合、上記の記事Cの一本だけである。自ら「公私混同の象徴」と位置づける、千葉県木更津市の温泉ホテル宿泊の問題も、二人の関係者からコメントを引き出しているだけで、新たな事実を摑んだわけではない。

舛添氏が辞職を表明する当日である六月一五日付朝刊では、「詳細が明らかになっていない問題」としているが、『朝日新聞』がこの問題を深く追及した形跡は見あたらない。このホテルを訪問した「出版社社長」を特定する取材を行ったのか、もしそうならどこまで明らかになったのか、「公私混同の象徴」の問題であるのにかかわらず、まったく報じていない。

『週刊文春』が六月二三日号で、当該人物の周辺を取材し、実名こそ挙げていないものの、特定しているのに比べると、『朝日新聞』の報道は量的にも質的にも見劣りする。

これに対して、『毎日新聞』の場合は、調査報道においては『朝日新聞』よりも充実していると言える。記事DとEは、それぞれ記事丸ごとが新たな事実を発掘した調査報道となっている。

まとめ

舛添氏の問題をめぐっては、全国紙二紙に比べると、『週刊文春』ははるかに多くのスクープを連発し、舛添氏が次第に追い詰められていった経緯が、報道を実証的に検証することで裏付けられた。『週刊文春』の報道のタイミングと、舛添氏の対応は表5－3で示した。
次節では、公私混同疑惑の中から一つを選び、どう報道されたのかを詳しく分析する。

3 事例研究——公私混同疑惑の報道（各論）

次に舛添氏の様々な公私混同疑惑の中から、最も注目を集めた問題を取り上げ、『週刊文春』ならびに全国紙二紙がどのように報じたのかをみていく。

概要

二〇一三年と二〇一四年の正月、千葉県木更津市の温泉ホテル「龍宮城スパホテル三日月」に家族四人で宿泊した際の宿泊費約三七万円を、「会議費」名目で政治資金から支払っていた問題である。舛添氏の公私混同疑惑の中で、本人の記者会見や都議会などで質問がとくに集中した。『朝日新聞』も「公私混同の象徴となった」（六月一六日付朝刊「急転　消えた舛添節」）、『週刊文春』がこの問題を報じて「風向きが変わった」（同「語るほど世論反発　相次ぐ誤算」）と位置づけている。

最初にこの問題を報じたのは、『週刊文春』の五月一九日号（五月一一日発売）である。翌々日の一三日の定例記者会見で舛添氏は、家族での宿泊や政治資金からの支払いを事実だと認め、約三七万円を返金する意向を明らかにした。その一方で、舛添氏はホテルの部屋で「事務所関係者等」と、選挙などに関する重要な話し合いを行った、つまり、ホテルで家族と過ごしたが、途中、政治活動も行っていたと強調した。

表5－3　週刊文春の報道と舛添氏の対応

週刊文春の報道	月日	舛添氏の対応	
高額な海外出張問題	4月14日		
公用車で別荘通い	4月27日	公用車は「ルールに従っている」と説明	
温泉ホテルに家族で宿泊。美術品購入。高級レストランでの飲食。	5月11日		
	5月13日	謝罪。宿泊費や飲食費など返金の意向を示す	記者会見
日光の温泉ホテル宿泊、事務所費問題。	5月19日		
	5月20日	謝罪。「第三者の公正な目で見てもらう」	記者会見
	5月25日	元検事による調査開始	
美術館・博物館を頻繁に訪問	5月26日		
	6月1日	所信表明で陳謝。ファーストクラス使用は今後止める意向を示す	都議会
	6月6日	調査結果を公表。「違法性なし」	記者会見
	6月7日	代表質問でも詳細語らず	都議会
公用車で家族でコンサートや野球観戦へ	6月9日		
	6月14日	不信任決議案が提出	都議会
	6月15日	辞職の意向を表明	都議会
「元出版社社長」の情報	6月16日		

舛添氏は、この人物について「政治の機微に触れる」との理由で、会談した人物や人数を明らかにしなかった。そのため、「事務所関係者等」とは誰なのか、様々な憶測を呼んだ(10)。元検事である二人の弁護士による調査報告書(11)によると、舛添氏の説明に基づくと、この人物は「付き合いが長くかねてより相談相手としていた出版会社社長（元新聞記者）」で、「客室に招き政治家としての今後のことについて相談した」という。しかし、舛添氏がこの人物について、明らかにすることはなかった。

報道の詳細

【週刊文春】

『週刊文春』の五月一九日号に掲載された記事によると、舛添氏の政治団体の収支報告書（二〇一二〜一四年分）を「徹底的に精査した」。その中に、千葉県木更津市にある「龍宮城スパホテル三日月」における「会議費用」として、二〇一三年一月三日に二三万七七五五円、二〇一四年一月二日に一三万三三四五円が支出されていることを確認した。

こうした資料からの情報収集を手がかりに、「ホテル関係者」への取材を敢行。その結果「舛添さんはお子さんを連れて、慰安旅行でご利用されていました。（中略）温水プールでお子さんと遊んでいました。いずれの年もグレードの高い部屋に泊まったと思います」という証言を引き出している。

この問題の関連で、舛添氏が部屋に招いたと主張する「元出版社社長」が誰なのかが、疑惑の焦点の一つとなった。舛添氏が氏名を明らかにしなかったため、本当に「元出版社社長」と会っていたのかどうかさえも疑う声が上がった。

『週刊文春』は六月二三日号で五頁を割き、当該人物の特定にかかっている。舛添氏の知人、サンケイスポーツの関係者らに取材し、証言を得て、「伝説の競馬記者」として数々のスクープをものにした人物であることなどを詳細に報じている。また、二〇一五年一一月に急逝したことも伝えている。しかし、誌面上は、本人の氏名は匿名のままで「S氏」とされ、社長を務めた出版社も「T社」、舛添氏の政治団体の会計責任者を務め、S氏と親しかった女性社長も「X女史」と表記された。

さらに、このS氏が実際に舛添氏と木更津市の温泉ホテルで会い、舛添氏から相談を受けたのかどうかは、記事の中で断定できていない。あくまで「可能性」について語る関係者の証言を集めるにとどまっている。

【朝日新聞】

検証の対象とした六七本の記事のうち、この温泉ホテルの問題が登場するのは一三本。いずれも、舛添氏が記者会見や都議会でこの問題についてどう述べたか、あるいは述べようとするか、という記事の中でこの問題に触れている。

この問題の関連で、『朝日新聞』が独自に取材しているのは、前出の記事Bだけである。一三年正月のホテル宿泊については、舛添氏が代表を務めていた新党改革の幹事長に、一四年正月については都知事選の選挙対策幹部に、それぞれ直接取材し、談話を取っている。しかし、内容は目新しいものではなく、新たな事実を引き出しているわけではない。

とはいえ、『朝日新聞』はこの問題を『週刊文春』がスクープとして報じたこと自体は、記事の中で言及している。初出となる五月一一日付夕刊では、「千葉県内のホテルに支出した約三七万円が、家族旅行に充てられ政治資金規正法違反（虚偽記載）の疑いがあると一一日発売の週刊文春が報じた」と伝えている。また、五月一四日付朝刊で記者会見の内容を伝える際に、舛添氏が「政治資金からの支出を家族旅行にあてたなどと週刊文春に報じられた問題について、調査結果を明らかにした」としている。

【毎日新聞】

検証の対象とした八〇本の記事のうち、この温泉ホテルの問題は二一本の中で登場する。いずれも、いくつかの問題の一つとして紹介したり、舛添氏の記者会見や都議会における発言を引用したりする形で、記事の中に取り上げられている。しかし、この問題の関連で、『毎日新聞』が独自に取材している部分はない。ホテルを訪れた人物を特定しようとする記事もない。

その一方、『毎日新聞』は記事の中で、この問題を初めて取り上げたのが『週刊文春』であることを明示している。五月一二日付朝刊の記事は、「千葉県木更津市のホテルに「会議費」として支払った約三七万円は、家族旅行の費用に充てられており政治資金規正法違反（虚偽記載）の疑いがあると一一日発売の週刊文春が報じた」、「週刊文春はホテル関係者の証言を紹介し、虚偽記載の可能性が高いと指摘している」などとしている。また、五月一四日付朝刊でも、「実際は知事の家族旅行費だったなどと週刊文春が報じた」と、週刊文春のスクープであることを伝えている。[12]

まとめ

この問題については、舛添氏の対応ぶりからも明らかなように、『週刊文春』が他のメディアの追随を許さない報道をしたことが分かる。全国紙も『週刊文春』の報道を後追いするのが精一杯で、新たな事実を引き出して報じるまでには至らなかった。

4　考察――雑誌ジャーナリズムの仕事

速報系との違い

前節までで検討したように、舛添要一氏の問題・疑惑に関する報道事例においては、マスメディアの中で、『週刊文春』がほぼ独走状態であったのに対し、全国紙二紙はほとんどスクープ（特ダネ）もない、という状況だったことが浮き彫りになった。

全国紙二紙の主たる報道は、舛添氏の記者会見や東京都議会の動きなど、表になったことをタイムリーに伝えるという、伝統的なものだ。新聞業界内では「本記筋を追う」と言う。つまり、日々起こった出来事を取材し、ニュースの基本要素である5W1Hを押さえ、速報し続ける、というジャーナリズムである。一日に二度発行する新聞ジャーナリズムの特性であるとも言える。

他に論評、解説、コラムなどで舛添氏の問題を取り上げ、公私混同ぶりを批判する形も全国紙二紙の報道で目立った。それらのベースになっているのが、記者会見や都議会の動きなどの本記、中でも事実を伝える速報系の記事である。

取材態勢の面から見れば、東京都知事に関する速報系のニュースは、都庁内にある記者クラブに加盟している大手メディアが中心になっている。したがって、報道の内容はどこの社も似たり寄ったりになる。記者クラブ加盟の各社が同じ記者会見に参加して取材しているのだから、報じる内容に大きな差がでることはない。

そして、地方自治体の首長の記者会見は、インターネット中継されることが多い。東京都知事の記者会見も例外ではない。記者会見の内容をメディアが取捨選択して伝えるからニュースという商品になる。しかし、ニュースの素材である記者会見の内容自体は、誰でもアクセスできる。

つまり、舛添氏の問題や疑惑の事例において、新聞からのスクープは皆無に等しかった。新聞は主に、インターネット中継されている記者会見などのイベントを中心に取材し、速報系のニュースを報じていた。記者クラブ加盟のメディア各社の間では、報道の内容に大きな差はない。

それに対して、週刊誌は週一回の発行になる。よく指摘されることだが、速報性は新聞よりも劣る。新聞と差別化する意味でも、速報ではないもの、新聞の報道とは角度が違うもの、深く掘り下げたもの、などが求められる。最近二〇年間で『週刊文春』が伝えた代表的な記事を、同誌自身が四三本を選び、再録した特別編集号を見ても、(13)テーマは実に幅広い。ターゲットとなる人物は、芸能人、作家、スポーツ選手、政治家、企業人など多岐に渡っている。その中で共通するのは、これまで世に知られていなかった話を掘り起こし、詳しく伝えているという点だ。聞きかじった噂レベルの話を報じるのではなく、取材を潜行させて摑んだ事実を積み重ねて、「実は裏ではこんなことがあった」と伝える。そのような他の追随を許さない圧倒的なスクープが、『週刊文春』の代名詞になっている。

スクープの背景

前述のように、二〇一六年に入ってからも、『週刊文春』はスクープを連発した。完売も続いた。舛添氏関連の報道は七週連続で巻頭を飾り、独走状態になった。では、なぜ『週刊文春』だけがなし得るのだろうか。『週刊文春』の新谷学氏は、『月刊 Journalism』(14)のインタビューの中で、二〇一二年四月に編集長に就いた時から、「『週刊文春』の最大の武器はスクープ力である」と、記者たちを前に明言した。『週刊文春』が放つスクープが、週刊文春へスクープに結び付く情報（ネタ）を呼び込む状態だとみている。

週刊誌は、売れるとすべてがいい方向に回ります。現場の記者の士気が上がる。情報提供も増え、士気の高い現場がさらにスクープを放つ。雑誌が売れてますます士気が上がる。いまはこうした好循環に入りつつあると思います。（九〇頁）

メディアにとって大切なのは、なんといってもネタ、コンテンツなんです。とっておきのコンテンツを握る。うちからしか情報が出ないとなると、政治家もテレビや新聞も近づいてくる。そうなれば主導的に状況に対応できる。（九三頁）

デジタル化の動きも上手に利用している。インターネット上で、情報提供を募る専用サイト「文春リークス」[15]を二〇一四年四月に設けた。「あなたの目の前で〝事件〟は起きている！」と、積極的な情報提供を呼び掛けている。

〝事件〟はあなたの目の前でも起こりうるのです。
そして、お寄せいただいた情報が、世の中を動かす大スクープになる可能性があります。
例えば、ブラック企業の内情から、有名人に関する疑惑、事件や事故、自然災害まで、「記事のネタ」となる情報をお寄せください。「いつ、どこで、誰が、何をした」というように、なるべく具体的な内容を記述してください。

新谷氏によると、「いいネタが結構来る。気になったものは、すぐにコンタクトをとります」（九六頁）という。

ファクトと調査報道

新谷氏が強調するのは、「ファクト」の重要性である。

クビを取ることを目的にスクープを狙うのは、週刊文春の仕事ではない。我々がやるのはファクトの提示。みなさん、知っていましたか？　この人はこんなことをしていますよ。そこまでです。（中略）メディアの報道は、論よりもファクトで勝負すべきです。（九一頁）

メディアが勝負するべきはあくまでファクト。権力の圧力とか、萎縮とかを言う前に、政権にインパクトを与えるファクトをつかむことです。コンテンツに自信があれば、仮に権力が圧力をかけてきても無視すればいいし、それ自体を記事にすればいい。（九六頁）

ここでいう「ファクト」とは、単に、「間違いのない事実」という意味ではなく、「報じられる側（その多くは「権力」）にとって都合が悪いために隠されてきた事実」という意味に捉えることができる。「調査報道」は「将来にわたっても明らかにされないだろう当局側にとって都合の悪い事実を、報道機関が独自の調査取材で報道する方式」[16]と定義される。新谷氏がいう「ファクト」とは、調査報道によって明らかになった「舛添氏にとって都合が悪いために隠されてきた事実」だと置き換えることができよう。

新谷氏はメディアは「ファクト」で勝負すべきだと主張する。『週刊文春』はそれを実践している。つまり、調査報道により、権力監視機能を高めようとしている。そこに『週刊文春』の存在意義があるとしている。

聞き込みから情報公開請求へ

舛添氏が神奈川県・湯河原の別荘へ毎週末、公用車で通っていたという、『週刊文春』のスクープについて、新谷氏は取材の一端を次のように明かしている。

　知事のスクープを狙ってきた記者が都庁の人間と食事をしていて、知事が週末ごとに湯河原の別荘に帰っているらしいという話を聞き込んだのがきっかけです。記者はすぐ都に情報公開請求し、100ページに及ぶ資料を読み込んで、スクープにつなげた。（九三頁）

聞き込みが端緒になって、情報公開制度を使って関連の公文書を入手し、さらに取材を進めていく。典型的な調査報道の手法を用いている(17)。

オリジナルのコンテンツ

新谷氏は週刊誌と対比しながら、新聞は新聞でしか読めないコンテンツは何であるかを分析し、対応することが重要だと主張する。

　読者が求めているものは何かということを、もっと突き詰めれば、発信する価値のあるコンテンツが具体的に像を結んでくる。横並びではなく、オリジナルのコンテンツにはお金を払う価値があると思う。（九五頁）

読者からお金が取れるものが、スクープであり、『週刊文春』はスクープ主義を続けるとしている。

「特集班」

新谷氏によれば、『週刊文春』の取材態勢は記者が約五五人。そのうちスクープを追い掛けている「特集班」に所属する記者が約四〇人。内訳は発行元の文藝春秋の社員が約一五人、残りの二五人は契約記者（特派記者）だという[18]。

スクープをものにするには、次のような取材態勢が取られているという[19]。

まずはスクープを狙うことです。端緒になる情報をつかんだら、記者を深く潜らせ、証拠を固める。詰まったところで、精鋭部隊を一気に投入し、一気に仕上げていく。（四六頁）

「特集班」の記者の中には、経験の浅い記者もいる。甘利大臣（当時）を直接取材した記者も前年に入社したばかりの記者だったという。記者養成はすべてオン・ザ・ジョブ・トレーニングになっている。

デスクや先輩記者のもとで、「地取り（聞き込み）」、「物（ブツ）読み（集めた資料の分析）」や「張り込み」など、調査報道のノウハウを学んでいく。（四六頁）

手間を掛けて調査報道の手法を取得させていく。ベテランから若手まで、スクープを狙う記者が約四〇人集まり、「特集班」を形成している。

うか。

5　調査報道とスクープ

新聞も雑誌も同じ紙媒体である。時事問題を扱うジャーナリズムとして、今後どのような道を歩んでいくのだろうか。

『週刊文春』は、「オリジナルのコンテンツ」であるスクープに力を注ぐ。読者にとってスクープこそ「お金を払う価値がある」と考えているからだ。雑誌の読者離れが進む中、スクープ主義を貫く。「特集班」が調査報道に走り回り、スクープが新たなスクープを呼び込むという好循環が生まれている。舛添氏の問題・疑惑を七号連続で報じたのは、報道による権力の監視を具現化したものと言える。新聞の報道と対比すると、〝文春砲〟の名からイメージされる破壊力がいっそう際だつ。

紙媒体のマスメディアが全体として下降線を辿る中、『週刊文春』は、調査報道とスクープに活路を見出し、一つの生き残りモデルを確立していると言える。

注

（1）日本新聞協会「新聞の発行部数と世帯数の推移」http://www.pressnet.or.jp/data/circulation/circulation01.php（二〇一六年八月一日アクセス）

（2）出版科学研究所「日本の出版統計」http://www.ajpea.or.jp/statistics/（同上）

（3）『AERA』二〇一六年三月七日号、四六頁。

（4）舛添前知事「知事の部屋」http://www.metro.tokyo.jp/GOVERNOR/ARC/20160621/KAIKEN/TEXT/2016/160401.htm

（5）『朝日新聞』二〇一六年六月一六日付朝刊「急転　消えた舛添節」

（6）『朝日新聞』二〇一六年六月一六日付朝刊「語るほど世間反発　相次ぐ誤算」など。

（7）朝日新聞記事データベース「聞蔵Ⅱビジュアル」を利用。検索モードを「詳細検索」とし、対象雑誌名を「朝日新聞」に限定。キーワード「舛添要一」、発行日「二〇一六年四月一日～一六日」、検索対象「見出しと本文と補助キーワード」、分類は指定せず、朝夕刊「朝刊・夕刊」、面名「一面、総合面、社会面」、本紙／地域面「本紙」、発行社「東京」とした上で、検索した結果、七五件を得た。このうち、一面の目次の役割を担う「インデックス」五件は対象外とした。その結果、七〇件を対象とした。さらに、四月一日付と四日付、六月九日付の計三本は、内容から判断して、舛添氏の問題・疑惑とは直接関係ないために、除外した。最終的に六七本を対象とした。

（8）毎日新聞記事データベース「毎索」を利用。詳細検索の「毎日新聞記事検索」を選択。キーワード「舛添要一」、検索対象を「見出しと本文に含まれる文字列を検索」、日付「二〇一六年四月一日～六月一六日」、面種「東京朝刊」「東京夕刊」のみ、面名「一面」「二面」「三面」「社会面」「総合面」を指定した上で検索した結果八六件を得た。このうち、四月一日付と四日付の計三本は、内容から判断して、舛添氏の問題・疑惑とは直接関係ないために、除外した。さらに、六月七日付の調査報告書の要旨、六月一四日付の都議会集中審議の詳報の二件は、記録・議事録の類なので対象外とし、最終的に八〇件の記事を検証の対象とした。

（9）四月二八日付朝刊の「舛添知事、公用車で別荘通い」の記事などは、『朝日新聞』独自の調査のように一見思えるが、東京都が発表した内容を紹介しただけである。

（10）東京都知事時代の舛添氏の記者会見録は、東京都のホームページ上に残されている。http://www.metro.tokyo.jp/GOVERNOR/ARC/20160621/KAIKEN/kako28.htm（二〇一六年八月一日アクセス）

（11）東京都議会議員の音喜多駿氏が自らのブログに、調査報告書の全文をアップしており、閲覧することができる。http://blogos.com/article/178387/（同上）

（12）なお、公用車の問題についても、舛添氏が説明した内容を伝える記事の中で、舛添氏が「二七日発売の週刊文春の報道について、報道陣に説明した」（四月二七日付夕刊）として、ことの発端が『週刊文春』のスクープだったことを明示している。しかし『朝日新聞』は「都が明らかにした」（四月二八日付朝刊）という書き方をしている。端緒が『週刊文春』

のスクープだったことが示されていない。つまり、『週刊文春』が報じた内容について、メディアから事実関係を聞かれ、舛添氏や東京都の担当者が説明するに至ったという経緯が書かれていない。

(13) 文藝春秋電子書籍編集部編『Amazon 創業二〇周年記念　週刊文春オリジナルコレクション』文藝春秋、二〇一五年。
(14) 新谷学「『親しき仲にもスキャンダル』精神でお金のとれるスクープを狙い続ける」『Journalism』二〇一六年六月号、九〇～九六頁。
(15) 文春リークス　http://shukan.bunshun.jp/list/leaks
(16) 山本博『追及――体験的調査報道』悠飛社、一九九〇年、三九七頁。
(17) 小黒純「スクープと調査報道」天野勝文・橋場義之編著『新　現場からみた新聞学』学文社、五二～六七頁。
(18) 新谷、前出、九三頁。
(19) 新谷学「なぜ文春だけがスクープできる」『ＡＥＲＡ』二〇一六年三月七日号、四六頁。

参考文献

高橋呉郎『週刊誌風雲録』文藝春秋、二〇〇六年。

文藝春秋電子書籍編集部編『Amazon 創業二〇周年記念　週刊文春オリジナルコレクション』文藝春秋、二〇一五年。

元木昌彦『週刊誌は死なず』朝日新聞出版、二〇〇九年。

第6章　中国の政治と報道規制
――習近平指導部下のメディア規制――

渡辺陽介

1　象徴的事件

二〇一五年一二月、中国・習近平《しゅうきんぺい》指導部の対メディア姿勢、とりわけ海外メディアに対する姿勢を象徴する事件が起きた。

第一は、著名な人権派弁護士で、短文投稿サイト「微博《ウェイボ》」への書き込みをめぐり、公共秩序騒乱と民族の憎悪をあおった罪に問われた浦志強《ほしきょう》氏の一二月二二日の判決公判をめぐってである。北京市第二中級人民法院（地裁）は懲役三年、執行猶予三年を言い渡した。

判決にあたっては数十人の海外メディアが法廷の外で取材にあたったが、配置された一〇〇人を超す私服警官らに排除され、路上に押し倒されるなどした。英BBC放送の取材チームが法院近くで警官に記者証を取り上げられるなど取材活動を妨害された。警官と記者のもみ合う様子はインターネットなどを通じて広く世界に伝えられ、中国当局によるメディア規制の模様を生々しく印象づけた。

二つ目は、フランス週刊誌『ロプス』のウルスラ・ゴーティエ記者が中国の対ウイグル政策に批判的な記事を書き、事実上の国外退去処分を受けたことである。

同記者は週刊誌電子版に掲載した一一月一八日付などの記事で、中国でのウイグル族と当局の衝突は、中国政府の少数民族に対する抑圧的政策が原因であり、パリ同時多発テロなどとは性質が違うと指摘。これに対して中国共産党機関紙、人民日報系の『環球時報』などは「現実をねじ曲げている」と同記者を実名で非難した。外務省も記者を三回呼び出して批判した。実名批判により、中国紙サイトやゴーティエ記者のソーシャル・ネットワーキング・サービス（SNS）に数千を超す批判の書き込みが殺到。「殺す」などの脅迫や性的な嫌がらせも含まれていた。

中国外務省の華春瑩《かしゅんえい》副報道局長は一二月二日、中国で起きたテロは政府の抑圧的政策が原因と主張するのは「でたらめな論理だ」と記事を非難、さらに「テロ問題でダブルスタンダードを主張することに反対する」と主張した。ゴーティエ記者は、一二月二五日に外務省当局者から「中国人民の感情を傷つけた」ことへの謝罪と「テロ行為を支持しないと公言する」「ウルムチなどでテロがあったと認める」などを記者証発給の条件として要求され、「交渉の余地はない」と最後通告を受けた。記者は要求を拒否し、二〇一二年の中東の衛星テレビ、アルジャジーラ記者追放以来となる国外退去処分となった。一二月三一日、ゴーティエ氏は北京を後にした。

北京の中国外国人記者クラブ（駐華外国記者協会）は一二月二六日、政府の措置について「深刻な事態であり北京で働く外国人記者にとって重大な脅威だ」と非難する声明を発表した。

三つ目の事件は、中国政府を批判する書籍を販売していた香港の「銅鑼湾書店」の関係者五人が二〇一五年一〇月から一二月にかけて相次いで失踪したことである。五人は香港、タイ、広東省深圳《シンセン》などで相次いで行方不明となった。いずれも、中国本土に拘束されたとみられ、中国当局の関与が疑われている(1)。事件については、親中派である香港の梁振英《りょうしんえい》行政長官も二〇一六年一月四日に記者会見し、「中国の司法当局者が香港で活動することは（香港の憲法に当たる）基本法違反で受け入れられない」と指摘。訪中した英国のハモンド外相は一月五日、中国の王毅《おうき》外相と北京で会談した後の記者会見で、失踪した一人について「男性は英国籍の旅券を有している。英側は香港と中国の当局に対し、行方を捜査するよう要求した」と述べ、国際的波紋が広がった。

以上の三つの事件は、中国当局の海外メディアに対する厳しい締め付けを示している。二〇一二年一一月に発足した習近平指導部は反腐敗闘争を掲げて習氏への権力集中を進め、市民運動やメディアへの統制を強化した。締め付けの代表的な事例が集中したのが二〇一五年一二月だったと言える。国外退去処分を受けたゴーティエ記者は筆者のインタビューに対し、中国の言論、メディアへの規制は緩急のサイクルがある、と指摘。北京五輪の行われた二〇〇八年がメディアへの統制が最近では最も緩かった年だったとした上で、「五輪の一～二年後から始まった締め付けが現在は最高段階に達している」との見方を示した。

三件に共通しているのは、中国当局が自らの政策に合致しない報道や出版に対して、実力行使さえ辞さないことを明確にしている点である。銅鑼湾書店事件については、一九九七年の香港返還以来、基本的には尊重してきた香港の自治を踏みつけにするようなやり方で、以前に例を見なかった手法であり、香港住民の衝撃は大きい。ゴーティエ記者退去や浦志強判決では、国際的イメージの悪化を省みずに、実力行使に踏み切ったという点が、近年では珍しい強硬姿勢だったと言える。

2　悪化するメディア環境

国際ジャーナリスト組織「国境なき記者団」（RSF、本部パリ）は、二〇一五年に世界各国・地域の報道の自由度を順位付けした報告書で中国を一八〇カ国中の一七六位に位置づけた。世界主要国の中では最も低い順位と言える。米議会の「中国に関する議会・政府委員会」は二〇一五年一〇月八日に発表した二〇一五年版報告書の中で、習近平指導部が発足して以来、言論やメディア統制が強まっており、同委員会が年次報告書の公表を始めた二〇〇二年以来、メディアやジャーナリスト、弁護士、チベットやウイグル族住民、宗教組織などへの締め付けが最も強まっていると指摘した。

習近平指導部は発足以来、ネットやメディアへの規制を矢継ぎ早に強化。中国メディアによると、ネットについては各地方政府の宣伝部門、ポータルサイト会社、各種企業などに二〇一三年時点で計二〇〇万人の監視要員を配置、都合の悪い書き込みなどは即時に削除している。二〇一三年一〇月には全国の新聞やテレビ、通信社、雑誌などの記者二五万人に「マルクス主義報道」を徹底する研修を実施、政府方針に合った報道をすることを義務づけた。

指導部発足以来の様々なメディア、言論規制の青写真を描いたとみられるのが、二〇一三年八月に明らかとなった中国共産党の「第九号文件」[2]である。その報道が、改革派女性ジャーナリスト、高《こう》瑜《ゆ》氏の逮捕（二〇一五年一一月に北京市高級人民法院（高裁）懲役五年、政治権利剥奪一年の実刑判決）に繋がったとされる同文件では、習指導部の言論、メディアへの基本姿勢が明らかとなっている。

同文件は、党が容認できない思潮や主張として七点を列挙した。以下がその七点である。[3]

(1)西側憲政と民主を宣揚すること。
(2)普遍的価値を宣揚すること。
(3)公民社会を宣揚すること。
(4)自由主義を宣揚すること。
(5)西側的なニュースの見方を宣揚すること。
(6)歴史虚無主義を宣揚すること。
(7)改革開放を問い質すこと。

(5)においては、メディアを「社会の公器」や「第四権力」として扱う西側の姿勢が「共産党のメディアへの指導に反対し、我国のイデオロギーを打破する突破口に繋がる」と強い警戒感を示している。
第九号文件は欧米や日本などでいう一般的な「メディアの自由」を否定し、政府や党の方針にメディアが逆らうことは認めない姿勢を明確にしている。メディアが共産党の正統性に疑問を持つことも一切許さない方針も示している。習近平指導部の対メディア政策は九号文件の青写真に乗っ取って実施され、二〇一五年一二月に最高潮に達したと言えるのではないだろうか。

3 強まる外国メディア規制

習近平指導部の規制強化に伴って中国での海外記者の活動は困難さを増している。

北京の中国外国人記者クラブ（駐華外国記者協会、FCCC）は、二〇一四年九月に発表した「中国特派員の取材環境に関する報告書」(4)の中で、中国の取材環境は「二〇〇八年の北京五輪での開放から急速に後退している」と述べ、様々な面で取材上の制約が強まっていると指摘した。

報告書から制約の例を見ていきたい。

一つ目は、法令上、チベット自治区以外については、中国のどの地域でも自由な取材が認められていることになっているが、実際には四川省、甘粛省、青海省などのチベット族居住区や新疆ウイグル自治区などで、取材のための立ち入りが広範囲に制限されている、という点だ。FCCCの二〇一四年の聞き取り調査によると、四二人の特派員が新疆やチベット族居住地での取材を規制されたり、拒否されたりした経験があると答えた。

二つ目は市民運動や少数民族の取材の際に、私服警官らによる妨害や暴力がしばしば起きているということである。ＦＣＣの一四年調査では、三分の二の特派員が、何らかの取材妨害を受けた経験があると答えている。毎年、天安門事件の記念日である六月四日などにはとくに厳しい取材規制が実施される。

三つ目は、特派員の属するメディア企業の本社に、取材に絡んで圧力がかけられるケースだ。パリ、ベルリン、ロンドン、東京などの中国大使館が本社の幹部に連絡を取り、現地の特派員の取材を制約しようとする例があった。中国人助手や取材先に対し当局者が嫌がらせをする例も目立つ。

四つ目は、査証発給と、発給に必要な記者証の発行を拒否したり、遅らせることで、海外メディアに圧力をかける点である。米国、日本などのメディアでは申請した記者証を認められずに記者が赴任を諦めざるを得ないケースが起きている。

報告書では、ＦＣＣ調査に答えた記者の九九％が、「中国の取材環境は国際的なレベルに達していない」と回答している。

4　海外メディアへの不信感

海外記者の中国の取材環境への不満が高まる一方で、中国側の西側メディア報道への反発も目立つようになってきた。

二〇〇九年二月、国家副主席だった習近平氏がメキシコを訪問した際に「腹いっぱいになってやることのない外国人がわれわれの欠点をあげつらっている」と発言したのは有名な例だが、国力の伸張に伴い、「中国は不当に報じられている」との「被害者意識」が顕わとなっている。ある政府高官は筆者に対し、「先進国では共産党は悪だと教えている。いつも否定的な報道をしている」と不満を打ち明けた。別の政府高官は米誌記者に対し「あなた方の目的は共産党体制の転覆だ。われわれは重々承知している」と語っている。

一部の中国メディアが海外の報道ぶりをあげつらうケースも目立っている。民族主義的な主張で知られる中国共産党機関紙、人民日報系の『環球時報』は、中国の対ウイグル族政策に批判的記事を書いたフランスの週刊誌のゴーティエ記者について「現実をねじ曲げている」と実名で批判、ネットなどで同記者への非難が殺到する糸口をつくった。日本メディアの対中報道が批判される例も珍しくない。

5　西側メディアへの挑戦

中国当局の西側メディアに対する強硬姿勢の基礎となっているのは、世界第二位の経済大国としての地歩を固め、強国の道を歩む自国のあり方への自信であろう。

第三代の米国大統領トーマス・ジェファーソンが、「新聞のない政府か政府のない新聞、どちらかを選ばなければならないならば、迷わず後者を選ぶだろう」と言い残したように、西側諸国では民主政治が正常に機能するために、自由なメディアの存在が不可欠と考えられている。日本も同様だ。

これに対して言論規制も国家発展に必要と考える「中国モデル」において、この考え方が共有されていないのは「第九号文件」が示している通りである。それどころか、自由なメディアは国家や社会の発展に有害であるとの認識が中国当局者の間では強まっている。「アラブの春」や「カラーレボリューション」において、フェイスブックなどを通して反体制派の言論が広まり、一部の国で国家崩壊に繋がった、との警戒感は根強い。フェイスブック、ツイッター、グーグル、ラインなどは中国では基本的に閲覧が規制されている。

中国の習近平国家主席は、二〇一五年一二月一六日、浙江省烏鎮《うちん》で開幕した「世界インターネット大会」で演説し、「ネットユーザーが意見表明する権利を尊重するだけでなく、法律によって良好なネット秩序を構築しなければならない」と述べ、ネット規制を正当化した。

国際ジャーナリスト組織「国境なき記者団」は、この世界インターネット大会開催に先駆けて「出席者は中国の検閲制度に加担したことになる」とボイコットを呼び掛けていた。しかし大会には、ロシアのメドベージェフ首相やカザフスタンの首相ら各国の政治家を含む約二〇〇〇人が参加し、中国に寄り添う姿勢を示した。

中国共産党機関紙、人民日報系の『環球時報』は一二月二三日、人権派弁護士の浦志強氏が懲役三年、執行猶予三年の有罪判決を受けたことについて「言論の自由には限度があり、インターネット上でも同じだ。判決は新たな境界線を打ち立てた」との社説を掲載。さらに、西側諸国の世論が浦氏の無罪を唱えてきたことを中国の内政への干渉に当たるとして、裁判所が「司法の原則を堅持した」と強調した(5)。

こうした中国政府、メディアの姿勢を見ると、彼らが提起しているのは一九世紀以来の「リベラルデモクラシー」(自由民主主義)へのメディア面での挑戦であると見ることができる。国外退去処分となったゴーティエ記者は「中国は政治改革をしなくても富裕になれることを証明した。経済発展をすれば政治改革や、民主化が起きると考えたのは西側の『大いなる幻想』だった」と筆者とのインタビューで指摘した。これと同様に、中国は発展のために自由なメディアなど必要としていない、ということを世界に示そうとしている。

現在の中国は国際関係で新たな秩序構築を目指しているように、新たなメディア秩序を構築し、自国以外にも広げようとしている、とみるべきである。この点で、「自由で独立したメディア」の存在が社会に不可欠と考えている西側や日本メディアへの挑戦は巨大であるということを強調しておきたい。

6　国内メディアの海外報道

最後に中国メディアの海外報道について考察してみたい。共産党の「喉と舌」の役割を担う中国メディアは党・政府の方針に沿って、中国国民の意識を誘導することが求められている。たとえば、南シナ海、東シナ海の領土・領海問題に関しては、中国の立場のみを正しいとして報じ、日本やフィリピンの立場が伝えられることはない。蜜月関係を謳うロシアについては、プーチン大統領を称賛する報道が目立ち、領土、歴史問題を抱える日本の安倍晋三首相については否定的報道が目立つ、などである。

二〇一三年一〇月に、中国共産党などが全国の新聞やテレビなどの記者二五万人を対象にした大規模研修では、(1)尖閣諸島をめぐる問題で日本側に譲歩する主張を伝えない、(2)安倍晋三政権の「右傾化」を非難する、(3)南シナ海で領有権を争うフィリピンやベトナムを批判する、(4)ロシアのプーチン大統領を称賛する、(5)西側諸国は基本的人権や民主主義などについて「普遍的価値」だとして中国共産党の指導を攻撃しようとしている――などの点が強調されたという(6)。

二〇一六年初頭の時点では、日本に関しては歴史問題、安保法制問題で日本政府批判一色である。安保法制問題についても安倍政権批判の市民の声だけを拾い、賛成派の声は伝えない。日本の防衛力強化については否定的な報道が目立っている。

台湾で独立志向が強かった陳水扁政権時代には、陳総統の個人攻撃とも受け取れる否定的報道が目立ったが、関係の比較的良好な馬英九総統に対しては肯定的である。人権問題で中国に厳しい米国については、米国内の人種問題を集中的に報道することがある。現在、関係の良好な韓国については前向きな報道が目立ち、北朝鮮については客観的な事実だけを伝えるケースがほとんどだ。
二〇一五年一〇月、二週間にわたって、国際報道が売り物である『環球時報』について、見出しの統計を取った。一メディアの短期間の調査に過ぎないが、中国メディアの国際報道に関する一定の傾向は見て取れると思う。
一〇月一二日から週末を除いて二三日までの一〇日間、『環球時報』に掲載された海外に関する記事を、日本、米国、ロシア、韓国、台湾、北朝鮮について調べたところ、以下の通りとなった。

1位　米国　五六件
2位　日本　四三件
3位　韓国、台湾　いずれも二五件
4位　ロシア　一九件
5位　北朝鮮　六件

日本については一二日付で「中国が日本のスパイ相次ぎ拘束」が一面トップだった。また、日本関連記事四三件のうち、九件が靖国参拝などの歴史問題に関連しており、歴史、安保問題で関心が高い傾向が出ている。中国中央テレビなど他のメディアでも日本問題に関する報道は多く、日本に対して高い関心を持っていることが分かる。

注

（1）　ＢＢＣ放送（電子版）、二〇一六年一月三日。
（2）　『ニューヨーク・タイムズ』（電子版）二〇一三年八月一九日。

（3）『明鏡月刊』（電子版）二〇一三年八月二〇日。
（4）Position Paper on Working Conditions for Foreign Correspondents in China, September 2014
（5）『環球時報』社説一一月一三日付。
（6）共同通信配信、二〇一三年一〇月二〇日。

第7章　日中メディアが見た「日清戦争一二〇年」
――論調の相違と問題点、東南アジアからの視点――

卓　南生

一八九四年から一八九五年にかけて起きた「日清戦争」（中国では「甲午戦争」と呼ぶ）は日中関係史において奥深い影響をもつ戦争であった。二〇一四年は伝統的な暦法で甲午年にあたるが、ちょうど一二〇年前に起きたこの戦争を日中両国はいかに見、どのように記念したのかについて、第三者の視点から分析を試みたい。

1　日中メディアの日清戦争記念報道の落差

中国メディアの「盛大で多様な」報道

ある出来事に関する報道や論評の誘導方向を、中国ではしばしば「輿論導向」という言葉で表し、日本では「世論誘導」という言い方をする。日本の世論宣伝は必ずしも強制的な手法はとらないものの、知らないうちに受け入れてしまうため、「誘導」というのがふさわしいであろう。この観点から見て、一九八〇年代以降、とりわけ九〇年代の日本政治の「総保守化」の過程で、日本のメディアは政府と足並を揃え、改憲反対から改憲賛成へと世論を誘導することに成功した。

現在、中国と日本のメディアの日清戦争記念報道の基調には大きい相違がある。表面的に見ると、中国メディアの記念活動は盛大で、複数の声が並存するが、各メディアの論調の中身を詳細に分析すると、大きい違いがあることが分かる。「歴史を鑑にする」というのが中国メディアの共通の基調であり、その主流は安倍政権の戦後体制脱却の動きを批判し、日本で軍国主義が復活し戦前の道を再び歩むことへの警戒である。他方、中国はなぜ敗北し、どこが間違っていたのか、中国メディアの反応と反省には様々な相違がある。(1) あるものは体制の問題とみなす。すなわち、日清戦争は新興資本主義国と後進封建国家との戦争であり、中国が敗れたのは中国人が劣っていたからではなく、清という体制が人材を重視しなかったからで、このため伊藤博文と李鴻章の運命は異なったとする。また ある者は、国民性の問題、すなわち中国人に比べて日本人は頑張る気持ちが強いからだ、などとする。ある中国人論者などは、考えうる全ての原因（互いに矛盾するものも含む）を列挙する。これはいちばん安全な書き方かもしれないが、実は何も言っていないのと同じである。

キーワードを見ると、中国メディアの報道はどれも「富国」「強軍」「中国の夢」を語り、完全に統一されている。少なからぬ論者は、近代中国の国力の貧弱化が敗戦の主因であったと認め、「富国の夢」、「強軍の夢」の実現を声を揃えて唱えるが、いかにして「富国強軍」を図るか、なぜ「富国強軍」なのか、という具体的な問題はあまり語らない。

日本メディアの「控え目で冷静」な報道

中国メディアの表面的な盛大さと声の多様さとは対照的に、日本のメディアは近年、日清戦争という歴史的重大事件を記念する報道において、一見控えめで冷静である。一〇年前、日本の主流メディアは「日露戦争一〇〇年」を大々的に記念したが、「日清戦争一二〇年」では、これに関する文章は少ない。中国メディアが日清戦争の教訓を銘記するよう民衆に訴えていたのに比べ、日本では主流メディアから大衆メディアまでこの戦争を忘れてしまったかのようである。しかし、日本近代史において「国民国家を形作った」とその意義を礼賛される日清戦争は、一九〇四年の日露戦争と同様に、日本の「国民国家」と「軍国主義」の基盤をつくった出来事であり、日本の政府とメディアがこの重要な記念日を忘れるはずがない。

その最も明白な例がある。二〇一〇年に尖閣諸島（中国名：釣魚島）海域で「中国漁船衝突事件」が起きた際、日本政府は国内法に基づいて中国漁船を押収し、船長と漁民を捕らえたが（漁民はのちに釈放）、中国政府の強い抗議を受け、米国政府の承諾も得られず、船長を釈放せざるを得なかった。当時与党であった民主党の若手有志議員はこれを「恥辱」と受け止めた。彼らは「日清戦争後の三国干渉に匹敵する国難で、日本国民として痛恨の極み」と言い、「国益の旗を堂々と掲げ」、「戦略的外交へ舵を切れ」と菅直人首相に連名で「建白書」を渡した。(2)「三国干渉」というのは、日清戦争の講和条約である「下関条約」（中国では「馬関条約」という）の調印直後にロシア、ドイツ、フランス三国の干渉を受け、同条約で日本に割譲された遼東半島の返還を余儀なくされたことを指す。もちろん三国の干渉は清朝に助勢したのではなく、日本が遼東半島を独り占めすることが不満だったからである。戦勝で得た領土をむざむざ返還することに、メディアに煽られた日本国民は怒り、抗議の嵐が日本全国に吹き荒れた。

日本の知識人と新聞がこの抗議の嵐に大きい役割を果たした。日清戦争を積極的に鼓吹した『国民新聞』発行人の徳富蘇峰（一八六三〜一九五七）はこのニュースを聞いて「涙さえも出ない程口惜しく覚えた」と当時の心情を述べている。(3)この著名ジャーナリストは、戦いで獲得した土地を返すなど容認できなかった。蘇峰はこの戦争報道の陣頭に立ち、戦地に記者を派遣、自らも論評の筆をとり、「義戦」の旗振り役となった。日本では、メディアと戦争は緊密に連携し、互いに連動する。日本の新聞学研究者の多くは、日本のメディアと戦争の間に緊密な連動関係があることを認識し、日本の新聞は戦争とともに成長し、戦争とともに販売部数が増えたと指摘している。(4)当時、大きい影響力をもっていた言論新聞『日本』は三宅雪嶺（一八六〇〜一九四五）の「臥薪嘗胆」と題するコラムを掲載し、遼東半島の奪還に期待を表明した。このように、当時の日本メディアは侵略有功無罪の歴史観を拡散し、この戦争を支持した。

日本の大衆や知識人はかつての侵略戦争に必ずしも賛成はしていないが、戦後に徹底した反省がなされていないため、与党・民主党の有志議員は「船長釈放」を「三国干渉」による遼東半島の返還になぞらえたのであり、驚くことに、これに対して日本の学界や新聞界には反対あるいは批判の声はほとんどなかった。

2 日本メディアの日清戦争記念報道に隠された歴史観

日本のマスメディアの世論誘導

日本のマスメディアの声は相対的に多様で、あるテーマでは激しく論争することがあり、『朝日新聞』と『産経新聞』などは毎日のように批判し合っているようにみえるが、両立できないほど各紙の立場と観点が真っ向から対立しているかといえば、必ずしもそうではない。一部の中国語メディアには『朝日新聞』を「左派」とし、右派の『産経新聞』と対立させて論じるものがあるが、これは大きな誤りである。詳しく分析すれば、とくに日本の「国益」に関わる場合、細かい問題で主張が若干異なっていても、『朝日新聞』と『産経新聞』の立場は基本的に大差はない。

従軍慰安婦問題の記事を取り消した『朝日新聞』の木村伊量社長（当時）は「誤った記事を掲載し、訂正が遅きに失したことを読者におわびする」と謝罪したが、これは『朝日新聞』の「急転回」、「変質」というより、日本の「画一的」な世論誘導の口裏合わせが新たな段階に入ったとみるべきであろう。

日本の世論誘導は非常に巧妙である。日本のメディアは表面上は賑やかであっても、その意見はかなり一致しており、とりわけ「国益」に関わる問題ではそうである。この点で大きい役割を果たしているのが「記者クラブ」制度であり、これを通じて日本政府とメディアは緊密に連携し、世論を誘導する。日本のニュース報道には三つの特徴がある。すなわち「画一的」、「集中豪雨的」、「センセーショナル」である。「画一的」というのは、重大事件に対する報道で足並を揃えることを指し、とくに対外問題において顕著である。「集中豪雨的」というのは、重大事件が起きるたびに、「高級紙」を自任する『朝日新聞』、『読売新聞』、『日本経済新聞』などでも、「大衆紙」のスポーツ新聞であっても、日本のメディアは土砂降り式あるいは暴風雨式のやり方で集中的に報道し、同じ話題で埋め尽くす。「センセーショナル」というのは、日本には厳格な意味での「高級紙」は存在せず、読者に迎合し読者を煽る報道のやり方が主流メディアにしばしば見られることだ。これは日本のテレビで顕著で、特定のニュースや映像を繰り返し放送する。(5) たとえば二〇〇八年一月の「中国毒餃子事件」では、各メディアは同じ内容を同じように繰り返し報道し、誰も中国の餃子には手を出そうとしなくなった。(6)

日本の主流メディアは近年、日清戦争についてほとんど論評せず、表面的には非常に静かである。しかし、しっかりと分析すれば、靖国参拝や教科書改訂、あるいは領土紛争、改憲派兵などの敏感な問題において「日清戦争」、「下関条約」の影が見えてくる。日本社会では、日清戦争は侵略ではなく、間違っていなかった、との見方が一般的である。今日に至るまで、日清戦争は多くの日本人にとって「正義の戦い」なのである。これは日清戦争に対する日本のメディアの基調でもある。より適切に言えば、「戦後レジームからの脱却」を目指す安倍晋三政権にとって、「下関条約」をどう見るか、大日本帝国が起こした日清戦争をどう「正当化」「合理化」するかは、現実的な政治的意味がある。現下の日本メディアは日清戦争に無関心のように見えるが、これは表面的な現象であり、日本のリベラルな人々がよく言うような「殴った人は忘れやすいが、殴られた人は忘れない」というような簡単な話ではない。日本のメディアが日清戦争に沈黙する背後には歴史観の問題が潜んでおり、それは歴史をどう見るか、歴史をどう解釈するかということだ。

「義戦論」と「近代化文明論」

日本の少なからぬ人々はなぜ日清戦争と「下関条約」に対して「侵略」と「略奪」の恥や罪悪感がないのか。その原因は、日本が戦後この戦争を徹底的に反省していないからであり、「近代化を果たした文明国」が「未開の野蛮国」に勝利したのは合理性と正当性があるという論理が背後にある。

第二次世界大戦の前、日本政府によって大和民族の正統的歴史観として広められたのが「皇国史観」で、その核心思想は大和民族の神格化であり、日本は天皇を中心に頂く「神の国」であるとし、天皇に対する忠誠心が歴史的人物と歴史的事件を評価する唯一の基準とされた。また、明治維新を経て、日本はすでに文明化の階段を上り始めたアジア唯一の「文明国」であると自任し、中国は立ち後れた、「近代化していない」「野蛮な国」であるとみなし、「皇国史観」の擁護者らは日清戦争を「開化した国」（日本）と「因循陋習の国」（清国）との間の戦争であるとし、「文明国」が「野蛮な国」を攻め、「野蛮な国」から領土を獲得し、「野蛮な国」の資源を自分のものとするのは理にかなったことであると考えた。実際、日本政府はこれを開戦の名目、すなわち「大義名分」にした。第二次世界大戦でアジアを侵略した日本が「アジア解放」のための「大東亜共栄圏」という「大義名分」を掲げたこととよく似ている。

こうした思考方法は明らかに西洋の弱肉強食の法則を日本が学んだ結果である。西洋の帝国主義国は「有色人種解放の神聖な使命」を名目に植民主義政策を推進し、キリスト教宣教師がその先兵となった。中国新聞史における著名なドイツ人宣教師ギュツラフ（Karl Friedrich August Gutzlaf あるいは Charles Gutzlaff。中国名は郭実猟。一八〇三～五一）は宗教月刊紙『東西洋考毎月統記伝』（一八三三～三五年、一八三七～三八年）を広州で創刊し、アヘン戦争時の『中英南京条約』の中国語文を作成しているが(7)、この人物とその活動をどのように評価するかは、研究者の基本的歴史観に関わることである。西洋の宣教師が当時、中国に来て中国語新聞を発行したのは、福音を広めるためだけではなく、いわゆる異文化交流などではありえず、明らかな文化侵略であった。

司馬史観と竹内好の「大東亜戦争」礼賛の後遺症

日本が日清戦争を反省しないのは、「皇国史観」や「義戦史観」に繋がる歴史認識が関わっており、さらに第二次世界大戦後に日本の学界とメディアがこの歴史を徹底的に反省し総括していないこととも密接な関係がある。一九四五年八月一五日に日本は無条件降伏し、五〇年代、六〇年代は日本社会が自信を失っていた時代であり、悲観的な空気が支配し、多くのリベラルな日本人が日本によって引き起こされた戦争を反省し、少なからぬ日本人はアジア人の前で頭を上げられないと感じ、日本人を否定的に捉え、日本を捨てて海外に移住することを考える人さえいた。反戦、厭戦、恐戦の空気が充満するなか、「皇国」の前途を悲観した三島由紀夫は一九七〇年、自刃して「国に殉じた」。しかし一九八〇年代以降、とりわけ九〇年代になると、日本の政治思潮が総保守化し、戦争反省者は「負け組」となった。

日清戦争の「合理化」に大きい影響を与えたのは「国民作家」司馬遼太郎（一九二三～九六）である。中国人が司馬遼太郎のことをよく知る最大の理由は、おそらく台湾の李登輝元総統との対談で「台湾人」のアイデンティティを誘発したためであろうが、アジアの視点から考えれば、司馬が問題なのは日本人の戦争史観を混乱させたことである。司馬の長編歴史小説は明治時代を礼賛し、日本人を励ました。司馬の歴史小説には強い世論誘導の作用があり、読者は日清戦争と日露戦争に罪悪感ではなく誇りを覚える。司馬は「明治史」と「昭和史」を完全に分け、明治史を「明るい時代」、昭和史を「暗い時代」とし、日清戦争と日露戦争は「公平な戦争」で、戦わざるをえなかった「祖国防衛戦」であり、日露戦争後に日本は変質したとする。[8] 司馬の歴史小説は侵略戦争を美化し、明治期の侵略史を否定するものである。

「国民作家」司馬遼太郎は「歴史小説」で日清戦争と日露戦争を「漂白」したが、さらに注目すべきは、「中国通」の竹内好（一九一〇〜七七）が太平洋戦争の複雑な性格を利用して、この戦争が侵略戦争であったことを否定したことである。竹内は日本のアジア主義の解説者、研究者であり、五〇年代から六〇年代に日米安保条約に反対し、「開明派」「自由派」の知識人として知られた。一九四一年一二月八日、竹内は『大東亜戦争と吾等の決意（宣言）』を発表し、「大東亜戦争」を公然と支持した。[9] これについて竹内は一貫して誤りを認めていない。戦後、日本の戦争責任を総括する際、竹内は日本の対中侵略と対東南アジア侵略を区別し、前者は侵略戦争だが、後者は帝国主義国の植民地争奪戦であり、性格が違うと主張した。太平洋戦争の侵略性を否定するこうした思考は、日本の政治家の侵略戦争否定にもう一つの突破口を提供した。一九九四年一〇月二四日の橋本龍太郎通産相の「東南アジア侵略戦争微妙論」は、こうした思考と論理の結晶であった。

中国に対しては「侵略行為」、朝鮮に対しては「植民地支配」と認めるが、東南アジアに対しては侵略であったかどうか「微妙」だと橋本は語ったが、それは当時の東南アジアは欧米の植民地であり、日本が戦ったのは米、英、蘭など帝国主義国であったからだとする。橋本のこの談話は内外世論の反発を招いたが、時の首相、村山富市が擁護し、「失言」騒動は間もなく収まった。橋本は侵略戦争を否定して辞任しなかった戦後初の大臣である。注目すべきは、中韓はこの「失言」にすぐに反応したが、日本側の対応が奏功して我関せずの姿勢に転じた。[10] 日本の分断策は成功し、アジア諸国は日本のアジア侵略史の問題に一致して声を上げなかった。中韓は日本に反論するチャンスを逸し、東南アジア諸国民の信頼も失った。

3　「明治維新」をどのように見、「日清戦争」の教訓をどう汲み取るか

「近代化万能論」の落し穴

「近代化」が国の行為の正当性を測る重要な尺度であり、国に前途があるか、尊重に値するかを測る重要な基準だ、というのが日本人の「義戦論」を支える最も強い思想的武器の一つである。「近代化した国は尊敬に値し、未開化の国は否定されるべき……」、日本の一部の政治家とメディアはこのような台詞で国民を誘導し、「日本は文明国だ」、「大和民族は優れている」、大和民族が優れているなら、優れた民族が劣った民族を殺戮すること、文明国が野蛮な国を侵略することは正当なことで、日清戦争は当然正しい戦争であった、と信じさせようとする。このような「唯近代化論」が現在の日本に深刻な影響を及ぼしている。

中国の知識人の中にも「近代化への執着」が存在する。近代化が全てであると中国で最も強く主張した人物が中華民国の外交官で歴史学者の蔣廷黻（一八九五～一九六五）である。一九三八年、蔣の代表的著作『中国近代史』が出版され、その後何度も再版されて中国の知識界に大きい影響を与えた。蔣は「中国近代史」は「中国近代化の歴史」であるとし、中国は近代化できるのか、いかにして近代化するのか、が同書の大要である。「中国は近代化できるのか」、「日本にできて、なぜ中国にできないのか」、「日中関係が進展するかどうかは中国の近代化に資するかどうかによる。近代化すればよく、近代化しないことにはどうしようもない」。これは今日、中国の一部知識人が日中関係を論じる際の決まり文句になっている。

中国メディアの日清戦争記念の主流は日本軍国主義への警戒であり、後れをとれば殴られると強調する。しかし、一部の論者は「近代化」とナショナリズムを対立させ、彼らが邪魔物とみなす「ナショナリズム」に矛先を向け、

中国の第三次近代化の妨げになるかもしれないとこれを非難する。このような考えは表面的には「客観的」で「冷静」にみえても、しっかりと分析すれば、日本人が崇拝する「近代化万能論」「近代化が全て論」の落とし穴にはまってしまう危険性がある。近現代史をひも解くと、ナショナリズムという語には否定的な意味はなく、中国でも東南アジアでも、帝国主義と植民地主義の侵略と抑圧に抵抗し、独立を勝ち取り主権を回復する過程で、ナショナリズムは肯定的な正義の役割を果たした。もちろん、ナショナリズムが一線を越え、排外主義や国粋主義になることには反対すべきである。国粋主義をナショナリズムと同等にみることは概念のすり替えである。

明治維新百年記念の論争とその焦点

以上に鑑み、明治維新の「富国強兵」をどうみるか、つまり日本の「近代化」をどうみるかということは、日清戦争を論じる際に避けては通れない問題である。明治維新百周年の一九六八年、明治維新をどのように記念するかについて日本の知識界とマスメディアで肯定派と否定派が論争を展開した。日本の近代化は歴史の潮流に沿ったもので、明治維新の「富国強兵」はアジアの模範になったとの肯定的見解が主流であった。一九六一年から一九六六年まで米国の駐日大使で、日本史の専門家でもあったライシャワー（一九一〇〜九〇）はこの見解を支持した。

明治維新に批判的な人々は、日本が戦争に突き進む起点が明治維新であり、その帰結が「大東亜聖戦」と日本の無条件降伏であるとし、また明治維新にはプラスの面もあるが、そのマイナス面を軽視すべきではないと主張した。これは大多数の反省派の共通認識である。残念ながら、中国は当時、文化大革命のさなかにあり、この論争はまったく伝わらなかった。日米安保条約に反対していた竹内好は「明治維新一〇〇年記念」の検討を提案した最初の一人であり、少なからぬ知識人から批判された。竹内はある著名学者の談話を持ち出し、ソ連の歴史学者は日本のマルクス主義者よりも明治維新を高く評価していると弁明した。[11] さらに竹内は、自分が接した中国の研究者の中には明治維新を肯定的に捉えている者もいると言い、自身の「明治維新肯定説」を正当化した。[12] 実際のところ、ソ連と中国の研究者が明治維新の本質と真相をどのくらい理解しているか、竹内は分かるはずだが、外国の研究者に責任を転嫁するのは明らかに不公平である。

どう日本に学び、どう「是非論」と「強弱論」に対応するか

一九七〇年代末、エズラ・ヴォーゲルの著書『ジャパン・アズ・ナンバーワン』の影響下、シンガポールで「日本に学べ」、マレーシアで「ルック・イースト（東に学べ）」のスローガンがそれぞれ提起された。ここで指摘すべきは、日本に学ぶべきではあるが、その肯定的な面を学び、否定的なものは反面教師とし、両者をともに重視すべきだということである。日本の近代化路線、とりわけ武力を前面に押し出した「富国強兵」策を全面肯定すれば、正義と不正義を弁別できない矛盾に容易に陥ってしまう。すなわち、日本の不正義を批判しながら、その成功を羨むというのは不思議なことである。

「平和的勃興」を遂げている中国が日清戦争一二〇年を記念するにあたって、富国と強軍を語ること自体には問題がないが、中国の「富国強軍」と明治維新期の「富国強兵」にはどのような本質的違いがあるのか、中国の政府も民間も明確かつ具体的な説明がまだ足りないようだ。いま中国の一部若手知識人が国際関係を論じるとき、「是非論」を「強弱論」に替え、無神経に「東南アジアをどう経営するか」などとメディアで語る者もいるが、「経営」は植民地支配者が他国を支配することを意味する言葉であり、かつての日本の「満蒙の経営」というように侵略を合理化するものであることが分かっていない。「中国脅威論」がなぜ一部の東南アジアの人々に受け入れられる余地があるのか、考えてみる必要がある。これはすべて欧米や日本のメディアの宣伝の結果というわけではなく、中国の一部のメディアと知識人にも反省すべき点がある。勃興中の中国は日清戦争を記念するにあたり、なぜ「富国

強軍」するのか、誰のために「富国強軍」するのかの説明と行動に政策と理念の重点を置く必要があるのではないか。

注

（1）この特徴がよく表れているのは二〇一四年三月三日から四月一一日まで『参考消息』に連載された新華社解放軍支社と参考消息社による特集企画記事「軍事名家の甲午殤思」だろう。この連載はのちに張鉄柱・劉声東編集『甲午殤思』（上海遠東出版社、二〇一四年）に収録された。また『参考消息』に二〇一四年六月二三日から八月一五日まで連載され、のちに張鉄柱・劉声東編集『甲午鏡鑑』（上海遠東出版社、二〇一四年）に収録された「学術名家の甲午鏡鑑」にもこの傾向がある。

（2）卓南生「日中相互報道の難点と落し穴――北京五輪（二〇〇八年）と漁船衝突事件（二〇一〇年）の報道を中心として」李相哲編『日中韓の戦後メディア史』藤原書店、二〇一二年、一六一～一八三頁を参照。

（3）徳富蘇峰は『蘇峰自伝』（日本図書センター）で「この遼東還付が、予のほとんど一生における運命を支配したといっても差支えあるまい」と記し、「実に涙さえもない程口惜しく覚えた」と憤慨している。これは蘇峰一人にとどまらず、「当時の日本人に広く共有された気分だった」。佐谷真木人『日清戦争――「国民」の誕生』講談社現代新書、二〇〇九年、二二一～二二五頁を参照。

（4）徳富蘇峰の『国民新聞』について有山輝雄は「日清戦争は大きな転機であった」と指摘。その特徴は二つあり、その一は「その言論報道活動が国家と一体化したものとなったこと」、その二は「戦争報道が経営規模の拡大をもたらしたことである」。詳細は有山輝雄『徳富蘇峰と国民新聞』第二章、第一節「日清戦争と新聞」（七七～八三頁）を参照。

（5）卓南生『日本のアジア報道とアジア論』日本評論社、二〇〇三年、二一～二二頁。

（6）卓南生『日本のアジア報道とアジア外交』世界知識出版社、二〇〇八年、二一～二三頁。

（7）『東西洋考毎月統記伝』とその編者ギュツラフの詳細と評価に関しては卓南生『中国近代新聞成立史　1815-1874』ぺりかん社、一九九〇年、第四章を参照。

（8）司馬史観に関する批判は、詳しくは中村政則『近代史をどう見るか――司馬史観を問う』、岩波ブックレットNo・四二七、一九九七年、および中塚明『司馬遼太郎の歴史観――その「朝鮮観」と「明治栄光論」を問う』高文研、二〇〇九年を参照。
（9）竹内好氏が中国文学研究会編『中国文学』第八十号、昭和十七年一月号の巻頭に書いたもの。原文は無署名論文。
（10）卓南生「橋本龍太郎敲響警鐘」『卓南生日本時論文集』（全三冊）の『日本社会』世界知識出版社、二〇〇六年、四六三～四六九頁。
（11）竹内好「感想と提案」『思想の科学』第三五号、一九六一年一一月、五七頁。
（12）同上。

［付記］本章は「厦門大学新聞学茶座」での講演記録「甲午年に甲午戦争を記念する意味と落し穴）」に手を加えたものである。

第8章　中国におけるソーシャルメディアと主流メディア
――「二つの世論の場」をめぐって――

王　昕

デジタル通信技術の発展に伴い、中国ではソーシャルメディアと主流メディアとの競争がますます激しくなり、二つの世論の場を形成しつつある。本章では、「二つの世論の場」の出現と発展を軸に、異なる時期に起きた社会的事件を組み合わせて、中国ソーシャルメディアと主流メディアの、それぞれの分野で補っている役割と問題点を分析し、これに基づいて、将来における伝統メディアと新メディアとのさらなる融合に関するプロモーションを提案する。

1　伝統メディアから新メディアへ

前世紀末から、デジタル技術の普及によって中国のメディア業界は、伝統メディアから新メディアへの拡張を経験した。メディア革命をめぐって、これまで中国の学術界には様々な議論が交わされてきた。たとえば、デジタル技術の普及はメディア形態に多様な変化をもたらした。今までの「四大メディア」(1)から急速にネットメディアやモバイルメディア、デジタルテレビなど、多種のメディアが混在する多様化へと発展した。これらは、メディアの正確かつ効果的フィードバックを重視する双方向の伝播方式に注意を払うようにパターンを変えた。最も特徴的なのは、メディアコンテンツの制作とそれを伝える権利が徐々に重要性を失い、主流メディアとソーシャルメディアの「二つの世論の場」の発生と分離・融合が進んでいることだ。

ソーシャルメディアの概念

中国において「ソーシャルメディア」は、新メディアの発展に伴って発生した新しい概念である。学術的観点から言えば、この概念は厳格な学術分類標準に符合しない。なぜなら、これは一つの機能レベルで行われるメディア分類であり、本質的には多種形態のメディアコレクションだからである。言い換えれば、人々は社交的性質を持つメディアをソーシャルメディアと呼ぶ。新メディアの社交性は二つの側面からくる。

その一つは、オンライン情報の即座のフィードバックである。伝統メディアの環境の下では、ラジオ、テレビ、新聞などのメディアフィードバックは弱く、長い時間を要する「読者からの手紙」や、メディア各社が開設する「ホットライン」電話に頼って、コンテンツに対する大衆の考えや意見を収集したため、これらの情報がテレビ局や新聞社のある部門に渡されることはあっても、その意見や反応が直接公衆の前に現れることは難しかった。ただ散発的に、ゲートキーパーのスクリーニングを介してフィードバックされた意見のみが、公衆に見られる可能性があった。したがって、いわゆる「民間世論場」はまったく存在しなかった。

その二つは、中国国民の個人の伝達能力と情報伝達熱の高まりである。メディアの端末機能がますます豊富になり、携帯電話にしろ、コンピュータにしろ、常に便利な携帯性を持っている上、絶え間なく機能も良くなっている。二〇一四年六月末まで、中国のスマートフォンのインターネット利用者の規模は四・八億人に達し、二〇一三年二月に比べて一・五億人も増加した。(2) これは中国には現在約五億台のビデオカメラが存在し、取材設備が存在することを意味する。このような手段を手にした大衆は効率よく手っ取り早く、自主的に情報を取材、編集して、アップロードし、不特定多数の人々とそれを分かち合うことができることを意味する。民衆が自発的に情報を制作して分かち合うことができるようになった。突発的な事件に出会うと、携帯電話を取り出して撮影し、アップロードするのはすでに多くの人々の生活習慣になっている。本来は記者の専門の職責に属していたものが、すでにいつの間にか現代人の「基本スペック能力」のようなものになり、本来は茶の間に隠されていた話の内容が短い時間に拡散し、世論を形成し、そして異なる方向に沿って発酵する。そこから「民間世論の場」の概念が生まれた。

「民間世論の場」と「二つの世論の場」

「民間世論の場」という概念はとっくに存在していた。つまり、最近ようやく中国に現れたのでは決してない。新メディアの発展により、これまではバラバラの状態にあった概念が集まり、「民間世論」という場を形成したとも言える。各種の民間からの情報や態度、意識が急速に集まり、絶えずぶつかりあい、互いに影響しあい、最終的に集成された情報の大きな流れが、民間世論の場となり、社会的に影響力を発揮するようになったのである。そこで、現在中国にソーシャルメディアと主流メディアとの関係に関する多くの研究をもたらしたのである。

一九九八年、新華社の元編集長であった南振中は中国に「二つの世論の場」が存在すると述べたことがある。一つは、党機関紙、国家テレビ局、国営通信社などの「主流メディアの世論の場」であり、これらのメディアは忠実に党と政府の方針と政策を宣伝し、社会主義の核心的な価値観を宣伝する。もう一つは、口コミ、とくにインターネットによる「民間世論の場」である。人々はミニブログ、BBS、QQ、Bloggerで時事を議論したり、社会を批判したり、政府の公共管理を品評したりする。この観点の理論上における貢献は、現代的情報伝達構造におけるインターネットの地位に着目、インターネットの「思想文化情報の集散地としての、社会の世論の増幅器としての」時代的機能を明らかにしたことにある。

「二つの世論の場」概念の提出は、主流メディアとソーシャルメディア間に存在する差異についても指摘する。主流メディアによって形成される世論の場は、伝統マスメディアから構成されたもので、伝えるのは主流文化である。中国において伝統メディアを運営する目的は、社会民衆の共通の需要を満足させることにあり、上から下に情報を伝達することである。しかし、新メディアにより形成された「民間世論の場」は、過去に「口コミで伝えられた」世論モデルがインターネットで効果を上げたものである。ここからフォーラムコミュニティ、ブログ、アプリなど、社会化したメディアのプラットフォームに載った民衆の意見の集散地が誕生したのである。情報を伝えるという側面から見れば、一種の分散から集合に至る情報サービスパターンとも言える。

ソーシャルメディアとモバイル・ネットワークの発展は、鮮明な発展段階を持っている。二〇一〇年以前は、スマートフォンの端末普及率は割と低く、ネット上の情報伝達速度も遅く、人々のインターネットを通じて情報をアップロードして分かち合う能力と願望は、まだ限定的であった。当時の民間世論の場は、主にPCインターネットのプラットフォームのコミュニティ、Bloggerなどのプラットフォームに分散していて、影響力は比較的限られていた。しかし、モバイル・ネット通信とスマートフォンの普及により、メディアの移動性と即報性が上昇し、民間世論の場の影響力に注目が集まった。二〇一一年、中国で起きた「塩騒ぎ」（抢盐风波）の事件は、初めて民間世論の場の巨大な効果をはっきりと示したと言えよう。

二〇一一年三月一一日、日本の東日本大震災によって放射能漏れが発生した。五日後、「海水汚染が食塩に影響を与えた」という噂が、携帯電話やネットなど新メディアを通じて中国全域に急速に拡散し、わずか一日で、中国全土で塩を奪い合う騒動が起きた。この緊急な情勢の下、民間世論の場の情報は暴走状態におちいった。人騒がせの言論と理性を失った情報が拡散し、多くの地方で塩の品切れ現象が起こり、塩を争って買う騒動が起きた。社会的恐慌を引き起こす一触即発の事態に発展したのである。これは中国の国民が初めてソーシャルメディア、とりわけ「民間世論の場」の巨大な威力と感染力を肌で感じた事件であった。

主流メディアの「世論の場」への介入

このような情況に直面して、主流メディアは劣勢を挽回するため、民間世論の場に介入した。中央テレビ局を例に挙げてみよう。三月一八日午後から始まった、「ニュースの生放送室」、「ニュース」、「ニュース1＋1」など多くの番組が国家権威部門のデマを打ち消す声明を発表した。日本の地震が中国の海塩生産に対して影響を及ぼすことはないと民衆に向けて詳しく説明し、社会に向けて中国の食塩の備蓄総量には余裕があり、供給不足が生じることはないと公布した。大量の事実とデータを通じて、わずか一日で市場を安定させたので、翌日、多くの地方では塩を返品する列が現れた。

この事例から分かるように、中国で二つの世論の場は決して矛盾しておらず、互いに補充し合い、互いに協力しあうことを通じて、初めて一つの完全な社会世論の場を構成している。もしバランスを失ったまま発展し、互いに対立すれば、様々な社会問題を引き起こすだろう。具体的に言えば、民間世論の場において、インターネットを代表とする新メディアは双方向の通路を通じて、あらゆる人間からあらゆる人間へと情報を伝え、送り手と受け手の位置づけが、永久に変わらないことなどなく、任意に切替ることができる。これで伝統メディアのプラットフォームで世論を誘導する、ゲートキーパーのスクリーニング効果を弱めたのである。

このような、分散した人々が再び集まる時に発生する効果が、日常生活の中である一つの具体的な問題に影響を及ぼす時、この問題は恐らく絶えず大きくなり、迅速に制御することができなくなり、予想を超えて世論に影響力を及ぼすだろう。中にはどうしても盲目的な人々が故意にデマを飛ばして大衆を煽動したり、低俗な内容を拡散させたりして、新しい社会の問題を引き起こすだろう。この場合、主流メディアの世論の場への介入と誘導が必要であり、同時に新しい法律法規と制約を必要とする。

2　メディアの融合と新たな社会世論の場

二〇一四年、中国は国家レベルでメディアの融合戦略を打ち出した。習近平主席はメディア融合で何を重点に置くかについて言及する際、「思想の宣伝活動は人間を作る仕事だ」、そのため「人間がいるところに重点を置く」と述べた。中国においてはインターネットに代表される「民間世論の場」がユーザーの規模も大きく、引き寄せる力も強く、伝達内容が最も複雑な人々が多く集まる重要な場となっている。それゆえに、ソーシャルメディアの伝統メディアに対する衝撃や伝統的主流メディアが抱えている固有の問題を解決するのが、中国メディアの融合戦略における最も重要な課題である。

このような状況の下で、中国の主流メディアはこぞって「二つの世論の場」に目を向けている。これらメディアの主な戦略は二つある。その一つは、いかに主流メディア世論の場と民間世論の場を融合させるか、その二つは、いかに民間世論の場の中で周縁化された主流メディアの厄介な立場と弱い影響力を変えるか、である。これは政府が望む発展の方向であり、またすべての主流メディアの未来発展空間に関連する時代的テーマである。中国では現在主流メディアは「両微一端《リャンウェイイートゥアン》」(3)を主体とする新メディアの拡大と、自身のインターネット言語体系への適応とモデルチェンジを通じて、次第に伝統メディアから新メディアへ切替えようとしている。

メディアの機能と社会的価値

しかし、先に例として挙げた「塩騒ぎ」からも分かるように、メディアの機能と社会的価値を判断する試金石は突発事件が起きた時のメディアのあり方である。二〇一五年八月一二日深夜一一時頃、天津市塘沽開発区で大型爆発事故が発生した。現場では火柱が天に昇り、一〇キロ先にも震動が伝わり、頭を上げるときのこ雲が見えた。この突発的な事件に直面して、各々異なるタイプのメディアは、再びそれぞれの反応を見せた。当然ながら報道内容、社会的影響力などの面でも比較的大きな差異を見せた。この事件を通して、私たちは二つの世論の場の理論について考え直した。

まず、報道効率の側面から言えば、インターネットを主体とする民間世論の場が再度「ファースト・タイム」というスピード優勢を見せた。爆発が発生して数十分の後、ミニブログのプラットフォームにいち早く写真と関連ニュースがアップされた。ニュースはネットブロガーが暴露したものであった。爆発の元が明らかでなかったため多くの憶測や推測がとびかった。ガソリンスタンドが爆発したと思う人がいれば、コンテナが爆発したと思う人もいた。一三日の午前二時になって、『天津消防』という政府のブログが事故の具体的な情況を発表した。その後『平安天津』『浜海発布』など政府のブログが次々とネット上でニュースを転載し、事故報告を行った。同時に、事故の死傷情況と最新の進展状況に関しては、インターネット上で多数のブログアカウントが接続的にニュースを更新した。中国伝媒大学の『媒介』雑誌のまとめによれば、これら報道で言及した内容には、死傷人数や救援情況、現場の火勢および献血の場所などが含まれていた。扱った情報は非常に全面的で、実用的であり、短い時間内に参加を呼びかけ、ニュースを転載する局面が作られ、周辺地区の民衆に対し、タイムリーに災難の情況を理解させた。すなわち、新メディアは積極的に被災者救済に協力するとともに、自らを救うための、確実で有効な、大きな役割を果たした。その上、突発事件が発生したときの携帯電話など新メディアの接近性と即時性の、巨大な価値が実証されたのである。

次に、今回の災難報道の中で、伝統メディア報道には二つの特徴があった。一つ目は、メディア価値の差異が日に日にはっきり表れていることである。報道効率の面からみれば、新聞は新メディアというツールを借りて、タイムリーに追跡報道ができ、報道の新鮮さを保つことができた。ブログ上での主流メディアの影響力を発揮し、内容の面で権威を見せつけ、主流メディアの民間世論の場における影響力を証明した。たとえば、『天津日報』のブログは、八月一三日夜明け方零時九分に、真っ先にネットブロガーが提供する写真を引用して、塘沽一帯で爆発事件が突発したニュースを伝えた。突発的事件まっただ中に最も早く情報をまとめ、伝えることができた。

これと対照的なのは、テレビメディアの報道が比較的に遅かったことである。事故発生直後の夜間に報道がなかっただけでなく、翌日になっても迅速に対応できなかった。甚だしきはあくる日、天津地区のテレビ番組は時間編成を変えず特別ニュースとして爆発事件を報じることはなかった。このような停滞性は主流メディアの、大型事件の報道の中で一貫して存在する問題でもあった。大型事故が発生した場合に伝統メディアは、誤った情報が広がり、社会的恐慌を招くとして、ニュースを大胆に扱うことはしない。しかし、今では伝達手段が日に増して多元化し、情報環境が絶えず透明化している。この事故で、民間世論の場の賑やかさと主流メディア世論場の静まりは、鮮明な対比を成した。主流メディアが突発的事件の起きたとき現場を保ちニュースを伝えなかった場合、民間世論の場では迅速に不満がたまりかねない。一三日、インターネット上では次々と事故に言及する書き込みがアップされた。天津はニュースのない都市だと語り、突発災難について何もしないテレビメディアに対し不満をぶつけていた。このような書き込みは、実は主流メディア世論の場の情報欠乏がもたらしたものである。このような主流メディアの報道のあり方は国民の主流メディア世論の場に対する国民の信用度と関心度を損なうものであった。このままでいけば、主流メディアの民間世論の場における影響力は間違いなく弱まるだろう。

二つ目は、私たちの観察によれば、『人民日報』を代表とされる新聞メディアの、今回の事件中での振る舞いは肯定に値する。つまり、新聞の報道では主に三つの特徴があった。まず、タイムリーな報道で花を咲かせた。政府のブログを引用して持続的に情報を発表し、事故の情況や死傷人数などのデータについて知らせた。主流メディアの権威的な身分もあって、ブログでは広範に注意を引き起こした。次に、メディアの相互作用を重視した。内容の角度から言えば、『人民日報』の政府ブログは事故の情況を報道しただけでなく、また事故付近の民衆の生命の安全にも気をくばった。突発の爆発事故の中でいかに自らを保護するかという情報を流した。これらの「地に足のついた」内容は、伝統的新聞にしては考えられないものであった。これはインターネット思考に複合していて、また民間世論の場の伝達方法と通じるものがあり、効果があったと言うべきである。最後に、インターネットのプラットフォームを基にした新メディアの開拓と取材に裏付けされた報道が初めて効果を得た。『人民日報』海外版のブログ《侠客島《シャーコタオ》》は、一三日、迅速に「天津の爆発事件に関わった企業は、一体どうしたわけか?」という事故について掘り下げた文章を発表して、爆発した倉庫と住宅区間の建物安全距離について、関連会社瑞海国際の背景や、事故を起こした可能性のある管理の手抜き問題についてスクープを発表し、疑問を投げかけた。指摘が鋭く、観点が明確で、文章の風格がシャープで、実に目を引きつけるところがあり、深く考えさせてくれたのであった。ところが、一四日午後、公式のミニブログでこの文章は削除された。しかし、主流メディアがこのようにタイムリーで、内容のある文章を発布することができたのは、実に祝って喜ぶに値することだと思う。このような質の高い文章であれば、絶対に主流メディア世論の場と民間世論の場の間の境界線は崩れるだろう。このことからは、メディア環境がいかに変化するかとは関係なく、良質の報道内容は、いつも受け手が最も必要とする貴重な資源であるのは不変の真理であることが実証された。伝統メディアに従事する人たちの、束縛された専門能力とニュースに抱く理想は、インターネットのニュースルートを通じて新たに生かされ、発揮されなければならない。この過程で見えてきたのは、伝統メディアが体制を作り直して、二つの世論の場の繋がりに力を入れればきっと融合、前進するだろうということだ。

伝統メディアと新メディアの融合

未来は私達が行く所ではなく、私達が両足で歩き抜いていく所である。中国におけるソーシャルメディアと主流メディアとの関係の研究は、全面的に考え直さなければならない。突発的な事件が起きたとき、それぞれのメディアは一体いかにその役目を果たしたのか、いかなる変化があったのか、いかなる価値のある情報を流したのか、メディアの融合戦略の推進にしろ、あるいは二つの世論の場の繋がりにしろ、また主流メディアの影響力の再建にしろ、これらの大きな発展課題を解決する道は、実は社会の突発的な事件の中で探ることができるのである。

要するに、伝統メディアと新メディアとの融合を推進するのが、二つの世論の場を繋ぐ最も重要な道である。中国政府がメディア融合に関する主要な取り組みと具体的な政策を全面的に実行するに従って、二つの世論の場の融合の過程も促進され、加速するだろう。今後、ソーシャルメディアと主流メディアが共同で新たな社会世論の場を作っていく日もそう遠くはないだろう。

（翻訳　篠村理恵）

注

（1）「四大メディア」という言葉は、中国では一九八〇～九〇年代に生まれた。テレビ、ラジオ、印刷および屋外メディアといった四種のメディアのことを指す。

（2）データの出所：中国インターネット情報センター（ＣＮＮＩＣ）：《二〇一三―二〇一四年　中国モバイル・ネットワーク研究報告調査》. http://www.techweb.com.cn/data/2014-08-26/2069006.shtml

（3）「両微」はブログ、公式ラインなどを指し、「一端」は、ＡＰＰが使用するユーザーを指す。

第9章　テレビ報道とネットの一〇年
――日本と中国、取材現場からの考察――

山川友基

1　テレビ報道の使命

私はテレビ報道の現場で二二年間、取材を重ねてきた。六四三四人が犠牲となった阪神・淡路大震災の被災地に始まり、時代を映す鏡となった数々の事件、事故の当事者たちを追い、冤罪を晴らす調査報道にも取り組んだ。激変する朝鮮半島、変貌を遂げるアジア各国の現場にも身を置き、特派員として成長著しい中国に駐在した。北京五輪や上海万国博覧会という国威発揚の国家プロジェクト。歓喜の裏側で、貧富の格差に絶望の涙を流し、民族政策の抑圧に耐える人々の素顔を目の当たりにしてきた。

テレビ報道の使命は、いうまでもなく「映像」で伝えることである。事実の核心に肉迫する映像の力、それは現実をも変えてしまう計り知れない破壊力を持つ。

しかし、デジタル機器の開発や情報通信技術の進化で、映像はもはやテレビだけのものではなくなった。インターネットの技術革新が国際通信衛星を経由することなく海外の映像をいとも簡単に国境を越えさせることを可能にした。一般市民のデジタルカメラやスマートホンが記録した歴史的瞬間が、瞬く間に世界中に拡散しながら国家を翻弄し、国際社会を揺さぶり、時代の行方さえも左右するインパクトをもつようになった。これがこの一〇年でテレビ報道の現場が目の当たりにしている現実である。

為政者たちは新しい時代の利器を味方に取り込もうとする一方で、その存在に強い警戒感を抱くようになっている。

融合する「映像とインターネット」の台頭に大きく揺さぶられている日本と中国の姿を一人のテレビ記者が歩いてきた取材現場からの視点で考察してみたい。

2　尖閣諸島沖漁船衝突事件

この事件は現在の日中関係に対し、映像とインターネットが及ぼした影響を語るうえで避けて通ることは出来ない。また私にとっても忘れられない取材の一つである。まずはこの事件を取材した体験を通じて問題点を論じていきたい。

二〇一〇年一一月八日。私は兵庫県神戸市で「sengoku38」を名乗る海上保安官A氏（当時四三歳）と密かに会う機会を得た。神戸市内のとある喫茶店だった。

「信用できる人間なのか」。互いに探り合うような緊張感の中で我々はテーブルを挟んで一対一で向かい合っていた。まず私が名刺を差し出した後、ほんの数秒間だった。A氏が胸ポケットから出した海上保安官の「身分証明書」に私はとっさに焦点を合わせ、その名前を目に焼き付けた。

「sengoku38」は同年九月七日、沖縄県・尖閣諸島沖で違法操業していた中国漁船「閩晋漁5179」が海上保安庁の巡視船「みずき」と「よなくに」に体当たりした衝突事件で、その決定的瞬間の映像をインターネット上の動画投稿サイトに流出させた人物だ。映像は海上保安庁が記録として撮影していた事件の証拠であったが、民主党の菅直人政権（当時）が中国との関係を考慮し、国民に非公開としていた。

事件後、中国人船長は公務執行妨害罪で逮捕されたものの刑事責任を問われることなく中国に帰国する。政府が映像の公開を拒み続けていることに国民の不満が高まった。私は他社に先駆けてA氏との接触に成功し、二時間に及ぶインタビューを行ったのだった。

A氏は流出の動機について「問題の映像は国民が知るべきものだ」と持論を述べたうえで、映像の入手経路について、海上保安官であれば誰でもアクセス可能な内部のネットワークの中にあったと核心に迫る証言をした。機密性の高い物証として「保秘」の状態だったと主張していた政府見解の信憑性を揺さぶる重要な証言内容だった。

この取材の二日後、A氏は巡視艇「うらなみ」に乗船し瀬戸内海での任務中、上官の船長に対し、映像を流出させた事実を告白した。告白のタイミングを事前に知っていた私は、明石海峡を航行する巡視艇「うらなみ」を自社ヘリコプターで上空から追跡する指示を出し、第五管区海上保安本部（神戸市）に身柄を移されるまでの一部始終の撮影に成功した。読売テレビが放ったスクープ報道により、政府は国民からの厳しい批判を受け、窮地に立たされた。A氏の証言の信用性は、その後の警察当局の捜査で裏付けられた。

A氏は海上保安官の職を自ら辞したが、翌年一月、東京地方検察庁が「国家公務員法の守秘義務違反に相当せず」の最終判断を示し、不起訴処分となった。

一方、中国政府は日本側に対し、衝突映像を公開しないよう圧力をかけ続けていた。それと同時に、海上保安庁が中国人船長を逮捕し、那覇地方検察庁・石垣支部に身柄を移したことに反発し、即時釈放を強硬に求め続けていた。中国が尖閣諸島（中国名・釣魚島および群島）を「固有の領土の一部」と主張しているため、日本の司法権が執行されることに強い警戒感を見せていたからである。

そもそも中国の領有権主張は、一九七〇年一二月、中国国営通信社を通じた発表にさかのぼる。その二年前には尖閣諸島周辺海域に石油埋蔵の可能性が指摘されており、一九七一年二月には、中国に対抗する形で台湾も領有権を主張し始めた。これに対する日本政府は一八九五年（明治二八）に尖閣諸島を領土に編入、終戦後のサンフランシスコ講和条約締結により引き続き沖縄県の施政権下にあるという認識に立っていた。

事件後、中国国内では日本人学校に対する嫌がらせ行為やレアアースの禁輸などに影響が及び、在留邦人の安全面や経済活動にプレッシャーがかかっていた。そして漁船衝突事件の発生から一七日後、那覇地方検察庁が処分保留で中国人船長を釈放する決定を下した。「我が国国民への影響や、今後の日中関係を考慮したもの」と説明した検察当局の異例とも言える判断の裏側には、日本政府の意向があることをにじませる会見であった。

翌日、中国政府のチャーター機で中国・福建省に「凱旋」帰国した船長の姿は、英雄のように国営メディアで大々的に報道され世界に配信された。この間、事件の真相が明らかにされないまま日中ともにインターネット上の掲示板などには膨大な量の書き込みがなされ、双方の過激な言論が事態の複雑化に拍車をかけていった。

こうした中で、衝突事件発生から約二カ月後（一一月四日）、「sengoku38」を名乗る海上保安官（当時現職）A氏が、インターネット上に衝突映像を流出させたのである。そこには海上保安庁の巡視船に体当たりする中国漁船が鮮明に映っており、対応に追われる海上保安官の肉声が現場の緊迫感を伝えていた。事件の核心部分をとらえた映像は計り知れない衝撃をもたらした。インターネットを通じて瞬く間に拡散した映像に、日中双方の政府当局者は翻弄され、世論のコントロールと事態を鎮静化させる対処法を見出せなかった。

A氏の証言を報じた我々のスクープ映像もインターネットを通じて瞬く間に拡散し、混乱する日中関係のうねりの中に飲み込まれていったのである。

3　中国駐在で見た中国の変化とインターネット

二〇〇六年四月、私はNNN上海支局長として着任した。

中国・上海では前年、小泉純一郎首相の靖国神社参拝と歴史教科書問題に対する大規模な抗議デモが発生し、在上海日本総領事館や日本食レストランなどが暴動の標的となり、投石や破壊行為で建物が損傷、複数の店舗が営業停止に追い込まれた。

それでも月に一度の上海総領事によるレクチャーでは、損傷した総領事館の修復交渉（中国側の費用負担で原状回復）の進捗状況が遂次伝えられたり、中国人旅行者の訪日ビザの発給件数の増加ぶりを聞くと、日中両政府が関係改善に動いているという楽観的な空気が感じられた。

その関係改善の機運を後押ししたのは、一年後に迫っていた北京五輪であった。中国政府は「情報通信インフラ」の整備を国策として急ピッチで進め、我々外国メディアはその恩恵を受けて取材対象の幅を飛躍的に広げることが出来た。それに伴い取材手法も加速度的な進化を遂げていったのである。最大の変化はインターネットを使った「生中継と映像素材伝送」である。これまでは外国メディアが生中継をする際、中国国営放送局の国際衛星回線を借用し、ほとんどの場合は決められた場所からリポートするしかなく、映像素材伝送についても国営放送局に取材テープを持参して日本の本社に送るという方法のため、常に「監視の目」を意識せざるを得なかった。

中国共産党批判に繋がるような取材映像は日本まで郵便で送るか、報道の自由が保障されている香港までハンドキャリーで持ち出すほかはなかった。一刻を争うニュース報道にとってこれだけの時間と手間を費やすことは大きなストレスであったが、この状況を外国メディアが克服し始めたのがこの当時である。つまりインターネットを使って映像素材を伝送するというまったく新しい方法の開発である。簡単に言えば、撮影した映像をパソコンに取り込み、インターネットで伝送するというきわめて容易な方法で、これができれば中国国内でいつでもどこからでも生中継さえも可能となる。

課題となっていた映像素材の圧縮技術とインターネットの回線スピードも日進月歩のスピードで向上し、当初わずか一分間の映像を送るために十数時間を費やす状況であったが、現在はまったくストレスなく素材伝送ができるようになり、中国ではすべての外国メディアがこの方法を使っていると考えていい。

さらにインターネットの普及政策は、中国社会にもかつてない変化をもたらした。

私は二〇〇七年のある日の「驚き」を今も鮮明に記憶している。それは中国・農村部で発生した「農民暴動」の様子だとされる映像をインターネット上の動画投稿サイトで発見した時のことである。わずか数秒ほどの粗い画質ではあったが、警戒にあたる武装警察官の隊列が映る緊迫した現場の模様が映し出されていた。当時、中国国内で発生した暴動の様子を目の当たりにすることは困難を極めた。中国共産党の「喉と舌」と呼ばれ、厳格な監視下に置かれている国営メディアで暴動のニュースが報道されることはない。唯一あるとすれば、鎮圧した実績の宣伝と国民への警告を目的にした官製報道が数日後に流されるだけで、現在進行形の映像を見る機会はあり得ないことだった。

それが突然、インターネット上に映像が現れたのだ。一体、誰が撮影した映像だったのか。それは現場にいた住民がカメラ付き携帯電話で撮影し、インターネット上に投稿したものであることが分かってきた。

国策により中国全土で携帯電話やパソコンが急速に普及するのに従って、映像がインターネットを通じて各地から溢れ出すようになった。名前も聞いたことがない辺境の農村部のものもあり、中国人の中に自分で「情報を発信する」という未体験の欲求と好奇心が、急速に芽生え始めていることを感じさせた。我々外国メディアはこの変化をチャンスと捉えた。投稿された映像を手掛かりに、ただちに現地に向かい、これまで遭遇することのなかった中国の厳しい現実を目の当たりにできるようになった。さらに双方向であるインターネットの特性を生かし、情報の発信者と直接やりとりが出来るようになり、報道の速報性と内容の具体性が飛躍的に高まった。

私が遭遇した現場の一つに二〇〇七年五月、広西チワン族自治区の貧しい村での大規模な暴動がある。いわゆる「一人っ子政策」の取り締まりに反発した農民たちの抗議デモだった。現地に到着すると焼き討ちにあった地元政府庁舎があり、殺気立つ男たちや怯える母子の姿があった。「一人っ子政策」は一九七九年頃から人口抑制政策として開始されたが、とくに跡継ぎや働き手となる男子を望む農村部では違反出産で生まれた「黒孩子（ヘイハイズ）」と呼ばれる戸籍のない子供や女児の人身売買が中国全土で深刻な問題となっている。このため、この地域の村落では地元政府が、村ごとに強制堕胎や不妊手術の実施件数をノルマとして定め、農村の女性たちに強要していた事実が判明した。私は地元政府庁舎が作成した証拠となる「ノルマ表」を撮影することに成功し、報道は内外の大きな反響を得ることになった。

また同時期には、急速な経済成長で現れた「股神（グーシェン）」と呼ばれる億万長者たちを取材する機会を得た。彼らはインターネットの株取引で巨万の富を稼いだデイトレーダーで、股神は「株の神様」を意味する個人投資家の新語だ。内陸部の湖南省で出会った二八歳の男性は人目を避けるようにサングラスで顔を隠していたが、一〇〇万円にも満たない元手資金を二年も経たないうちに一〇億円に増やしたと胸を張った。こうした投資活動は社会主義と矛盾しないのかと聞くと、今の中国社会では「強い者だけが豊かになるのだ」と話しながら、尊敬する人物は同じ湖南省出身の「建国の父・毛沢東」だと答えた。急拡大するネット社会が生み出した新しい勝者の姿に、時代の歪みを見た思いがした。その歪みは、人々の中に「貧富の格差」という意識を目覚めさせていくことになった。

四川省の寒村で出会った母親は、一人息子の将来を案じ、学費を捻出するため日々自分の血液を売り続けていた。

一方、経済発展地域・江蘇省の工場では「農民工」と呼ばれる出稼ぎ農民たちが、過酷な労働環境の中で日本の一〇〇円ショップで売るための商品を作り続けていた。心のよりどころはインターネットの映像越しに会話する、故郷に残した子供の姿だった。

最大の経済都市・上海では富裕層たちの婚活パーティーが花盛りで、インターネットで男女を引き合わせる業者のウェブサイトには登録希望者が殺到していた。

こうした一つひとつの取材は、インターネットで繋がった社会の理不尽さに対し、人々の意識が覚醒していく予兆を捉えたものだったと言えるかもしれない。それはインターネット社会への移行と同時進行で噴出したものでもあり、不満を抑えることと「はけ口」を見つけることは、中国政府にとって重大な政治課題として認識されていった。

それは日本との関係にも少なからぬ影響を与え、その後の日中関係を左右する不安定要素になっていくのである。

4　インターネットですれ違った日中関係

すれ違い始めた日中関係の端緒はどこにあったのか、取材現場から探ってみたい。

ここでも一〇年という時間がキーワードになってくる。第一次安倍内閣が発足した二〇〇六年に遡って俯瞰すると、その輪郭が見えてくる。

同年九月に首相となった安倍晋三は前任の小泉純一郎首相の靖国神社参拝などで悪化していた日中関係を改善させるため、アメリカ訪問の慣例を破り、最初の訪問国に中国を選んだ。

同年一〇月八日、北京の人民大会堂で温家宝総理、胡錦濤国家主席（いずれも当時）と相次いで首脳会談を行い、

「信頼関係を構築して日中の未来を切り開いていくために初めての訪問先として中国を訪問した」と安倍首相（当時）は語っている。胡錦濤国家主席との間では「戦略的互恵関係」の構築で合意し、共同声明を発表した。「戦略的互恵関係」は政治的相互信頼と文化的交流の増進やアジア太平洋への貢献などを謳う包括的な内容になっており、未来志向の合意として評価されている。

この会談の翌日、北京から次の訪問国・韓国に向かった安倍首相は、北朝鮮による最初の地下核実験の強行という事態に直面する。日中関係においても北朝鮮の核開発問題は安全保障上の最重要課題の一つに格上げされ、六カ国協議などを通じて協力関係と対話のチャンネルは維持され続けた。

そして北京五輪の開幕が目前に迫った二〇〇八年五月、胡錦濤国家主席が最高指導者として一〇年ぶりとなる日本訪問を実現させた。日中平和友好条約締結三〇周年の節目に実施されたもので、国賓として迎えられた滞在は五日間という長期日程となった。滞在中は、中国でも人気の卓球女子日本代表・福原愛選手と卓球に興じるパフォーマンスを行うなど北京五輪に向けての協力関係を相互確認した。胡主席はこの来日を「暖春の旅」と名付け終始、友好ムード漂う中での日本訪問となった。中国国営メディアが連日、日本との政治や文化交流に焦点を当てた特集番組を放送するなど、日中友好の空気を醸成しようという中国政府の意図は明らかだった。

こうした友好関係にボタンの掛け違いが起き始めたのは、この直後の出来事がきっかけである。胡錦濤国家主席が帰国した二日後の五月一二日、中国・四川省でマグニチュード八・〇を記録する巨大地震が発生した。いわゆる「四川大地震」である。死者と行方不明者が実に九万人にも上る大災害の発生を受け、日本政府はただちに支援の意向を伝えた。中国政府は外国の救援隊の一番手として日本の受け入れを決定し、日本政府は国際緊急援助隊を組織し、四川省の被災地に緊急派遣した。

私も当時、地震発生の翌日から被災地に入っていたが、日本隊の受け入れは、中国政府にとって胡錦濤国家主席の日本訪問の成果の延長線上にあったといえる。被災地に到着した日本隊には国営メディアが密着取材を行うという異例の対応がとられた。

被災地での救援活動では、日本隊のある行動が中国国内で大きな話題となった。それは倒壊したビルの瓦礫から発見した母子の遺体を前に、二〇人の隊員がヘルメットと手袋を外し、手を合わせて黙禱する姿である。この光景を国営メディアが報道した直後からインターネット上にその映像や写真が転載され、日本隊の行動への称賛と感謝の言葉が相次いで書き込まれたのだ。

ところがこうした友好ムードは、一つの出来事をめぐって一変することになった。被災地にテントや毛布などの支援物資を運び入れる際に、中国政府が「自衛隊機の入国と輸送を認めた」という情報が流れ始めた途端、インターネット上に激しい抗議の書き込みが殺到したのだ。これを受けて、指導部内にも行き過ぎた宥和姿勢を戒める批判の声が出たことで胡錦濤国家主席は事実上、計画の撤回に追い込まれてしまった。

結果的に支援物資は民間のチャーター機で被災地に届けられたが、二転三転した騒動を取材した私は日中関係における中国の「ネット世論」の存在感と対処の難しさを初めて見せつけられた思いがした。そしてこの動きは、すぐにまた次の問題に飛び火した。

場所は東シナ海である。同年六月一八日、日中両政府は東シナ海のガス田について共同開発することで合意に達した。これは先に胡錦濤国家主席が来日した際の日中首脳会談でガス田問題は「解決の目途がたった」という共通認識に基づく合意であったといえるが、この合意に対しても、中国のネット世論は再び激しい批判の声を上げたのである。

その理由は共同開発区域が「日中中間線」よりも中国の内側にある海域が含まれていたため、「政府が交渉に敗北した」との見方が広がったからだった。そもそも中国政府は「中間線」自体を認めてこなかったため、日本側に

「交渉の勝利」という評価があったことは否定できず、認識のズレがさらに火に油を注ぐ結果となった。中国政府は炎上を続けるインターネットの書き込みを削除する対応に追われたが、拡散の勢いに歯止めをかけられず事態の収束は困難を極めた。

そして遂に、胡錦濤国家主席自らが中国共産党機関紙「人民日報」系のウェブサイト人民網の掲示板「強国論壇」に生出演するという事態に発展した。表向きは人民日報創刊六〇周年の記念企画ではあったが、事態収拾のため動いたのではという憶測を呼んだ。

この中で胡錦濤国家主席は、「ウェブ利用者が党や国家の仕事にどのような意見を持っているのか知りたいと思っている。インターネットはそのための重要な手段だ」、「私への書き込みには真剣に目を通し、研究するつもりだ」と直接、ネット世論に対して呼びかけた。これは中国共産党がネット世論の存在を認めた初の「公式見解」となった。中国の最高指導者がネット世論の動向に気を配り、その対策に本腰を入れ始めた重要な契機になったと分析する専門家は少なくない。

解決の道筋が見えたかと思われた東シナ海のガス田問題の交渉は、再び暗礁に乗り上げてしまった。そして胡錦濤国家主席が在任中、日本側に友好的な姿勢を見せる機会も急速に失われていき、尖閣諸島問題へと繋がっていくのである。

二〇〇九年、中国国内ではSNS（ソーシャルネットワーキングサービス）の代表格だったTwitterとFacebookへの規制が始まり、事実上、国内では接続が出来ない状態になった。背景には同年七月、新疆ウイグル自治区で漢族とウイグル族の大規模な衝突が発生し、SNSの拡散が暴動を拡大させているとの見方を強めた中国当局の予防策の意味合いがあったとも考えられている。

そして翌年九月、沖縄県・尖閣諸島沖で中国漁船が海上保安庁の巡視船に衝突する事件が発生した。当時、中国政府が日本側に中国人船長の釈放を強硬に迫り、船長の帰還を大々的に国営メディアに報道させたのはなぜか。衝突映像の公開をしないよう圧力をかけ続けたのはなぜか。ネット世論の動向に神経を尖らせていた中国政府の姿が浮かび上がってくる。

二〇一一年二月、胡錦濤国家主席は中国共産党幹部の養成機関「中央党校」でインターネットの管理を一段と強化し、ネット世論を誘導するメカニズムを完備すると語ったことを、国営メディアが報じている。

ネット世論が、国内的には貧富の格差や官僚の汚職に対する不満へと向かい、対外的には愛国心に火をつけ、過激なナショナリズムに転化していくという「二つの顔」を持つことがはっきりしてきた。中国共産党が一党支配を続けるために、社会不安に繋がりかねない「危険な芽」をいかにして摘み取るのか、最高指導部によるコントロールが本格化していくのである。

5　日本政治とインターネット

日本の政治とインターネットの関わりについては二〇〇九年の政権交代をターニングポイントとして考えたい。日本では「情報公開」の文脈に沿って進んできた経緯がある。

二〇〇九年八月、衆議院選挙で自民党・公明党の連立政権が敗北し、政権交代が起きた。民主党を中心とする鳩山由紀夫政権（当時）は自民党型政治からの脱却を標榜し、官僚に頼らない政治主導をスローガンに掲げることで新しい政権運営を模索した。

その一つに「記者会見のオープン化」による情報公開がある。これまで記者クラブに限定していた記者会見をフリーランスやネットメディアも参加できるよう門戸を開いた。とくにインターネットメディアが記者会見を生中継できるようになり、二〇一〇年三月には総理大臣会見のネット中継もスタートした。テレビや新聞が独自の視点で分析・編集し、限られた時間と紙面で報じる会見内容とは一線を画し、リアルタイムで最初から最後まですべての会見内容を視聴できるネット中継に国民の注目が集まった。民主党政権も目玉政策の「事業仕分け」などを生中継することで、政治の透明性をアピールし支持率アップに繋げたいという思惑があり、積極的なインターネットの活用に傾斜していった。

しかし同年九月の尖閣諸島沖漁船衝突事件や、翌年三月一一日に発生した東日本大震災、福島第一原発事故への対応に迫られる政府と関係省庁の記者会見がインターネットで生中継され、曖昧な説明と不手際が目立つ政権の対応ぶりに不信感を募らせる結果となったことはまったくの「想定外」であったに違いない。

その後、震災復興と原発事故対策や民主党内の主導権争いで、政権基盤は目に見えて弱体化していく。

こうした中で二〇一二年四月、東京都の石原慎太郎知事（当時）が尖閣諸島の買い取りについて地権者と基本合意したことを表明。追い詰められた野田佳彦首相（当時）は同年九月一一日、尖閣諸島の国有化に踏み切った。

その二日前にはロシア・ウラジオストクでのアジア太平洋経済協力会議（ＡＰＥＣ）首脳会議で、胡錦濤国家主席が尖閣諸島の国有化に強い反対の意向を示していたが、野田首相にはその真意を読み取る余裕さえ残されていなかった。胡錦濤国家主席は同年一〇月に第一八回中国共産党大会を控え、次期最高指導部の選出をめぐる権力闘争の渦中にあったとみられ、とくに対日政策での弱腰は見せられなかったという事情もあったに違いない。

国有化宣言の後、尖閣諸島海域では中国公船による接続水域・領海への侵入事案が急増し、中国国内でも反日デモの拡大で日系スーパーが襲撃や不買運動の標的にされた。有効な対応策を見出せない民主党政権への国民の苛立ちと対中国感情は悪化の一途を辿っていったのである。

こうした流れの中で、同年九月二六日、自民党総裁選挙で安倍晋三氏が決選投票の末、石破茂氏を破り再び総裁の座に返り咲いた。総裁を退いた経験者の再就任は初めてのことになる。総裁選当日、私は自民党本部で投票の様子を取材していた。当初、安倍氏は本命視されてはいなかったが、本部前に安倍氏を支持する市民団体が集まり、多くの女性が声を張り上げて、中国や北朝鮮の脅威を訴えていた光景を印象深く記憶している。安倍氏の再選は、中国など周辺国に対する脅威が追い風になった一面があることは否定できない。そして同年一二月、安倍総裁は解散総選挙で圧勝し、自公連立政権が再び政権の座を取り戻した。ここに第二次安倍内閣が発足したのである。

実は自民党は、二〇〇九年に政権を失ったことをきっかけに、意識的にインターネットを利用してきた政党である。政権奪還のためには、若者を中心とした新たな支持層の開拓が必要との認識に立ち翌年、一つの仕組みを発足させた。それが「自民党ネットサポーターズクラブ（J―NSC）」である。J―NSCはインターネット上で活動する自民党の公認組織で、ボランティア会員が広報活動などを行う。日本国籍を有する一八歳以上の者が会員資格となっている。自民党によれば会員数は、一万八〇〇〇人（二〇一六年八月）を上回る。目的は「夢と希望と誇りを持てる日本を目指すため、党勢拡大をはかり、日本再建を実現する」と明記され、オフ会と称する勉強会などが実施されている。最高顧問は安倍晋三総裁が務め、安倍氏自身も再登板に向けてSNS（ソーシャルネットワーキングサービス）の活用に熱心に取り組んできた。

総裁選挙戦の最終日には若者のサブカルチャーで賑わう東京・秋葉原で街頭演説を行ったことが話題となったが、いわゆるこの「秋葉原演説」は首相就任後の衆参国政選挙においても引き継がれ、安倍首相の「選挙戦略」として定着しつつあることは興味深い。

二〇一三年七月の参議院選挙からは、「ネット選挙」が解禁された。政党と候補者はウェブサイトや電子メールを使って選挙運動ができるようになり、候補者の紹介や街宣活動などの模様が映像で発信できるようになった。若者世代の投票率向上や活発な政策論争への効果が期待され、ネット選挙を最も積極的に展開したのは自民党であった。

しかし実際の選挙戦では「憲法」や「原発」といった世論を二分する問題では争点化を避け、アベノミクスの経済政策に対する信任投票に絞り込むという戦略がとられたため、インターネット上でも政策論争の広がりには繋がらず、期待された投票率の底上げに寄与したとは言い難い結果となった。

自民党ネットサポーターズクラブも「いわゆる荒らしや誹謗中傷に対しては反応することなく無視（スルー）しましょう」と定めた党のガイドラインに沿ったネット展開を行い、舌戦から「炎上」に繋がるというインターネット特有のリスクを回避するため、政策論争に踏み込まなかった政党側の意図が垣間見えた。

二〇一五年度版総務省の情報通信白書によると国内のインターネット人口は一億人余り。普及状況は一三歳から五九歳の世代で九〇％を超え、六〇代以上の高齢者層でも前年を上回る伸びを示している。

すでに選挙戦においてもインターネットは若者だけをターゲットにしたものではなくなっていることを実際に印象づけたのが、二〇一六年七月実施の東京都知事選挙である。当選した小池百合子氏は、所属する自民党の決定に造反する形で出馬したが、当選後に勝因の一つとして「ＳＮＳの広がり」を挙げている。組織力に頼れない小池氏にとって予想を上回る効果を上げたのは演説会場に「緑色のモノを持って集まる」という視覚に訴えた運動をＳＮＳで展開したことだった。この戦略は政策論争以上に有権者の関心を集め、幅広い年代の支持層獲得に繋がった。

この例にとどまらず、各政党のネット戦略は総じて「心地の良い仲間意識」の醸成によって支持層をまとめたいという方向性に傾いており、本来、期待されるような言論をぶつけ合い、政策を鍛え上げるための空間に育っていくかどうかはいまだ不透明である。

日本国内でもネット世論は、対外的には愛国感情を強め、中国や韓国など周辺国に対する攻撃性や不寛容さを膨らませていく傾向が見受けられる。またテレビや新聞といった既存メディアの報道に批判の矛先が向けられることも顕著になっており、そうしたネットの力を政治的「求心力」に転化しようという政治家の動きも顕在化している。情報公開の流れから始まったインターネットと政治の関係は形を変えつつある。

6　ネット規制強める中国・習近平国家主席

中国では二〇〇九年にTwitterやFacebookへの接続規制を実施して以降、「微博（ウェイボ）」と呼ばれる国産SNSに利用者が集中するようになった。

中国にはこれまでにも「五毛党」と呼ばれるインターネットの工作集団が存在することが知られている。中国政府に有利な書き込みを投稿することで、一件当たり五毛（およそ八円）の報酬が支払われるためこの名称で呼ばれているという。さらに「防火長城」と称するファイアウォールで、政府や党への批判、指導部を中傷する書き込みを監視・削除する仕組みを強化してきた。

しかし、一四〇文字以内の短い文章と映像を投稿できる「微博」に加え、さらに少ない文字数で瞬時にメッセージを交換する「微信（ウェイシン）」の登場で、世論の動向を管理する難易度は上がる一方である。「微信」の利用者数は、中国の国内外で一〇億人を上回るとも言われている。

中国政府が直面する問題を象徴する出来事が二〇一一年七月にあった。浙江省温州市で発生した高速鉄道追突脱線事故では、後続列車に追突された高速鉄道の車両が高架から転落し、二五〇名もの死傷者が出る大参事となった。この事故の第一報は乗客のSNSによる発信だった。瞬く間に事故の情報はインターネット上に拡散し、鉄道当局の事故隠しと杜撰な安全対策に批判が噴出した。この動きに国営メディアも同調し、鉄道当局に対する責任追及の世論が形成されていった。ネット世論が先行し、国営メディアの報道に火をつけたという異例の事態は中国のメディア規制の新たな転換点となる出来事だったといえる。

そして翌年二〇一二年一一月、次の最高指導者に選出されたのが習近平氏である。習近平国家主席は就任後の早い段階から「ネットは世論闘争の主戦場」という認識を持ち、矢継ぎ早に対策を打ち出している。中国共産党内にネット政策を担う専門グループを発足させ、自らがトップに就任した。二〇一五年に制定した「国家安全法」の第二五条にはインターネット空間にも国家の「主権」が存在するとの解釈に立ち、治安対策と安全保障の領域にインターネットの運用と管理を法的に位置づけたものと理解されている。併せて国営メディアに対しても「党の喉と舌」となる宣伝機関としての本来の役割を徹底させることで、ネット世論との不用意な同調に歯止めをかけ、体制の維持を強化するという目的を明確にしている。

続く二〇一六年一一月には、中国の国会にあたる全国人民代表大会・常務委員会が中国初の「サイバーセキュリティー法」を採択した。「国家安全」や「個人情報保護」を主眼とする法律で、サイバー攻撃、ネット犯罪を厳しく監視するものとなる。これにより国家と社会主義制度の転覆、破壊を許さないという断固たる中国共産党の意思を示し、言論統制の色彩が濃い内容となっている。

一方、日本においても既存メディア、とくにテレビ報道に対する安倍政権や自民党の関与の度合いが強まりつつある。二〇一四年一二月の衆議院選挙では自民党執行部がNHKと民放各局に対し「選挙時期における報道の公平中立ならびに公正の確保についてのお願い」と題した文書で提示した。それは、出演者の発言回数と時間、ゲスト出演者の選定、街頭インタビュー、資料映像の使用などの細部にわたり注文を付ける異例の内容だった。

確かに「放送法」第四条は、政治的に公平であることを定めている。しかしこの条文は、表現の自由を規定した憲法二一条と放送の不偏不党と真実と自律の保障をうたう放送法第一条などを踏まえた上で解釈する必要があり、テレビ報道に対する自民党側の見解に疑問を呈する研究者も少なくない。権力に対するチェック機能を委縮させるようなことがあってはならない。

政治におけるインターネットの活用が拡大する中で、既存メディアに対する締め付けとも言える関与が、政治体制の異なる日本と中国の双方で同時期に顕在化している現状は検証に値するテーマの一つであると言えよう。

7　事件から六年後の尖閣諸島で何が

二〇一〇年九月に発生した中国漁船衝突事件から六年という時間が過ぎた。二〇一六年六月、私は沖縄県石垣市を訪れた。海上保安庁・石垣海上保安部を取材するためだ。石垣海上保安部にはこの春、「尖閣専従体制」が発足し、一五〇〇トン級の最新型巡視船とヘリ搭載艦を含む一二隻が配備された。人員も六〇〇人規模に増員され、全国の海上保安部で最大クラスの大所帯となった。ほとんどの海上保安官が全国から志願して石垣島に着任したという。高いフェンスで囲われた専用栈橋が設置された埠頭には最前線基地の緊張感が漂っていた。

二〇一二年の尖閣諸島国有化以降、中国公船による領海侵入事案は後を絶たない。海上保安庁によると二〇一六年は一年間で延べ一二一隻に上り、過去二番目に多かったことが分かった。最多は国有化の翌年二〇一三年の延べ一八八隻だったが、一〇〇隻の大台を超えたのはそれ以来のことだ。領海侵入事案の内容もエスカレートしている。八月には、中国海警局の公船が多数の中国漁船とともに領海侵入した。公船と漁船の同時侵入は初めてのケースで、公船の数は一週間で延べ二八隻に上り、周辺で操業する中国漁船も三〇〇隻を数える異常事態となった。中国政府の意図については、実効支配の強化や南シナ海問題の余波、中国共産党指導部の権力闘争など専門家から様々な見解が示されたが、確かなことは分かっていない。

日本政府は今回、領海侵入する中国公船に対峙する海上保安庁の映像をホームページ上に公開した。二〇一〇年の中国漁船衝突事件以降、尖閣諸島周辺でのメディア取材を遠ざけ、警備状況を映像で公開することにきわめて慎重な姿勢を続けてきただけに、異例の対応と言えた。映像がインターネット上に拡散することを期待し、中国側を牽制する「情報戦」の一つとも言える対応であった。

そうした緊張状態が続く海域で、思わぬ事故も起きている。同じ八月、尖閣諸島海域でギリシャ船籍の貨物船と中国漁船が衝突、漁船が沈没した。海に転落した乗組員一四人のうち六人を現場に急行した海上保安庁の巡視船が救助した。事故について中国外務省は最初の談話の中で「日本側に救助された」という事実には触れなかった。しかし中国のネット世論には「なぜ日本が助けたと伝えないのか」、「事故当時、中国の公船はどこにいたのか」といった中国政府の対応を批判する書き込みが続出した。インターネットを通じて日本メディアの報道が閲覧された可能性が高く、同日、中国外務省はあらためて談話を発表し、日本側が乗組員を救助した事実を公表した上で、「日本の協力と人道主義の精神を称賛する」とコメントする事態となった。

中国政府の後手に回った対応の顚末は推し量るしかないが、中国国民の「情報源」は、今や国内だけにあるわけではなく、日本国民にとっても同じことが起きている。尖閣諸島の国有化以降、政治的緊張が高まる中で、中国からの訪日観光客は二〇一二年には年間一四〇万人程度だったのが、二〇一六年には年間六〇〇万人を超える水準に急拡大している。インターネット上の口コミを頼りに、旅を楽しむ中国人の姿が日本全国で当たり前に見られる光景となっている。日中の国民が情報を共有することで、政治に振り回されない関係を醸成することの意味はきわめて大きい。

8　オリンピックイヤーを迎える東アジア

二〇一六年、ブラジルのリオデジャネイロ五輪で日本と中国は体操や卓球競技などで金メダルをかけた「名勝負」を繰り広げたが、両国の選手たちが健闘を続けるさなかに、尖閣諸島の海域で政治のつば競り合いが行われていたことは残念でならない。

東アジアでは今後二年ごとにオリンピックイヤーを迎える。二〇一八年に韓国・平昌《ピョンチャン》（冬季）、二〇二〇年日本・東京（夏季）、そして二〇二二年には中国・北京（冬季）でそれぞれオリンピック・パラリンピックの開催が決まっている。世界の同地域内で三つの五輪が連続開催されるのはこれまでに例がない。言うまでもなくこの間、地域の平和と安定、隣国同士の協力関係は不可欠となる。その助走の年となる二〇一七年は、韓国大統領選挙、中国共産党大会ではポスト習近平が最高指導部入りする。日本でも解散総選挙の実施時期が模索され、安倍晋三首相続投の可否が問われることになる。まさに五輪の成功を担うリーダーが誕生する重要な一年となる。

モノのインターネット化（Internet of Things：IoT）の促進で、「映像とインターネット」も融合も今後、さらに進化を遂げるであろう。驚くべきスピードで様々な情報が国境を越え、人と人を結び付け、新しい可能性を拓いていくに違いない。その流れを政治が恣意的に阻むことは許されないし、歪んだ「力くらべ」を互いの国民が望むはずもない。

これからの一〇年、テレビ報道は時代の要請にどの様な役割を果たすことができるのか、自戒の念を込めて私の考察のまとめとしたい。

参考文献

「胡錦濤総書記、ウェブ利用者と交流」人民網二〇〇八年六月二〇日
「胡錦濤中国国家主席の来日」外務省ホームページ
「自民党ネットサポーターズクラブ」自民党ホームページ
「情報通信白書」平成二七年度総務省
日本政府観光局（JNTO）訪日外客数（年表）

第Ⅲ部　日中韓のメディア産業

第10章　日中韓に「同舟新聞」の夢

若宮啓文

西洋の人には分からないだろうが、韓国（大韓民国）、中国（中華人民共和国）、日本という三つの国名は、いずれも漢字でできていて、互いに一目で分かる。韓国ではハングルが使われることが多いが、この三カ国が漢字文化で繋がっていることは国名からも明白だ。

「新聞」という言葉も三国に共通だ。もともと唐の時代にあった言葉だと聞くが、近代にあっては恐らく news という言葉を日本で「新たに聞く」、つまり「新聞」と訳したのではないか。中国では今も新聞は news そのものを意味し、韓国や日本で新聞といえば news paper を意味する。三カ国のメディアにはそんな共通性がある。

ところが、新聞などのマスメディアは各国で国内に向けて作られるため、とかく狭いナショナリズムに陥りやすい。政府や権力の意向を反映するケースもあるが、政府を煽ったり、突き上げたりすることも少なくない。日本がかつて戦争に突き進んだ時代にもそういう傾向があった。

日本の場合、そうした反省から戦後の新聞は比較的ナショナリズムを抑制してきた。それに比べて、戦後に独立を果たして民族感情を表に出した韓国や、共産党政権の教育宣伝的機能をもつ中国の新聞には、日本よりも過剰なナショナリズムを感じることが少なくなかった。

しかし、最近の日本のメディア、とくに週刊誌や雑誌その他の出版物には「反中」「嫌韓」を看板にしたものが急激に増え、中国や韓国から見れば、日本にこそ狭きナショナリズムがあふれていると見えるだろう。こういう時に、自分も負けずに同じようにやろうと思うか、それとも「人のふり見て我が身を正そう」と思うか。ぜひ、後者であってほしい。

今年（二〇一五年）の正月、よく知る韓国の新聞記者からメールをもらって驚いた。韓国のライバル社が紙面改革のため「若宮さんを政治部長に任命した」という初夢を見たというのだ。就任にあたって私は記者会見もしたという。

彼がなぜそんな奇想天外な夢を見たのか、想像を巡らせながら、私は一六年前のことを思い出していた。それは私が『朝日新聞』の政治部長だった一九九九年四月一日、「小渕首相、外国人の閣僚を登用へ」という記事を載せたことだ。当時の小渕恵三首相が日本の大改革を目指して決断したというニュースで、候補者には改革に実績のあるゴルバチョフ元ソ連大統領やサッチャー元英国首相ら、大物の名前を挙げた。

エープリルフールのいたずらだったのだが、記事がうますぎたせいか、本気にした読者も多かった。そればかりか韓国の某テレビ局の特派員はこれを信じて、東京からレポートを送ってしまった。

さて、国家の中枢を担う閣僚は論外として、はたして新聞社は編集幹部に外国人を登用できるだろうか。法的な問題はなく、日産自動車のように外国人を社長にした例もあるが、言論を命とする新聞社では事情が違う。とくに韓国や中国の新聞が日本人を起用するなどとは想像すらできないだろう。

一九〇五年、日本が日韓保護条約（第二次日韓協約）を結んで韓国の外交権を取り上げたとき、『皇城新聞』の張志淵社長は「是日也放声大哭」（この日こそ声を上げて激しく泣くしかない）という論説を載せて逮捕され、新聞社が閉鎖された。

『東亜日報』は植民地時代の三六年、ベルリンオリンピックで優勝した孫基禎選手のゼッケンから日の丸を消した写真を載せ、無期限発刊停止の処分を受けた。そうした歴史の数々は、屈辱の時代にも日本への抵抗精神が韓国の新聞の根底にあることを物語る。そもそも、どこの国でも新聞はナショナリズムと切っても切れない縁をもつ。

だが、民族の高揚期に新聞が愛国心に支配されるのは危ないことでもある。それは過去の日本を見ればすぐ分かることだ。たとえば一九〇五年、日露戦争に勝った日本がポーツマス条約を結んだとき、その戦果が少なすぎると言って「大哭」したのは、日本の新聞だった。その結果、政府を突き上げる暴動も起き、その後の韓国併合や大陸侵攻に向けて弾みをつけた。やがて日本の敗戦に至るまで、どれだけ新聞が過ちを犯したか。

いま日本の一部メディアが「嫌韓」や「反中」に染まるのは嫌な過去を思い起こさせるが、一方で韓国や中国のメディアにも「反日」の気分が大きすぎないか。

さて、そこでまた、ふと思う。まずは表現の自由が確保された日韓の間で、一緒につくる新聞ができないか。経済はタッグマッチの時代だし、ドラマもポップスもいまや新たな文化が行き来して、共同制作も珍しくない。一緒に作る新聞があっても不思議はなかろう。

言葉はハングルと日本語の併用。事実は正確に調べて客観報道に徹し、双方に違ったデータや解釈があれば、どちらも公平に紹介する。基本理念は東アジアの平和と繁栄、そして国家権力からの独立だ。

オピニオン欄では日韓や外国の論客が入り乱れて議論を交わすが、「社説」は双方の論説委員が徹底的に議論して、必ず一本化させる。創刊号の社説は「是日也放声大歓」とするか。やがては中国も合流して「日中韓」の共同新聞とする。これは私の夢である。

日中韓の三国には「呉越同舟」という言葉がある。語源は中国の古典。日韓では仲の悪い者どうしがたまたま一緒の場にいるという程度の意味だが、語源はそうではない。呉と越の人々が同じ船に乗り合わせたところ嵐になり、協力して難破を防ぐうちにすっかり仲良くなった、という意味だそうだ。

地球という船の上で、日中韓はまさに「呉越同舟」であるべきではないか。共同新聞ができたときは、タイトルを「同舟新聞」としよう。これは、夢のまた夢だろうか。

共同研究者、若宮啓文氏を偲ぶ

李　相哲

若宮啓文氏に初めて会ったのは二〇〇七年一〇月のある日の夕方だった。朝日新聞東京本社ビル一階のカフェでしばらく待っていると小柄ながら、バランスのとれた体つきの若宮氏が微笑みながら近寄ってきた。論説主幹として、『朝日新聞』の社説、論調を主導する立場にいたから役員室か会議室だと思ったら、カフェとは意外だった。論説やコラムだけを書いているのかと思ったが、「明日、韓国の国民的な歌手、趙ヨンピルの取材に行くのだ」とすこし浮ついていた。

若宮氏を訪ねて行ったのは、新設の龍谷大学社会学研究科ジャーナリズムコースの客員教授就任をお願いするためだった。その後八年間にわたり、氏は、激務の合間を縫って龍谷大学に来られ、ジャーナリズム専攻の学生の指導にあたってくれた。放課後は学生と一緒に京都の町を探索したり、一緒にカラオケに行って韓国の歌を披露したりと、教育現場を楽しんでいたというか京都の町を堪能した。今年（二〇一六）の一月に京都に来られた時も、意欲に満ちていて、若々しかった。その彼が突然、帰らぬ人となるとは夢にも思わなかった。

二〇一六年四月二八日、日中韓三カ国シンポジウムに出席するため滞在していた北京のホテルで突然亡くなったのだ。その二日前に筆者宛に送られてきたメールで氏は、こんなことを書いた。ウィキペディアに、自分が書いた記事を紹介する箇所があるが、「幾らなんでも、（一部を省略してしまったのは）不公平だから正してほしい」という。その内容とはこうだ。

韓国地検による産経新聞支局長名誉毀損起訴事件では「根拠薄弱な噂話を書かれたのですから。『韓国と結婚した』、と公言する大統領の無念は想像に余りあります。」を、韓国地検による産経新聞支局長名誉毀損起訴事件では、起訴した検察の判断を厳しく批判し、起訴を容認した朴槿恵をいさめる一方で（省略された部分）「根拠薄弱な噂話を書かれたのですから。『韓国と結婚した』と公言する大統領の無念は想像に余りあります。」

さすがに、ジャーナリスト若宮ならではの「お願い」だと思った。このことから私は改めて氏の真面目さを垣間見ることができた。実はその二日前に、筆者はソウルで若宮氏と昼食をともにした。二人とも同じ時期に、ソウル大学の日本研究所の客員研究員を務めていたのでソウル大の教授会館の食堂でふらっと会うことが多かった。氏は「いま日露関係に関する書物を執筆している」と、普段とは違い、自慢げに延々と喋るのだった。朝日新聞政治部記者から鳩山一郎首相秘書官に転じた父、若宮小太郎の持っていた資料などを読み込んでいるとも話し、日本の北方領土をめぐる交渉の裏話を聞かせてくれた。

筆者が若宮啓文氏に関心を持つようになったのは、雑誌『論座』の二〇〇六年二月号に掲載された渡邉恒雄読売新聞主筆との対談、「首相の靖国参拝反対」を読んでからだ。同じ年に、氏は、朝日新聞出版社から『和解とナショナリズム――新版・戦後保守のアジア観』（朝日選書）を出版するが、筆者にとっては、様々な意味において衝撃的だった。内容はともかく、これだけすがすがしく、無駄のない美しい日本語を駆使する記者がいるのかと、感銘を受けた。

ジャーナリストを経験し、近代アジアの歴史や政治に関心のある筆者にとって若宮氏は大先輩であり、師のような存在でもあった。彼のさりげない文書からも多くを学んだ。毎年の元旦に送られて来る若宮氏の年賀状がそうだ。ジャーナリストらしさが年賀状に滲み出ている。これなら、年賀状を出す意味があるなといつも感心した。すでに故人になった若宮氏の遺作と言えばよいだろうか。ここにその一枚を紹介しよう。二〇一一年元旦の年賀状にはこう書いてあった。少々長いがそのまま引用する。

明けましておめでとうございます。

年の瀬に与那国島へ飛んだ折のこと。西の空を赤く染めた太陽が雲の海に沈むと、東の空に浮かんだのは薄赤くぼんやり霞んだ満月、そう、皆既月食でした。幻想的ではありましたが、何やら光を奪われて日本のようにも思えたのは、ご時世ゆえでしょうか。

ところが、しばらくして機上から見えていたのは煌煌と耀く見事なまでの満月。自然の摂理の不思議を味わいつつ、この日本にも魔法のように光が戻らぬものかと、思わず手を合わせておりました。

皆様にとって輝く新年でありますように。

年賀状の余白には達筆で、近況を尋ねる文言が書きこんであったが、主文は赤色の太い線で囲んでいた。氏が無駄のない格調高い文章を書くとは、この一文でも分かるだろう。若宮氏の文章はメールも同じだ。接続詞は一切つかわない。短いながらも、要点を的確に伝えている。読みやすい。彼が書いたコラム「風考計」（現在は「ザ・コラム」に改称）、社説もそうだ。その年の元旦の黎明を氏は、日本の南西諸島八重山列島の西端、日本では最西端の地を擁す国境の島が鳥瞰できる海上の朝日新聞専用機で迎えたという話は、その数日後、京都に立ち寄ったときに聞かされた。

もちろん、氏のジャーナリストとしての技量は文章だけに見られるものではない。第三六回石橋湛山賞を受賞した氏の代表作『戦後七〇年　保守のアジア観』（朝日新聞出版、二〇一四年）を読むと、切れる包丁で乱麻をきるような鋭い筆鋒で複雑な事象をすっきりと分かりやすく説明する彼ならではの文風が伝わってくる。大局に立って日本の政治を鳥瞰しながらも、細部の描写も実にリアルだ。「日本の保守は中国、韓国、東南アジアとどのように向き合ってきたか。戦後七〇年、日本のアジア政策の歴史を綿密に検証した」（書籍の内容紹介より）この書物は、「退屈」になりがちな政治の世界の話を淋漓たる文章で綴り、戦後日本の政治に大きな足跡を残した吉田茂、岸信介、石橋湛山などの人物をいきいきと描写していて面白い。

一月一六日が誕生日の若宮氏は、誕生日を龍谷大学の学生と過ごすことが多かった。ちょうど集中講義終了日と重なる場合が多かったからだ。学生たちが用意する花束を受け取った時だけは、いつも炯炯とした眼光がかすみ、初老の優しいおじさんに変わった。

氏は、たまに、学生に特別なサービスをすることもあった。二〇一二年三月一日、氏は欧州の新聞幹部らとともに、当時ロシア首相だったウラジーミル・プーチンに会った。会見の様子を新聞やメディアに披露する前に、たまたま龍谷大学に先に立ち寄り、その場で大学院生を前に、プーチンとの出会いについて熱弁を振るった。それがいかに大きな意味をもつ「大ニュース」なのかを学生たちは呑み込めていなかったと思うが、専門職ジャーナリズム教育を目指す龍谷大学社会学専攻ジャーナリズムコースにとっては歴史に残る一ページと言えるかもしれない。

その後、メディアでは、その会見で若宮は北方領土問題についてプーチン氏に妥協の意思があるか問い質し、「引き分けがいい（柔道用語）」という答えを引き出したと報じたが、そのエピソードも学生たちには先に教えてくれたのである。

一九七〇年に朝日新聞の記者になって以来、政治部長、論説委員、論説主幹、主筆になるまでの若宮啓文氏の足跡を辿っていくと、一貫して韓国や中国との関係の発展に尽力し、日中韓の相互理解や和解を促す多くの記事やコラム、社説、書物を発表していることが分かる。日韓関係を大きく変えた二〇〇二年のサッカー・ワールドカップの日韓共催を社説で提案したのもブンヤでありながら、アイディアマンであった若宮氏である。

二〇〇五年三月二七日には、コラム「風考計」で「竹島と独島　これを『友情島』に…の夢想」を書いた。コラムにはこんなくだりがある。

中国との間では首相の靖国神社参拝がノドに刺さったトゲだし、尖閣諸島や排他的経済水域の争いも厄介だ。領土争いなら、北方四島がロシアに奪われたまま交渉は一向に進まない。そこに竹島だ。あっちもこっちも、何とまあ「戦線」の広いことか。そこで思うのは、せめて日韓をがっちり固められないかということだ。

たとえば竹島を日韓の共同管理にできればいいが、韓国が応じるとは思えない。ならば、いっそのこと島を譲ってしまったら、と夢想する。

このコラムは日本では、強い批判を招いた。売国奴とまで罵倒されることもあったが、学生にそのコラムを読ませてからは、「それは夢想だけどね」、「コラムを書いたあと、朝日本社ビルの前には右翼の宣伝車両が毎日のように押しかけてきて、スピーカーで騒音を立てるもんだから仕事にならなかったよ」と苦笑いしながら、短い文章であっても、場合によっては社会にとっていかに波及効果が大きいかを身をもって教えてくれた。

日韓関係、日中関係に一家言のある若宮氏の文章や言葉は、啓発に富むものが多い。二〇〇七年四月にスタートを切り、その後現在に続く、日中韓三カ国のジャーナリスト・学者による共同研究、「日韓関係とメディアの役割に関する研究」（その成果は、李相哲編『日中韓メディア史』藤原書店、二〇一二年にまとめられている）にも氏は顔を出し、日中韓のメディア研究者と交流を深め、われわれの研究に活力を吹き込んでくれた。

このたび、日中韓の学者・ジャーナリストの共同研究の成果を基に作る本書、『日中韓メディアの衝突』にも、若宮氏は原稿を寄せてくれた。ここに掲載する「日中韓に『同舟新聞』の夢」がそれである。亡くなる一週間前に筆者宛に送ってくれた最後の原稿である。

今になって悔しく思うのは、学生らと一緒にカラオケに行って、韓国人がこよなく愛する歌、「恨五〇〇年（ハンオベクニョン）」を聞かせてくれるといった約束を果たせず、逝ってしまったことだ。残念ながら、「恨五〇〇年」が十八番だと自慢していた彼の、その歌を熱唱する姿を見ることはできなくなった。

若宮亡き後、韓国メディアは彼を「この世の中で一番幸せだったジャーナリスト」（二〇一六年八月五日付『東亜日報』）と書き、彼の韓国に寄せていた愛情を讃えた。氏の追悼式にて　河野洋平元官房長官は、「故人のように二回も韓国に留学し、ハングルで講義ができるほど、韓国人の心を得ようと努力した人は珍しい」と述べている。

彼が、旅先の中国で、しかも日中韓の相互理解と和解について話し合うシンポジウムに出席している途中に亡くなったことは偶然でもないような気がする。ここに、氏の遺作とも言える「日中韓に『同舟新聞』の夢」を掲載する。

第11章　中国におけるテレビ産業の変革の必要性

劉　偉
張　宏

中国ではテレビ業界の改革が進んでいくにつれ、番組制作と放送業が分離する傾向が次第に強くなっている。番組の制作と放送業の分離により、テレビ業界は大きく変わった。制作と放送の分業はテレビ産業の経済効率向上に貢献し、中国テレビ業界の変革を主導した。新しいマスコミ環境の到来で、テレビという代表的なメディア組織は、制作と放送の分離の他にも様々な方面から強烈な衝撃を受けている。本章では、中国のテレビ産業における変革の構想とモデル、およびその現状と市場構造という角度から、中国のテレビ業界がとった戦略と効果について分析する。

1　改革の背景と要因

周知のように、中国が改革開放以前に実施したのは計画経済であった。当然ながらテレビ業界を含むマスコミ産業も計画経済の制約を受けた。よって、テレビ局の発展に必要な資金、設備、労働力などの資源は、政府の計画的指令に従ってすべてが投入されなければならなかった。同じく、計画経済時代にはテレビ局に利益を出す必要はなく、ニュースや娯楽番組も主管部門の宣伝計画に従って制作された。管理構造の角度から言えば、当時のメディア組織は執行機関として、所有者の目標追求を完璧に完成すればよかった。多くの学者たちが産業効率の角度から、改革前のテレビ局の運営について痛烈な批判をしたが、筆者は経営管理の自主権のなかった時代に、テレビ局が管理者の命令によってコンテンツを生産したのも、ある意味では肯定すべきことであると思う。その制度の遺産は中国テレビ産業における変革の起点となったからである。

中国のテレビ業界における改革は三つの要因の影響を受けた。まず、中国が改革開放を実施した後だが、テレビ業界はすぐにはこれに対応する改革を行っていなかった。甚だしきに至っては、マスコミ業界を含めたすべての業界と産業の中で、テレビ業界の改革が最も遅れていたと言えるかもしれない。中国の経済体制の改革は漸進的に規制を緩和し、各業界に権限を与え徐々に改革を行った。権限委譲の性質の改革である。当然ながら、中国のテレビ業界の改革も失敗を繰り返しながらも基本的には他の産業の改革モデルを参考にしながら進められた。つまり、行政主管機関が次第にテレビ局に対する資金援助を減らし、最終的には完全に停止するという方法をとった。一方、テレビ局は行政主管部門から広告の経営の権利を獲得して利益を創出すると同時に他業種へ投資を行うなど経営を多元化した。次に、中国のテレビ局が改革を実施した時期は、対外開放と交流が拡大した時期でもあった。中国のテレビ局は先進国のメディア組織の経験を学んで参考にした。少なくとも主観的にこのような考えを持っていた。そこで、産業界と学界は次から次へと米国をはじめとする先進国のマスコミ産業とメディア組織の実際の状況を考察し、なるべく早く改革の効果を得ようとした。しかし、事実上歴史沿革や理念、国情の違いもあって、中国テレビ局の改革は先進国の経験を参考にすることに成功しなかった。ただし、後発産業組織が先進国の発展したモデルを参考に成功し、先進国と平等に競争できる力を持つようになったメディアもある。

中国が改革開放を実施し始めた初期、インターネットを代表とする新メディアの技術と関連産業は中国では大きな発展がみられなかったので、社会全体と政府の主導部門はまだこのような「新生メディア」に対して静観の態度をとった。そのため伝統的なマスコミ業界とメディア組織が改革を実施した時、新メディア産業およびその組織機構を競争相手にすることはなく、完全に独自の目線と立場で改革の方向を探索し、経済利益だけを追求し始めた。しかし、新メディアが急速に発展し、強大となり、伝統メディア組織、とくにテレビ業界の強力な競争相手として台頭した。これはまたテレビ局の改革に対して新しい要求を突きつけた。それはテレビ業界の生存と発展に脅威をもたらした。

2　産業組織の分析枠組み

その産業組織の効率は二つの角度から考えなければならない。

一つは、単一製品（内容）の生産効率である。

経済学から言えば、企業の組織規模と内容は無限に拡大することはできない。経済学者は企業組織の生産規模の角度から、このような無限な拡大のモデルは管理収益を少しずつ減らすと考える。管理学者も企業組織の管理コストの角度から詳しく論述した。もし私たちが商業学、あるいはマーケティング学の角度から、市場取引の経済効率を見る場合、企業組織がもし適当に一部の内部生産過程、あるいはマーケティング行為を外の企業組織にアウトソーシングしたら、自分のコストを下げて、もっと大きい経済効率を得ることはできるだろう。

たとえば、企業組織と消費者との間に流通段階――マーケットのような企業――を介入したら、企業組織と消費者の双方からすれば、共に市場の取引コストを下げることができる。もし流通組織の介入がなく、企業組織が自ら製品販売を行うとすれば、市場の取引は企業組織と消費者との間で直接に完成する。

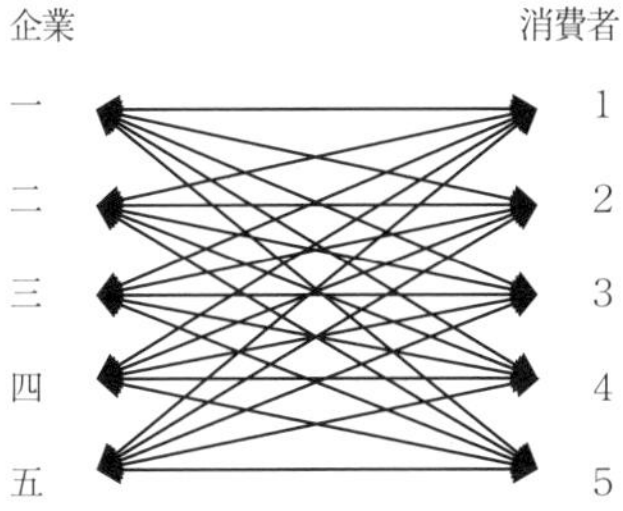

図11-1　企業と消費者間の直接取引

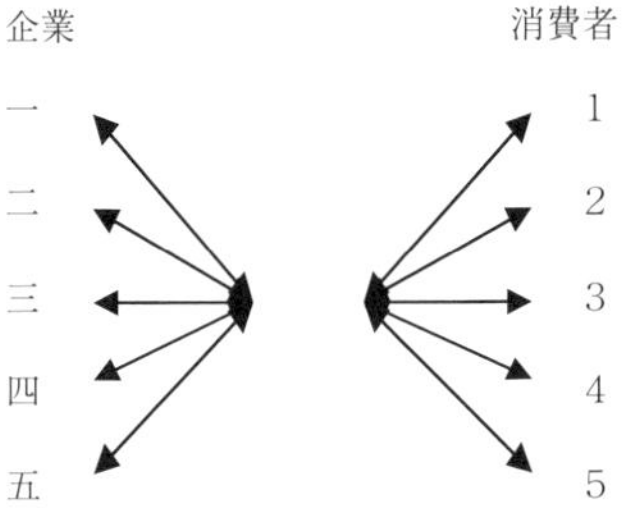

図11-2　産業組織中の企業取引

図11－1でも明らかなように、すべての企業組織と消費者はいつも五回の取引、あるいは交渉を遂行しなければならない。そのためすべての取引を完成させるためには、企業組織と消費者の双方が二五回の取引、あるいは交渉の過程を経る必要がある。そのうえ参加者がもっと多いほど、取引あるいは交渉回数は幾何学的に数字は増加する。しかし、もし企業組織と消費者との間に流通段階を介入すれば、取引回数は大いに減る。そのうえ取引者の数量が多いほど、減らされる回数ももっと多く、社会もそのため多くのコストを節約することができ、経済効率も上がる。

図11－2の通り、市場メカニズムと企業生産制度（企業組織内部の生産と協力）、および企業組織間の分業と協同関係（産業組織）が共に効力を発揮してこそ、いっそう有効に社会の生産と経済効率を高めることができる。事実上、産業組織は一種の企業組織にしてもっと良く分担と協力の経済効率を発揮するように助けるメカニズムである。

いかなる業界にしても、一般的に言えば、産業組織は上流―下流―消費者のような構造となる。産業組織における企業組織間の協力方法が異なるため、その取引コストも同じであるとは言えない。普遍的に言えば、協力型のチェーン組織は、取引回数の推移によって、取引コスト（価格）に下降傾向が現れる。そのため、私たちは企業組織が生産する有効性と産業組織の市場効率性を一緒に考察してこそ、一つの理性的な企業組織がいかに市場と産業組織の中で生産と協力を行うか、その方策について分析することができる。

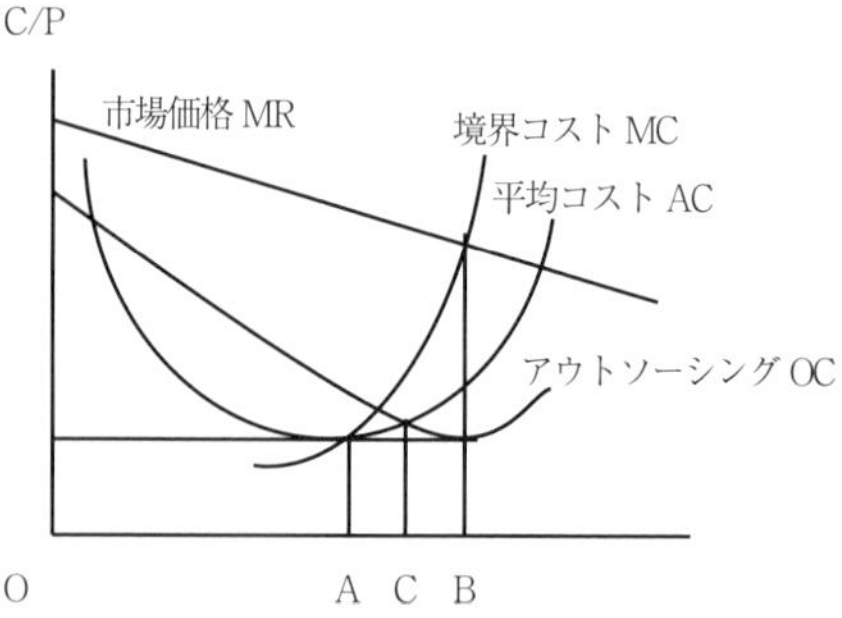

図11-3　産業組織中での企業生産方策の模型

図11－3から見てとれるように、一つの理性的な企業組織が自身の企業内部生産の平均的コストの曲線と、産業組織の上下を泳ぐ企業組織間で分担と協力を行ったアウトソーシングコストの曲線に直面した時（産業組織が成熟するほど、上下を泳ぐ企業組織間に緊密な協力が行われることを意味する。そのため、急速に取引コストを下げることができる。しかし、一定の程度に達した後、産業組織の管理コストは上昇する）、協力のない前提の下で、企業の生産規模が普通はOAの範囲を上回ることを考慮に入れる。そのため、企業の最優秀規模の生産高はB点にある。そのため、合理的な生産範囲はAとBの間である。そして、産業の中に完璧な産業組織の協力メカニズムが存在する時、企業の生産規模がC点を上回る時、自製コストがアウトソーシングコストを超える。そのため、理性的な企業組織は必然的に生産リンクを産業組織上の他の企業組織にアウトソーシングする。すなわち、その同じ生産規模の前提の下で、アウトソーシングコストOCが自制コストACより低ければ、企業にもっと多い利潤を持たせることが見て取れる[1]。

二つ目は、産業組織が多元化の戦略の実施をすることによって、全体的資源の産業効率を構築することである。いかなる企業組織構造にとっても、単一の産業構造が投入して産出した経済的効率を実現したとしても、このような経済効率は恐らく市場の効果があるとは限らない。つまり、もしこの産業が目標の市場に受け入れられないとすれば、いくら効率のある生産モードであっても資源投入の損失になる。そのため、生存と発展のために、また市場のライフサイクルの制限性、および市場競争の問題を考慮しなければならない。そのため、一般的な産業組織はみな多元化の戦略を実施して、企業組織の資源を多元産業間で合理的な調整と配分を行う。未来において発展前途のある産業に対しては重点的に投入を行い、組織の効率を実現して、長期の生存と発展をもたらすようにする。これは実際には企業組織における事業範囲の選択と資源配分の戦略の問題に関わるのである。

改革の初期、中国のテレビ局では単一の製品生産効率の問題も、多元化の産業効率の問題も存在した。

3　テレビ局の伝統的コンテンツ産業における改革と効果

前述したように、伝統的なマスコミ産業とメディア組織の改革は権限委譲のモデルで支えられた。当時改革設計者と実施者は産業組織自体の効率性という角度から施行錯誤をくりかえした。改革の重点が主に産業組織構造の変革に集中され、潜在的な競争相手に対しては特別な注意を払っていなかった。

コンテンツ産業組織の構築

中国のテレビ産業は、テレビ局のような組織機構を含めて、多種多様な改革の経験を経てきたが、しかし、結局はやはりコンテンツ産業の制作と放送を分離させるのを初期の主要な目標とした。このような絶えず試行錯誤の改革の過程の中で、いつの間にかコンテンツ産業組織が形成されたのである。

伝統的コンテンツ産業組織の角度から見れば、改革前の中国のテレビ局は「制作と放送が統合された」ものであった。つまり、番組の生産制作と放送、および伝送すべてがテレビ局という組織機構の中に統合されていた(2)。そのため、当時のテレビ産業の産業組織はとても単純で、テレビ局は直接にテレビ消費者と対面する形となっていた(図11－4)。

有線ネットワークの普及に従い、かつ、各地で独占的に経営するネットワーク組織が創立され、テレビ産業組織

図11-4　テレビ産業組織の原始段階

テレビ局 ― 消費者

図11-5　テレビ産業組織の現状

テレビ局 ― 有線伝送 ― 消費者

図11-6　ドラマ業界の産業組織

シナリオと設備資源 ― 制作会社 ― テレビ局 ― 伝送機構 ― 消費者

がゆっくりと形成され始めた。テレビ局はもともと組織内部に統合されていた伝送の一環を分離して、新しく建立された有線ネットワーク部門に譲った。それはテレビ局とテレビ消費者の間にすでに伝送部門が介入されたことを、テレビ産業組織の建設が初期段階に入ったことを意味した。これはまた今の中国テレビ産業組織の主要な構造でもある（図11－5）。

テレビ産業の中で、最初に制作と放送を分離させ、しかも著しい効果を得たのはドラマ業界（図11－6）であった。ドラマ業界の発展初期には、その生産もテレビ局の内部に統合されていた。当時多くのテレビ局の毎年のドラマ生産量は限られていた。後に国が民営機関のドラマ制作を許可したため、大量の資金と人材がドラマ制作業界に流れた。それによって全面的にドラマ業界のレベルを高めた。しかし、ドラマ以外のテレビ番組の領域で、中国のテレビ局は大部分が依然として図11－5に示した通り、独自で生産販売する経営モデルをとった。しかし、ドラマ領域の模範的な効果は、確実にテレビ局の産業組織に対し不可逆的な影響を及ぼすこととなった。

中国のテレビ番組の生産効率の問題に絡んで、多くの研究が、放送と制作の分離はテレビ業界の生産効率の保障であると認め、詳しい改革提案を提出した(3)。

制作と放送の分離がテレビ局の組織の生産に高い効率をもたらした。国外の発達したテレビ局も基本的には制作と放送の分離制度を採用しているし、米国はテレビ局の独占を制限するため、法律まで制定して制作と放送の分離を義務づけている。

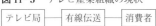

そのため、中国の多くの学者たちはこれを根拠にして、全面的に制作と放送は分離すべきだと主張した。しかし、一部の学者は文化面における安全を考慮して、全面的な制作と放送の分離には反対した。その他に、多くのテレビ局は内部の従業員の利益と管理の便利さを保護するため、基本的に制作と放送の分離制度に対しては反対の態度をとった(4)。また、政府主管機関は、放送内容の適切な管理のために、制作と放送の分離に対してはっきりした態度を示さなかった。そのため反対と賛成の間で政策は定まらなかったが、結果的に制作と放送の分離改革構想は続けられることになった。その上、今日、アウトソーシング概念が盛んになり、テレビ局はもともとテレビ局内部に属した制作と経営部門を子会社化した。そのようにして、テレビ産業のコンテンツ産業組織は次第に形成され始めたのである(5)。

コンテンツ産業組織の特徴と現状

中国のドラマ業界の経験からしても、または国外の主流マスコミの制度からしても、制作と放送の分離がもたらす経済的効果は証明された。二〇世紀の九〇年代初期に、「制作と放送の分離」が提案された時、人々は「制作と放送の分離」とは、テレビ局はひたすら放送だけをして、番組を制作しないで、番組の制作はすべて外部の会社に任せるものだと思っていた。このような理解は完全なものではない。米国を例にすると、完全には「制作と放送の分離」を実行しなかった。四大テレビネットワーク、つまりABC、CBC、NBC、FOXのニュース番組はすべて自社制作のものであった。つまり制作と放送の分離とは、決してテレビメディアが全面的に番組制作の一環を諦めたことを意味しない。それは経済的な側面から言っても最も良い選択であるとは言えない。制作と放送の分離はまず、番組の自社制作とアウトソーシングの範囲をうまく処理しなければならない。国家の政策から言って、ニュース類の番組はテレビ局が必ず自らつくらなければならない。これらの番組にはとても強い世論の誘導作用があるため、民営と外資機関の関与は規制している。すなわちテレビ局が責任を持って監修しなければならない。娯楽、財政経済、スポーツや記録映画などの番組は、政治的色彩が弱く、そのうえ国家の文化産業の発展強化政策に符合しており、かつ比較的に営利性が高いため、これらの番組はアウトソーシングができるようになっている。

次に、経済効果という側面から見て、人々はテレビ局の効率が低いのは、それが持っている強大な資源のためであると批判している。つまり、資源を十分利用せず、巨大な浪費が存在すると指摘する。しかし、テレビ局が自主制作した番組は、すべて品質が劣っているとは思わない。今のところ多くの観衆に歓迎されている番組はすべてテレビ局が自分で完成したものである。そのため、「制作と放送の分離」と言っても、効率と競争力のある自主制作番組はテレビ局が自分で作るべきであり（すなわち制作と放送の統合）、自主制作に適合しない番組は、外部の番組制作部門にアウトソーシングして作らせるべきである。国はニュース類の番組は、テレビ局が必ず自分で制作しなければならないという政策を取っているが、これは経済効率の角度から見ても同じ結論を得ることができる。ニュース類の番組は、大勢の視聴者にタイムリーに、全面的かつ豊富な情報を提供しなければならない。それは必ず、膨大な情報を採取して編集するネットワークを持たなければならない。テレビ局は創立の初めから自分でニュース番組を制作してきた。つまり数十年の経験を蓄積している。最も重要なのは、テレビ局が全国に分布する情報採集・編集のネットワークと機関を持っていることである。人材と設備も持っている。これは一般の番組制作会社にはないものである。これらのソフト・ハードウェアは必ず巨大な資金を投じなければならない。短い時期内ではつくり上げることのできないものである、つまり、一般の番組制作会社はこのような「必需条件」を備えていない。そのためニュース類の番組はテレビ局が自分で作った方がアウトソーシングするより効率が良く、経済的にも合理的な選択になる。

要するに、制作と放送の統合と分離は、一つの相対的な概念である。市場の発展に従い、今は自主制作している番組を後にアウトソーシングすることもありうるし、今アウトソーシングしている番組を後に自主制作することもありうる。図11－3から見てとれるように、制作と放送の統合と分離は、実はテレビ局がいかにC点の方策を選択するかの問題である。制作と放送の分離を実施するのは、企業の必須な生産高がC点を上回ったことを意味する。コストが上昇するため、大量の番組の生産を他の部門にアウトソーシングすることになる。そのため、テレビ局の制作と放送の分離の方策で肝心なことは、テレビ局の番組の自主制作平均コストと、アウトソーシングの取引コストとの関係がいかなるものであるか、である。もし番組の自主制作コストがアウトソーシングのコストより低ければ、制作と放送の分離は実際的には意味がないのである。

テレビ局は自分が制御する組織の力に頼って、他のマスコミ組織と競争するので、番組制作会社は互いに競争する。このように形成された産業組織は、市場の力に頼って資源の配置を合理化した結果である。以前の行政主導下の統合とは異なる。効率は以前よりさらに高まった。現在、ドラマだけではなく、「真人秀」（タレント発掘の人気番組）などの番組は皆すでに大規模な制作と放送の分離の結果と言える。制作と放送の分離を実施したため、一部の番組の制作資源をテレビ局の内部から分離して、子会社にした。

制作と放送の分離改革は、初期から現在に至るまで続けてきた中国テレビ局の改革の重点である。しかし、新メディア産業が中国で盛んになるに従って、伝統的なメディアであるテレビ局の変革はまた新しい挑戦に直面している。

4　新メディア環境におけるテレビ局の変革

二一世紀に入ってから、伝統メディアはインターネットなど新メディアとの競争で勝ち抜くため自ら新メディア産業に参入し、様々なサイトを運営するようになった。たとえばテレビ局がウェブサイト、ネットワーク、ＱＲコード、クライアント、ミニブログ、ウェチャット（Wechat）などを運営し始める。テレビ局の場合、新メディアが必要とする様々な資源（設備や技術、資金）を持っていたのでそれが可能であった。そこで、すべてのテレビ局が新メディアの技術を利用した新しいツールをもって戦略的に新メディア産業に参入したとも言える。(6) さらに、政府部門は新メディア業界における競争を促進するため、伝統メディアが有する独占的な地位を取り除き、メディアの融合政策を推進し、テレビ局に他の産業分野への参入を促した。また、テレビ局を管掌する政府部門はテレビという媒体を単純な宣伝道具として見なしたそれまでの慣例を破り、産業部門の一つとして、文化産業として育てようとした。

ただし、中国においてもテレビ部門はすでに大きな産業として確立しており、独自の産業構造を構築しているため、新メディア産業をそれにくっつけるだけでは、どのような効果が得られるかは今のところ不透明である。逆にテレビの競争力を低下させているのかもしれない。

テレビメディアに対する新メディアの衝撃

一つ目は、新メディアに大量なテレビ視聴者が流れてしまったことである。関連データによると、二〇一四年まで、中国のインターネット利用者の総計はすでに六・四九億に達し、ネットワークの普及率は四七・九％に達した。その中でモバイルサイトの訪問者数は増えつつある。そのうえテレビ受信率は二〇一一年の七〇％から二〇一四年には三〇％に下がっている。三〇％の内訳を見るとはやはり中老年の受け手が主体となっている。それに、学歴のレベルが比較的に高く、収入が比較的に高い若い受け手はネットワークビデオへの執着が強く、浸透率は絶えず上昇し、テレビ局の視聴者を減らしている。

二つ目は、新メディアの放送プラットフォームがテレビ空間に割り込んだことである。長い間、政策的な支持もあってテレビ局は番組制作、放送など各方面で恵まれた環境にあった。しかし、新メディアが盛んになった時代では、新メディアが一種のプラットフォームとして、スプレッドする内容が次第に豊富になり、内容の生産主体も多元化の傾向を見せている。伝統的なテレビの優位は次第に弱まっている。たとえば、各大型のウェブサイトではすでにテレビ局と同じくドラマを放送することができるようになった。また重大なニュースや、スポーツ試合もオンラインで同時に生放送することができるようになった。さらに一部のネットメディアはすでにドラマも自作しテレビ局に売り始めているなど、ネット番組はすでに消費者の認可を得ている。このような現象から分かるのは、新メディアは次第に伝統テレビの地位を侵していることである。それに加えて、新メディアの情報伝達手段の発達により過程における、受け手にとって新メディアはますます重要なものになった。モバイル・ネットワークの発展や、受け手のメディアへのアクセス習慣の変化は、さらにテレビに対する新メディアの優れた地位を強化した。

三つ目は、新メディアの発展が情報のスプレッドモデルを変えたことである。伝統的なテレビは一方的な情報スプレッドモデルで、受け手は受動的に情報を受けることしかできなかった。新メディアのスプレッドは明らかに双方性のもので、ユーザーは時間や場所の制限なしに、自由に情報を選び取ることができると同時に、情報を発信することもできる。たとえばテレビ番組には再放送があるが、時間の制限があるなど、自由に視聴しようとする受け手の需要を満足させることができない。しかし、ネットワークメディアの内容は、繰り返し検索や放送することができるだけではなく、随時に随所で視聴することができる。またテレビの発信主体は単一で、番組はテレビ局とネットでしか放送されない。しかし、新メディアの時代に、人々はスマートフォンやコンピュータなどの端末を通じて、様々な受信手段を手にしている。テレビ局の伝統的な一方的伝達モデルは、現在には適応しなくなりつつある。

テレビ局の新メディア業務の現状と分析

一つ目は、テレビ局は新メディアのコンテンツをただ現有コンテンツの発展と補充であると見なした。圧倒的多数の伝統メディアは、新メディアのコンテンツはあってもなくてもよい補充的なものであって、メディアの未来発展に関わるものとはみなしていない。それは必然的に新メディアのコンテンツに対する軽視、甚だしくは見落としの態度を招き、相応する資源や人材を投入していない。

二つ目は、テレビ局における新メディアは既存の優利な条件に頼った。伝統的なテレビ局は数十年の発展を経て、コンテンツ生産の面で多くの蓄積と強い優勢を持っていた。そのため、テレビ局が運営する新メディアのコンテンツもほぼ既存のものを複製するだけよかった。ただ現有のものにもう一つの放送のルートを得ただけであった。これが伝統的なテレビ局が革新をもたらさなかった原因であった。しかもユーザーの需要を満足させることができなかった。ユーザーの体験も追いついていない状況の下で、伝統テレビ局の新メディアコンテンツはすべての消費者の愛顧を受けることができなかった。

三つ目は、伝統テレビ局が新メディアコンテンツを発展させるために取った方法はやはり旧体制であり、使ったのはやはり古い人材であった。テレビ局が新メディアコンテンツを発展させる時、採用した管理体制は伝統的なもので、多くの面において近代化した企業管理モデルを採用していない。人材は依然として既存の番組の制作者であり、インターネットメディアが技術のある人材を重視する情況とはまったく異なった。同時に年齢幅や知識構成の面でも伝統メディアの延長で、新メディア発展のために新しくて突破性のある措置はなにもとらなかった。

要するに、新メディアの技術が高速に普及する時代に、テレビ局はこれらの技術に助けられ多元化した産業戦略を立てたが、本質的に多元的な産業価値のチェーンを構築することはなく、ただこれらのマルチメディア産業のルートを伝統業務の一つの手段にしただけであった。そのため前述の原因に基づいて、伝統テレビ局のモデルチェンジの実践からみて、体制内ではほぼ新しい業務を育むことができなかった。湖南衛星テレビ、上海文広など個別の組織が新メディア業務上ある程度輝きを見せた以外に、他の組織の新メディア業務は精彩を欠いた。

5　テレビと新メディアとの競争・協力的な発展

テレビ局と新メディアが直面した制度的な面での環境、技術環境、産業的な環境の違いもあって、テレビは新メディアの挑戦に直面している。テレビ局と新メディア組織との関係には競争もあれば協力もあった。このような競争と協力の新しい環境に慣れるため、テレビ局は多くの変革措置をとった。たとえば、前述のように新メディアのウェブサイトを設置したことなどである。しかし本章は、伝統テレビ局の改革の成否は考え方にあったと思う。立派な構想がなければ、あらゆる組織構造および業務モデルの改革は盲目的な、効率のないのものとなる。

第一は、考え方を変えなければならない。「＋新メディア」から「新メディア＋」にすべきである。前で述べたように、伝統テレビ局と新メディア間の関係は「＋新メディア」のモデルである。つまり、新メディアを自身の伝統業務の補助手段にしながら、体制外の新メディアと競争した。しかし、技術の特性からしても制度の面からしても、伝統テレビ局は考え方を変える必要がある。インターネットを抱擁して、「インターネット＋」の考えを以て、「新メディア＋」の業務を発展させることだ。古くからあった体制の外に新しい体制をつくり、構造を変え、管理上、技術上、人財管理上、完璧にネットワーク化した。進行中の伝統メディアと新メディアとの競争と協力による発展は、テレビにとっては、自分を新興メディアへと近づけることである。「＋新メディア」から「新メディア＋」への理念を樹立することは、まさにこの変革における急所である。国内で「新メディア＋」の道上で先頭に立って探求を続けているのは、上海文広グループである。そこに所属している百視通という会社が開いたＩＰＴＶ、インターネット放送のプラットフォーム、モバイルＴＶなどの新メディアは良好な業績を上げている。

第二は、テレビの市場化改革をさらに加速化することである。国内外の大量の実践がすでに実証したように、新興メディアにとって市場経済による資源の配分が、その発展に有利であることは言うまでもない。しかし、市場化の程度を以てテレビを評価するのは、痛みをともなう。新メディアが伝統的なテレビ局に与える衝撃によって生み出された、テレビ局と新メディア間の競争と協力による発展の切迫さは、再びテレビ局の市場化改革を促している。今のところテレビ局に市場競争に参与する合理的な身分を与えるために、各地のテレビ局はほぼグループ化した制度改革を完成し、現代化、市場化した企業管理方式も次第に確立した。本格的なテレビ局の重点改革の一環として、市場化は、伝統テレビ局と商業化した新メディア組織が競争と協力によって発展するに不可避な選択である。

しかし、新メディア産業組織の発展の勢いに押され、テレビの産業としての市場が委縮し始めると、主管部門と一部のテレビ局では、先に、自分らの産業の保護を優先させようとする。さらに、国家は三ネットワークの融合政策を強力に推し進めているのに、テレビ業界はそれに迅速かつ適宜反応できずにいる。

確かなのは、完全に市場化した新メディアに比べて、伝統テレビ局が出遅れているのは間違いない。体制や構造の束縛を受けている伝統メディアには、資金、技術、人材の面において、また、理念、経験、制度などの面においても、新興メディアに大きな差をつけられている。もちろん、長年の伝統をもつテレビ業界には、まだ多くの利用可能な資源があるが、しかし、伝統メディアがかつての栄光に浸っている場合ではない。いま、政策的に制作と放送の分離を推進しているなか、さらには、新メディアの挑戦を受けている状況下で、伝統的なテレビにとって生き延びる道は、新メディアとの競争、または協力によって発展を図るべきだ。

このような競争が激しさを増し、協力が求められる時代に、伝統的なテレビ産業にとっては、いかにその優位性を利用でき、いかにその短所を克服するか、また、いかに新メディアの発展理念を抱擁するか、いかに近代化した管理方法を導入するか、実現するかが現段階と未来の一定期間において最も重要なこととなるだろう。

（翻訳　篠村理恵）

注

（1）張宏・李利軍「テレビ産業におけるマスコミ組織の市場行為についての分析」『中国テレビ』二〇〇九年、第一一号。

（2）CATVネットの建設が整う前には、中国のラジオ・テレビは主に無線信号に頼って放送された。そのため、テレビ局が実際的に番組制作、放送、無線伝送などすべてを引き受けていた。

（3）任金州編集『中国テレビと市場経済との対話』北京放送学院出版社、二〇〇二年、五一〜六〇頁。

（4）中国のテレビ局などマスコミ機関では、歴史的な原因もあって、内部に大量の番組の制作人員を抱えていた。その上、それ相応の人事制度も出来上がっていなかったため短期間内に人事調整を行うことも難しい状況にあった。制作と放送が分離されれば、市場から良い番組を調達することができるが、内部で抱えている制作人員を削減する必要があった。そのためきわめて大きな問題であって、反対が根強く、短期間においてはテレビ局の経営管理を難しくするという不利な面もあった。さらに、人員削減を行った後の、明確なビジョンを提示していなかったため、多くのテレビ局は、初めはそれほど積極的ではなかった。

（5）記録映画、日間放送あるいは週間放送のテレビ番組欄などの領域で、テレビ局と多くの民営機関、さらには多くの個人会社との間では多種形式の協力関係が形成され、一定規模においては事実上の、制作と放送の分離が実現した。全国範囲では、制作と放送の分離についてはまだ共通の認識がないが、しかし、現場では制作と放送の分離傾向が強まっている。最近では、視聴者から支持される多くの番組は、実際はすでに市場化原理を導入して作ったものであり、制作と放送の分離によって生まれたものだ。

（6）制作と放送の分離の改革政策を実施すると同時に、中国のテレビ局、とくに一部の地方局は、もっと多い経済収入を獲得するため、多元化経営を試みはじめた。たとえば、ホテルレストランを経営したり、フォーラムを展開したり、テレビショッピングあるいはチャンネルのアウトソーシングを試みた。これらは実際には依然として政策を緩めた環境下での改革の一環といえる。しかし、残念ながら大多数のテレビ局はテレビメディアという、大衆に信頼される力の資源をしっかり利用することができずにいる。さらに、改革を阻んでいるのは、一部のテレビ局を除いて、大多数のテレビ局のこのような多元化経営の試みは比較的に良い効果を得ていない。中には、短期間内の利益を追求したため、行き過ぎたやりかたが批判されたりして、マイナス面の影響をもたらした。

参考文献

郭全中「我が国の新メディア産業発展についての分析」『新聞前哨』二〇一四年第八号
鞠立新「新メディア産業発展の制約原因と発展計画」『新聞与写作』二〇一一年第一二号。

廖海波「トラディショナルメディアと新興メディアの融合発展の問題に関する考え」［J］『新媒体研究』二〇一五の第二号。

熊澄宇「新メディア未来に対する考え」『現代伝播』二〇一一年第一二号。

楊明品「メディアの融合――テレビメディア発展における挑戦と機会」『現代視聴』二〇一五年第一号。

厳三九「二〇一三年世界の新メディア発展の態勢についての探索」『現代伝播』二〇一三年第〇七号。

朱春陽「現在我が国のトラディショナルメディアの融合発展の問題、目標と路程について」『新聞愛好者』二〇一四年第一〇号。

趙歓「我が国のラジオ・テレビメディア産業組織の現在における問題と発展対策」『伝媒』二〇一五年の四月（下）。

詹航「全メディアコンテストにおけるテレビメディア発展の挑戦と奇遇」『媒体観察』二〇一五年第四号。

張宏・李利軍「テレビ産業中のマスコミ組織の市場行為についての分析」『中国電視』二〇〇九年第一一号。

朱鴻軍「メディア融合における要点――マスコミ制度の現代化」［J］『現代伝播』二〇一五年第七号。

曾静平・杜振華『国内外の新メディア産業論』北京郵電大学出版社、北京、二〇一四年六月。

第12章　中国におけるソーシャルメディアの実態
――発展の軌跡と現状――

劉　揚

1　中国におけるソーシャルメディアの発展状況

二〇一〇年以降、中国のソーシャルメディアの急速な発展は、ソーシャルメディアの細分化を促進し、応用範囲を広げた。その結果ソーシャルメディアの範疇は、境界線が曖昧となり、様々なソーシャルメディアのツールを簡単に区切ることは難しくなった。たとえば、中国で最も権威的なインターネット統計機関である中国インターネット情報センター（CNNIC）は、定期的に発表するリポートの中で、騰訊公司（インターネット通信会社）が出したQQと携帯電話で使用する「微信」（WeChat）を即時通信に分類し、新浪公司のミニブログと騰訊公司のQQ空間は、ソーシャルメディアに分類したり、また、百度公司のコミュニティサイト「貼吧」（ティエバ）をBBSに分類したりしている。本章ではソーシャルメディアの定義を、インターネット上でのユーザー間の関係性によって生み出されるコンテンツとそれを交換するプラットフォームとする。この定義に基づいて、本章では中国のソーシャルメディアを二種類に分ける。

その一つは、主流のソーシャルメディアをなすもの、すなわち、主にミニブログを含む、ウィチャット、QQ、QQ空間と百度ティエバである。もう一つは、特定の集団に専門化した垂直型のソーシャルメディア、恋愛や友人など付き合いに使用されるもの、職業発展類、匿名の付き合い類などが含まれる。

ウェイシンとミニブログなどの牽引の下で、中国ソーシャルメディアの急速かつ徹底した発展は、主に以下のいくつかの面で見ることができる。一つは、ユーザー群が膨大であることだ。ミニブログは Twitter のようなソーシャルメディアである。中国では二〇〇九年に使用が開始されたが、ミニブログの二〇一五年第2四半期の財務報告によると、活動的な使用者数だけで二・一二億に達している。中国のウェイシンはＬＩＮＥに類似するものであり、二〇一一年に騰訊公司が生み出した移動端末の交流ツールである。テンセントの二〇一五年第3四半期の財務報告によると、その国内と海外における活発な利用者数は合計で六・五億に達している。ＣＮＮＩＣが二〇一六年一月に発表した第三七回の報告書によると、二〇一五年一二月まで、中国のインターネット利用者の規模は六・八八億に達し、即時通信（ＱＱ、ウェイシン）のユーザーは六・二四億に達し、インターネット利用者全体の九〇・七％を占めるようになった。ＱＱ空間のユーザーは四・四八億に達し、全体の六五・一％を占め、ミニブログのユーザーはインターネット利用者の数の三三・五％を占める。

二つ目は、ユーザーの類型が多様化したことである。世界の他の地域のソーシャルメディアのユーザー構成とほとんど似ている。すなわち、中国におけるソーシャルメディアのユーザーも主に若者で構成される。しかし、中老年ユーザー数が明らかに増加傾向を見せる。調査研究機関の凱度公司（Kantar）が二〇一五年に発表した報告書によると、二〇一五年の中国のソーシャルメディア使用者の年齢の幅は広かった。一六歳から二五歳までの年齢層にソーシャルメディアの浸透率が最も高く、同年齢層の七一・五％が使用していることが分かった。つまり、同年齢層では平均して毎年、一八・七％の勢いで増加した。三六歳から四五歳までの年齢層に対する浸透率は五三・三％だったが、増加率は二〇％を上回った。五五歳以上の年齢層に対する浸透率は一〇％弱だったが、増加率は一〇〇％近いことが分かった(1)。

また、ソーシャルメディアのユーザー層は、個人ユーザーが多様化すると同時に、組織、集団のアカウントが速い速度で増え続けていることも分かった。ミニブログが主導的な位置を占めていた時代に、伝統的メディアと政府機構はミニブログの急速な発展と普及の影響を受け、危機感を募らせるようになった。政府と伝統メディアが死守しようとするイデオロギーの領域まで、ソーシャルメディアが浸透し始めたからだ。そこでミニブログを重要な情報発信のツールとして利用するようになり、ある程度の成果を上げてはいる。

現在では、メディアと政府のアカウントが個人のアカウントに取って代わり、ミニブログでの情報発信の主要な勢力となった。つまり、中国においてはミニブログ空間でも明らかに「組織」が主導的な役割を果たすようになっている。

現在の中国におけるミニブログの発展を、「個人のアカウントがいくらでも増える未開の時代」が訪れ、「オピニオンリーダーの黄金時代」「国民全体がコンテンツの生産に参与する時代」の到来を意味するものだという専門家もいるが、しかし、組織的ミニブログアカウントの横行により、ミニブログは社会を「秩序的な社会へと回帰」させているとも言われる(2)。ミニブログの運営、使用の経験に基づき、メディアと政府はウェイシンの大衆的（誰もが使う）機能を利用して、必要情報を提供するだけではなく、またサービスも提供するようになった。このことは、組織によるソーシャルメディアの応用が新しい段階に入ったことを意味する。中国の国家インターネット情報弁公室の発表によると、二〇一五年末まで、各政府部門が、政府の業務（政務）に利用するミニブログアカウントは二八万個を超え、政務に利用するウェイシンアカウント数はすでに一〇万を超えた。

三つ目は、ソーシャメディアの種類が豊かであることだ。中国ではソーシャルメディアのことを「平台」、すなわち「プラットフォーム」と呼ぶ。ソーシャルメディアを運営する業社は、さらにそれを「生態システム」と見なす傾向すらある。すなわち、ソーシャルメディアは情報交流の機能の他に、膨大なアカウント数の力を借りて様々な規模の効果を狙ってのサービスを提供し始めている。ウェイシンはオンラインの時から「発見」と「友達ネットワーク」の二つの部分に分けられていた。前者は主にユーザー個人の画像や文章の展示欄であって、親しい友人がそこに賛同や評論を載せる。後者はGoogle +の仮定グループに類似したものである。「友達ネットワーク」をさらに発展させ、ウェイシンを「公衆ネットワーク」（中国では、公衆号という）にも活用できるようにした。各種機関、機構は、それを利用して情報を発信し、ソフトウェア開発技術に結び付けて直接サービスも提供するようになった。

インターネット上での支払いシステムの確立は、インターネット発展の一つのネックとなっていたが、アリババがすでにアリペイ（Alipay）を出し普及させつつある。ただし、インターネットが普及し始めてからも、中国では、多くのインターネット利用者は、オンライン上で注文はするものの、支払いは、着荷払いの消費形式を選好する傾向があった。しかし、ウェイシンの普及は中国の伝統的な生活スタイルにも浸透し、お正月やめでたいときに他人に渡す「紅包《ホングボウ》（プレゼント、お年玉）」すら、オンラインを利用する時代が到来した。二〇一四年の春節に中国では、「揺紅包《ヨウホングボウ》」というオンライン商品が出されたが、それにより、インターネット利用者のオンライン上の支払いシステム利用者は一気に増えた。その後、二年間の発展を経て、現在では、ウェイシンを利用して水道電気代を払うようになり、普段のショッピングはもとより金融資産管理などにおいてもオンラインを利用するようになり、オンラインはリアル経済において最も重要なツールとなった。そこで、ミニブログなどのソーシャルメディアも次から次へと各種サービス機能を取り入れるようになり、いま、オンライン支払いシステムは、社交プラットフォームを絶えず豊富にし、欠くことのできない機能となった。

これらソーシャルメディアの他に、中国では、様々なLeakey（niche）の社交ツールが相次いで現れている。主な傾向としては、「垂直の結び」と「ネットワーク（中国語では、圏子）」のようなツールが盛んになった。たとえば、「豆瓣ネット」は映画、音楽、読書と三種類の内容に特化したツールであるが、直接コンテンツを提供するわけではなく、ただユーザーのために作品をめぐる評価と討論の交流のプラットフォームを提供する。この枠に入っているユーザーは若い知識人が多いが、それらの人々は、文芸に対して評論を繰り広げたり、互いに交流を深めたりする。また、ビデオウェブサイトも盛んだ。たとえば、中国には「弾幕」(barrage) という映像専門のウェブサイトがある。ユーザーは映像を観ながら、評論を繰り広げる。評論の内容は字幕の形式で画面上に現れるが、それによって共に映像を観賞するインタラクティブ交流の場が作られる。この類いの社交サービスを提供する主なウェブサイトとしては「A駅 (AcFun)」と「B駅 (Bilibili)」がある。

主にアニメ・漫画、短編映画、映画などを共有するが、「九〇後」(一九九〇年以降に生まれた人) が好んで利用する。また、二〇一四年には、「秘密」をはじめとする匿名の社交サイトが中国大陸で一世を風靡したことがあった。ユーザーはミニブログやウェイシンなどのソーシャルメディアにアカウントを登録し、匿名で評論を発表する。そうすれば、他のユーザーは自分の身分を特定できないが、知っている範囲の人であることくらいは分かる。ただし、匿名の社交サイトでは他人を侮辱する内容や、猥褻な内容を流す危険性もあったので、「秘密」のような社交サイトは中国のネットワーク管理部門から責任を問われ、運営を停止された。

2　ソーシャルメディアの中国社会に対する影響

中国のソーシャルメディアサイトの急速な発展は、個人や組織、社会などすべての部門に影響を与えた。その影響は、言語の変遷や人々のアイデンティティの確認、人々の行動パターンや各業界のあり方など広範囲に及んでいる。

ネット言語の社会への影響

ソーシャルメディアにおける非公式的個人の交流方法と、個人の交流方式に深い影響を受ける大衆は、言語の変遷に大きな影響を及ぼしている。また、非公式的個人の交流は、社会で起こる事件を記録し、世論を形成するにあたって、大衆心理の変化にも大きく影響を及ぼしている。二〇一六年、国家主席の習近平が新年の辞で使った「世界はあまりにも大きい」と「私達の友人の枠はますます大きくなる」や「点賛《ディエンチャン》」（賛成する）などの言葉はすべてソーシャルメディアで生まれた言葉である。

すなわち、「世界はあまりにも大きい」は、二〇一五年四月、河南省のある中学校の先生の辞職願で使った言葉である。彼の辞職の理由はただ一〇文字であった。中国語では、「世界那麼大、我想去看看（世界はあまりにも大きい、私は行ってみようと思う）」となる。これは多くのインターネット利用者の共鳴を獲得した。忙しい日常の中、仕事や生きる目的、個人の価値について考える契機を提供したのである。このような心理的な共鳴があったから、このような言葉はソーシャルメディアで急速に広がり、インターネット利用者の模倣や創造意欲を刺激した。結果、「世界はあまりにも大きい」を文章の始まりにするか、あるいは「私は行ってみようと思う」を文末にするかという、新しい記述方式が現れ、その影響は絶えず拡大し、ネット文化現象となった。

特定の社会状況の下では、言葉は社会を認知し、大衆の情緒を反映する媒体としての付着力をもっている。それは、ソーシャルメディアを通してウィルスのように急速に広がることもある。言葉は、社会の文化を反映すると同時に、社会文化を形作る重要な手段でもある。

二〇一三年、筆者は「土豪《トゥハオ》」という言葉が現代社会の生活の中で、なぜ流行するようになったかを研究したことがある。「土豪」はかつて中国近現代史において、階級を区別する言葉として使われた。共産党にしろ、国民党にしろ、皆「土豪を打倒せよ」を借りて革命運動を推し進めた。「土豪」という言葉はかつて田舎で人々を苛める悪者を意味する言葉で、良くない言葉として認識された。中華人民共和国が創立した後もこの言葉は長く使われ、中国の革命の歴史を振り返る言葉という意味合いも強かった。しかし、改革開放実施後、階級闘争という考え方は衰え、この言葉は次第に中国社会では死語となり、日常生活では使わなくなった。しかし、二〇一三年に、アップル社が金色の携帯電話を市場に投入したことが契機となり、「土豪」という言葉が再び使われるようになった。金色の意味と、高級なものという意味、高価ではあるが文化的には品がないという意味で使われるようになった。それから、この語はソーシャルメディア上で広がりをみせ、一般的に「高富帥《カオフスワイ》（高級、富、格好良い）」、「屌糸」などのネット上の用語と関連づけて使われるようになった。すなわち「土豪」は、いまでは、経済的にはある程度資本を持っているが、文化的な素養が乏しい、いわゆる「成り上がり」の代名詞となったのである。「高富帥」は経済的資本や社会的資本、文化的資本を備えた男性群を指し、「屌糸」は経済的資本や文化的資本がすべて貧しい一般人を指す。このような言葉は、ソーシャルメディアのユーザーの現実社会における経済的地位に対する潜在的な意識を反映するもので、ソーシャルメディアでは一人の人間を認知するアイデンティティを表す言葉の基本をなすものとなった。

「土豪」という言葉の再流行の過程から見られるように、言葉の意味の変化は、まずソーシャルメディアから始まり、その影響力が次第に波及された後、中国の主流メディアが使用するという過程を踏んでいることが分かる。「土豪」という言葉の流行は、拝金主義文化の災いであるとし、批判的に使用された。それ以後、この言葉はまたソーシャルメディアで、「拝金主義」的な現象に対する風刺と自分の社会経済的地位に対する不満や自嘲の意味として使われて広まった。ネット上の流行語はいつも、ソーシャルメディアと主流の伝統的なメディアとのインタラクティブを経てつくられる。

ネット言語の社会反映機能に着目して、中国の一部の世論研究機構はこれらのネット上の流行語に対する観察を以て、ソーシャルメディア社会および社会全体の情緒を現す手段としている。たとえば、人民ネットの世論観測室は連続して中国の「ネット言語現象」に関する報告書を発表した。それによると、ソーシャルメディア上の流行語の淘汰と出現は非常に早く、全体的傾向としては政治に対する関心度と社会現象に対する怒りは減少しつつある反面、個人の生活環境や生活をめぐる「ガス抜き」減少は増加しつつある。このことは、中国の全体的世論環境の変化を反映したものであり、社会全体の心理状態の変遷を反映するものとも言える。

アイデンティティ確認の欲求

ソーシャルメディアは現実的な社会交流関係を再構築すると同時に、人々に自分のアイデンティティを確認し、検証し、再構築する機会を与えている。ソーシャルメディアを通じた広範の交流で人々と触れ合う機会を獲得すると同時に、サンスティン（Cass R. Sunstein）が「ネット共和国（Republic.com）」で提起した「分極化（対立・分裂＝polarization）」の現象は、ミニブログやウェイシンなどのプラットフォーム上で体現されている。ミニブログの内容は公開されたもので、「極性化」は同一のアカウントで発表された内容や観点は同一性が強く、明らかな矛盾は見られない。また、自分と似ている観点のアカウントに対しては惜しみなく褒めて、自分の観点と相違するアカウントとに対しては攻撃するかあるいは振り向きもしない。ウェイシンは「分極化」のため、さらに良いオプションを提供している。公衆サービスアカウントは内容を開放するが、友達やグループのネットワークはすべて比較的閉鎖的な空間であって、ユーザーは好みによって検証を行うことができる。友達のネットワークはアカウントをもって互いにログインする必要がある。そこで初めて相手の内容を見ることができる。しかし、ユーザーは依然としてプライバシーの空間を設置することによって一部内容を遮断することができる。ウェイシンを利用するグループはＱＱのグループと同じく、招待を受けて初めて加入することができる。

ソーシャルメディアの広範囲の影響力に目をつけた、一部の小グループは互いにそのアイデンティティを確認しあうことでグループを形成し、サイトを開設する場合もある。たとえば、妊婦のグループのために作られたサイトや大学院生、同性愛者のために作られた社交サイトがそれに当たる。たとえば、「ザンク（Zank）」「ララ公園」、「彩虹佳縁（虹の良縁）」などが挙げられる。ウェイシンを利用してのサイトや公共のサイトの中を除けば、話題はありとあらゆる分野を含んでいる。たとえば、「鬱病」や「自閉症」など患者がソーシャルメディアのプラットフォームに集い、巨大なグループを作ることで、社会から注目される事例もある。一人ひとりの個人はソーシャルメディアの中では個に分化された存在であるが、一つのネット人間としての身分をもって、ネットグループの行動を促すという構図になっている。二〇一五年六月、ウェイシンの友達のネットワークでは、「子供を販売したものは死刑を適用すべきだ」という呼びかけが広まった。二〇一六年三月には、「期限切れのワクチン」と「ワクチンが子供を傷つける」という内容がミニブログやウェイシン空間で広まりグループの怒りを誘発した。この二つの事件の共通点は、みな親というアイデンティティを持ち、その情緒に触れたところにある。

ネットグループ行動の社会への影響

ソーシャルメディアは、ネットワーク化したインフラストラクチャーを利用してオンライン上、または現実世界での人間関係を構築しただけでなく、現実的に組織としての行動にも影響を与えている。ソーシャルメディアを総合的に利用することによって、様々な現実世界での利益の追求は、ソーシャルメディアを通して実現し、オンライン上の活動はまた現実世界での行動に変化する。二〇一六年の初めに、「『帝吧《ティバー》』のフェイスブック（Facebook）事件」は、ソーシャルメディア上で形成したグループが、実際に行動を起こした「ネットグループの行動」を象徴するものであった。

中国においてはネットワーク化した社会的組織動員の事例は、二〇〇四年の「超級女声」にさかのぼることができる。米国のスター発掘番組に類似したもので、とくに女性の大衆歌手の選抜試合のためのものであった。イベントは伝統メディアのテレビ局が主催したが、試合参加の歌手をめぐる討論は百度ポストバーなどBBS類のコミュニティとQQグループチームの中に集中した。選手への投票は携帯電話のショート・メッセージを通して行われたが、動員力は「ファン文化」から来たものである。互いに知り合いではない若いインターネット利用者が空間の隔たりを越えて、ある歌手を支持するかあるいは支持しないかのために集まって群れをなし、そしてネット上の集いから現実世界での行動に移し、現実的に歌手を支持するいろいろな票集めや宣伝活動を繰り広げた。「超級女声」をめぐる色々なイベントは娯楽的な目的が強かったが、しかし、グループ行動は、スピードが速く、参与範囲も広く、横の繋がりをみせただけでなく、行動に移すまでのコストが安いなど、ネットグループ行動の特徴が如実に現れたため、社会学者や政治学者の注目を集めた。

「超級女声」が誘発したグループ行動に比べて、二〇〇七年にアモイで起きた反PXプロジェクトのイベントは、さらに社会的に現実的な意味を持つものであった。PXプロジェクトが生態環境に与える影響を心配して、アモイのインターネット利用者がBBSフォーラムの中に書き込み、それを話題にし、人々の関心を集めた。そしてQQグループと携帯電話のショート・メッセージのインタラクティブを通じて、最終的にオンラインの議題を現実の集合行動に変えたのである。しかし、「超級女声」が誘発した行動とは違い、アモイの反PXプロジェクトの行動は、オピニオンリーダーが重要な役割を果たした。彼らは、その背景を解説し、行動の際にとるべき方法や方向性を提案したのである。

「前ソーシャルメディア時代」に起こるこのような二つの事件に比べ、「『帝吧《ティバー》』のフェイスブック」は、まさにいろいろなソーシャルメディアを通じて形成したグループの行動を促すものである。その偶然性と突然性、巨大な影響力の間のコントラストは重視に値する。「帝吧」は百度ポストバー一九〇〇余りのテーマ・バーの中で最も人気のある一つで、二〇〇五年に開設、二〇一六年の初め頃にはユーザー数が二一三〇万人に達し、書き込みの総量は八・五億本に達した。

「帝吧」の正式の名称は「李毅吧《リーイーバー》」である。本来はサッカーファンが好きなサッカー選手の李毅のために開設した交流サイトであった。李毅の球技の素晴らしさから「李毅大帝」と称せられ、そのため「李毅吧」もしくは「帝吧」とも呼んだ。その後「帝吧」は次第に「ファン文化」の色合いが薄くなり、話題の多い討論のバーとなった。「帝吧」に登録したユーザーは八割が男性で、二九歳以下の若者が半分を超える。地域分布は比較的に発達した中国東部の都市に集中している。そのためこのバーの話題の多くは、都市部の日常生活や仕事関連のこと、注目を集めている事件である。二〇〇五年に開設してから、「帝吧」はかつて「超級女声」の選手である李宇春を支持するコミュニティサイトの「貼吧《ティバー》」と争ったが、後にまた幾度の闘いを経るうちに次第に「吧（バー）」内で比較的厳密な組織の構造を形成するようになった。設立管理者の「吧主」、部分管理者の「小吧主」などを設けた。さらに、バー内の出版物として『吧刊』まで「発行」した。ブロガー（Blogger）やミニブログ、ウェイシンが相次いで流行るようになったため、ＢＢＳを主要な形式とする「貼吧（コミュニティサイト）」は疎かにされるが、しかし、それ自身は一貫して発展して強化されてきた。二〇一六年の初めに、台湾で総統選挙が終わると、台湾の独立を主張する勢力の再浮上に対する心配から、「帝吧」をはじめとして、ウェイシンとＱＱは組織的に連動、「帝吧」の成員は「ファイアウォール」を越え、新総統の蔡英文と台湾三立テレビ局のフェイスブックとツイッター（Twitter）のアカウントにメッセージを残し、台湾独立に反対の意見を述べた。意見には情緒的な表現が混じっていたが、しかし、この活動は単純な「ファン文化」と個人の趣味を超えた、より強い紀律性（たとえば評論にののしりの成分を含んではならない）と融通性（たとえば画像のスタンプを作って表現する）を見せたものとして注目される。

ただし、ネット上のグループ行動は、短時間で利用者を集め、ＶＰＮなどの方法を利用して「壁を越え」て、境界線外のウェブサイトに攻撃を仕掛ける危険性もあり、違法性のリスクもあるので、社会の各領域からネットグループの集団行動については評価が分かれる。

業界再編への影響

ソーシャルメディアは個人の発信ルーツを開拓し、個人の影響力を拡大する結果を生んだ。このことは一部の伝統的な業界の権威に対しては脅威でもある。なかでもメディアに対する影響が最も大きい。二〇一〇年頃からの、ミニブログなどソーシャルメディアの普及は、メディアの影響力に対する人々の認識に変化をもたらした。多くの伝統メディアのミニブログの「ファン数」は、一人のスターの「ファン数」に及ばない。そこで、メディアは自社が開設したサイトの注目度を上げるため様々な手を使っている。しかし、このような努力は社会に三つの方面で「錯覚」をもたらした。一つ目は、ソーシャルメディアに対する関心度が高まっても、伝統メディアの影響力と権威は続くと思っている。二つ目は、ミニブログ上の有名人やネット名人（「大Ｖ」）達が、伝統メディアと同じ数の「ファン」を持っていれば、影響力は同じである。三つ目は、メディア従事者は自社のメディアを利用してソーシャルメディアにおける影響力を高めるよりは、個人としてソーシャルメディア上で単独でやるのがさらに現実的で、効率的である、という錯覚だ。

二〇一二年以降のウェイシンの迅速な発展は、個人にもメディアを利用できるプラットフォームを提供した。ウェイシンのアカウントはソーシャルメディアのプラットフォームで、マスメディアが発行するコンテンツを複製して定期的に流し、ユーザーは自らの意志でいつでもそれを購読することができるようになった。

個人が発表するコンテンツは、いつでもどこでも、低いコストで流すことができるようになった。伝統メディアに比べ、コストは極端に低い。伝統メディアは、そのようなウェイシンの情報発信の利便性に着目してそれに参入するようになった。この過程で、伝統メディアに従事していた人たちも、それを機会と捉え、それまでメディアに従事して得た名声と人脈を利用してミニブログを利用するようになった。彼らは新しいメディアを利用して、重大な事件が発生した際に、積極的に意見を発表して名声を高めている。

ソーシャルメディア上である程度社会的な資本を蓄積すれば、自然と経済的にも力をつけることができるので、伝統メディアに従事してきた人たちもメディア組織を離れ、ウェイシンにアカウントを開設し、独自の「創業」に走る場合もある。このようなモデルケースがヒントとなり、メディア業界では退職ブームが起こったのである。最も典型的な例は、前中央テレビ局のプロデューサーの羅振宇が、二〇一二年に創設した独立テレビチャンネル、トーク・ショー「論理的思考」である。映像のウェブサイトを通じて発信し、ミニブログやウェイシンで流す番組である。しかし、「論理的思考」の運営で分かったことは、単に個人の資産としてメディアを運営するのは難しいということだ。最初は、共同経営者が離れていき、その後は、資金繰りに問題が生じ、融資に頼ることとなった。そこで、二〇一五年、「論理的思考」は党が管理するメディアという政治的なコンテンツを流すのをやめ、一三億元で商業ベースのサイトに身を売ることとなった。

それに先立って、メディア業界を離れたメディア従事者の創業実例がソーシャルメディアを通じて拡散すると、伝統メディアを死守すると腹を決めた現職のメディア従事者の決心は動揺している状況にある。

3　ソーシャルメディアに対する中国政府の規制

ミニブログに代表されるソーシャルメディアと携帯端末に代表されるモバイル・ネット通信の発展は、中国政府にとっては新しい挑戦でもある。中国政府はインターネットの潜在的な社会的影響に注目、インターネットに対する管理を強化している。

二〇一一年五月、中国では、国家インターネット情報事務室が創設されたが、それはもっぱらインターネットの規制を主な業務とする部署である。政府は、インターネットに対する管理をさらに強化するため、二〇一四年八月には、中国国務院が全権を委任する国家機関、インターネット情報事務室組織を再編成し、それまで部門別に分散された権力を一カ所に集中し、より強力な管理機関をつくった。再編後の組織の中身でとくに注目されるのは、この機関にはインターネットコンテンツの管理監督の法律執行権が与えられたことだ。ソーシャルメディアに対する規制が再編後の国家インターネット事務室の重要な任務の一つになったことを意味する。さらに、創立後、他の部門の協力を得てインターネット利用にあたっての倫理規範をつくり、法解釈を具体化し、規則をつくりソーシャルメディアに対する管理を実施している。

倫理的な規範

二〇一三年八月、中国国家インターネット事務室は「ネット名人の社会的責任を巡るフォーラム」を主催した。これは中国国家機構が初めて公にソーシャルメディア上のネット名人（「大V」）と行った交流であった。ネット名人はもっと多くの社会的責任を引き受けるべきだとし、同時に守るべき「七つのレッドライン」を示したのである。七つのレッドラインとは、⑴法律と法規というレッドライン、⑵社会主義制度というレッドライン、⑶国家利益というレッドライン、⑷公民の合法的権益というレッドライン、⑸社会の公共秩序というレッドライン、⑹道徳倫理というレッドライン、⑺情報の真実性というレッドラインを設けた。

「七つのレッドライン」はネット名人に対し守るべき法律、政治、倫理道徳の方面から規範を示したものであった。同じ月に、ミニブログのネット名人である薛必群（ネット名は「薛蛮子」）は売春罪で警察に逮捕された。二〇一四年七月、ミニブログ上で「中国赤十字会商業社長」の身分で富を誇った郭美玲（ネット名は「郭美美」）は、カジノを開いた嫌疑で逮捕された。二〇一四年一〇月、「加友」社交ソフトウェアが「九〇年代以降に生まれた人たちは旅行と引き換えに体を売る」をキャッチフレーズに営業した真相があばかれた。これら一連の事件が明らかになったことで、ネットワーク名人の名声は衰退し、インターネット利用者は、ソーシャルメディア情報や大Vに対し批判的に捉えるようになった。

法律の解釈と関連法規

二〇一二年の中国共産党第一八回代表大会以降、習近平を総書記とする党中央は法律を以てネットを治めるという政策をさらに強化した。発展が最も速く、世論形成に最も影響力の強いソーシャルメディアは自然と法律法規で規範化を図るべき重点事業となった。

二〇一三年九月、「最高人民法院、最高人民検察院の、情報ネット上の誹謗中傷に関する刑事案件に対する適用法律に関する若干の問題についての処理方法について」が法規として発布された。その中でネットワーク上の誹謗の程度に対し厳格な定義が下された。「事案が重大」と見るのは、「同一の誹謗中傷であっても、実際その情報に対するクリック回数が五〇〇〇回以上、または、転送された回数が五〇〇回以上に達したもの[3]」とした。この司法解釈は明らかにミニブログやウェイシンなどのソーシャルメディアに対するものであった。この司法解釈が登場した後、多くの人々はこの法律が本当に実際、適用されるケースがあるのかに対しては懐疑的であった。多くのミニブログ「ファン（関心者）」を持っているネット名人はこの法規を守っていない。ミニブログの閲覧回数が五〇〇〇回超え、あるいは転送回数が五〇〇回を超えた場合、違法となる可能性があるのではと、法規そのものの実用性に疑問を呈した。しかし、早くも、ミニブログのアカウント上でデマを広め、ユーザーの関心を引きつけ、商業の利益を得ようとしたインターネット利用者の秦志暉（ネット名は「秦火火」）が逮捕され、この法規に基づいて刑罰を受けた。この判例は法律解釈通り司法判断が下された最初のケースとして注目された。つまり、この判決はミニブログプラットフォームの秩序規範に対して重要な役割を果たした。しかし同時に、ミニブログのユーザーが政治類の話題について討論することは明らかに少なくなった。

二〇一四年、国家ネット事務室は、『即時通信ツールの公衆情報サービス発展管理に関する臨時規定』を発表した。一般には「ウェイシン十カ条」として知られる規定だ。即時通信ツールの公衆情報サービス業社と使用者に対する規制が主要内容となっているが、サービス提供者に対しては、必ず一定の資質を備えていること、そしてプライバシーの保護を徹底すること、掲載内容は審査を受けなければならないこと、内容に制限を設けることなどの責任を課すものだ。ウェイシン使用者に対しては、ウェイシンに公衆向けのアカウントを開設する際、必ずサービス・プロバイダを通して審査を受けなければならないこと、そして本名を提供しなければならないことなどの内容が含まれた(4)。この規定によると、許可を受けていない公衆アカウントは時事政治類のニュースを発表し、転載してはならない。しかし、ユーザーの数量が膨大であるため転載現象の広がりを阻止するのは困難で、規定通りに執行するのには無理がある。ウェイシンプラットフォームはその他のユーザーの告発に基づいて公衆アカウントの文章を削除したり、アカウントを閉めたりして対処することにしている。

「ウェイシン十カ条」に基づいて、二〇一五年二月、国家ネット事務室は「インターネット・ユーザーアカウントの名称管理に関する規定」を発表した。一般に「アカウント十カ条」として知られる規定だ。中国のソーシャルメディアでは、多くのユーザーがアカウントを開設する際、「裏では実名を使用するが、表では自らの自由に」できるので、一部のブロガーやミニブログ、ウェイシン使用者の中には、ユーザー名を国内外の指導者や共産党機関の名称、政府機構の名称、他人の身分などを使って登録する場合がある。さらに裏で使っている実名情報さえも偽り、公衆アカウントに偽りの情報を流し、デマを広めたり、詐欺を働いたりするケースが多い。このような落とし穴を塞ぐため規定は、インターネット企業に管理主体としての責任を問えるようにしただけでなく、インターネットのユーザーのアカウント名称や顔写真、履歴などの登録情報に対しても審査を行い、申請内容に違法性がみつかったり、偽りの情報が含まれたりした場合には登録を認めないようにした(5)。

行政指導

「約談《ウィエタン》」は、中国的特色を持つ管理制度である。最初は前世紀の九〇年代に広東省深圳《シンセン》市が中国共産党紀律検査部門から取り入れた制度である。地理的な位置やその内容からして、香港の汚職取締委員会が打ち出した「約談」という制度を模倣したものだろう。「約談」は安全生産や物価の安定に関わる問題、その他多くの領域で起こっている問題を解決する際に採用する一種の問題解決を図る方式を指す。政府部門が管轄下の各部門の問題や業界の違法行為を正し、規範化を図るために「約談」を適用する場合が多々ある。たとえば、比較的重大な事件で上級政府部門の関心を引き起こしているものの法律的な措置はとらず、政府部門が「通告」や「警告」を発する方法で、問題解決を促す方式だ。

中国ソーシャルメディアのプラットフォームに問題が発生した場合、サイト運営者は、それが普通のユーザーが勝手に発表したものであることを理由に、責任を逃れようとする場合が多い。そのような現象をなくすため、二〇一五年四月、中国国家ネット事務室は「インターネット上のニュース情報サービス企業に対する約談工作規定」を発表した。一般に「約談十カ条」として知られる規定である。規定では「インターネットユーザーのアカウントの名称登録や使用、管理に関する規定を違反した場合」「タイムリーに違法情報を処理していない場合」「タイムリーに管理監督の責任を果たしていない場合」国家ネット事務室の「約談」（通告や警告）を受けると定めた[6]。

この規定がソーシャルメディアに適用された最も典型的な実例は、二〇一五年七月の「ユニクロの試着室で起きたみっともないビデオ事件」である。当時、一組の若者のカップルが北京のあるユニクロの試着室の中で、性愛のビデオを自撮りし、その映像をインターネットに載せるという事件が発生した。映像はウェイシンやミニブログのプラットフォームを通じて急速に拡散し、インターネット利用者から注目を集めた。北京市公安機関は、影像を撮ったカップルと、影像をネットに載せ拡散させた責任者に責任を取らせた。国家ネット事務室は、ネット上で「ユニクロ試着室の中で起きたみっともないビデオ」映像や関連情報を削除するとともに、一方ではミニブログプラットフォームの運営者である新浪公司とウェイシンのプラットフォーム運営者の騰訊公司の責任者に対して「約談」を行い、企業の主体的責任を適切に履行するよう通告、関連部門の調査に積極的に協力するよう命じた。このことを通して、中国国家ネット事務室は対外的にあるメッセージを発したのだ。ソーシャルメディア上での、利用者が制作したコンテンツの発信に対しては、運営主体に対しても責任を取らせるというものだった。

前述の管理手段は、すべてここ数年の間に関連部門がソーシャルメディアの規範化のために行った試みである。これらの措置によって中国のソーシャルメディアはある程度規範化へ向かい、無秩序な現象を取り締まることができた。しかし、規制にかかるコストは日に増して増加している。また、規制方法もさらに複雑になりつつある。ただし、これらの規制方法だけではソーシャルメディアが抱えている様々な問題を解決することはできない。

（翻訳　篠村理恵）

注

（1）郭敏『凱度二〇一六中国のソーシャルメディアの影響に関する報告書』および『凱度二〇一六中国ソーシャルメディア

の影響に関する報告書』二〇一六年の一月二八日、http://cn.kantar.com/

（2）「新浪のミニブログ生態の三回にわたる変化と遊び方」雷鋒ネット、二〇一三年の八月二六日、http://www.leiphone.com/news/201406/sina-weibo-bianhua-wanfa.html

（3）中国情報ネット『最高人民法院、最高人民検察院の、情報ネット上の誹謗中傷に関する刑事案件に対する適用法律に関する若干の問題についての処理方法について』二〇一三年九月七日、http://www.cac.gov.cn/2013-09/07/c_133142246.htm

（4）中国情報ネット『即時通信ツールの公衆情報サービス発展管理に関する臨時規定』二〇一四年八月七日、http://www.cac.gov.cn/2014-08/07/c_1111983456.htm

（5）中国情報ネット『インターネット・ユーザーアカウントの名称の管理に関する規定』二〇一五年二月四日、http://www.cac.gov.cn/2015-02/04/c_1114246561.htm

（6）中国情報ネット『インターネットニュース情報サービス企業に対する約談工作規定』二〇一五年四月二八日、http://www.cac.gov.cn/2015-04/28/c_1115112600.htm

あとがき

本書は、二〇〇七年四月に始まった日中韓研究者・ジャーナリストによる共同研究「日中韓関係とメディアの役割についての研究」の継続プロジェクト「日中韓政治過程におけるメディアの役割について」の成果をまとめたものである。

プロジェクトを立ちあげて以来、あっという間に一〇年の歳月が経とうとしている。その間、日中韓をめぐる政治状況、メディア業界は大きく変わった。刻々と激しい変化を遂げて行く昨今の時勢によくぞ一〇年も息の長い研究をしてきたなと思うが、このような研究は良くも悪くも大学でしかできない。現実から目をそらしてはならないと思うが、知の創造を自任する大学であるからこそ多少の無駄も、ゆったりとした構えも必要ではなかろうか。問題は、大学で生産されるおびただしい量の論文や書物のなかには社会一般の人々の目に触れることのないものもある。そうならないように社会と連動し、社会問題の解決に役に立つ研究・提言があってもよいというのは筆者の持論でもある。

その間、共同研究者の一人、『朝日新聞』元主筆の若宮啓文氏の突然死去という悲しい出来事もあったが、中国の研究者を除けば基本的にはスタート時点から共同研究に加わっていた研究者がこの度の共同研究に参加し、論文を寄せてくれた。

本書が出来上がるまで、長期にわたり根気よく、地味な仕事に付き合ってくれたこれら研究者および関係者の皆さんに御礼を申し上げたい。特に共同研究に資金的な援助を惜しまず、出版にあたっても助成金を出してくれた勤め先の龍谷大学および龍谷大学国際社会文化研究所に感謝する。

最後に、本書出版に理解を示し、企画段階より完成をみるまで献身的に本づくりに取り組んでくれたミネルヴァ書房編集部の田引勝二氏に御礼を申し上げる。

二〇一七年二月

研究プロジェクトチームを代表して　李　相哲

ら行

ラジオ（中国）　48, 57
ラジオ広告（中国）　53, 59
連合国最高司令官総司令部（GHQ）　67-69
労働組合（韓国）　36
『労働新聞』（北朝鮮）　83, 89, 91, 94, 96, 97, 110, 119

欧文

ANN　72, 76
FNN　72
GHQ 民間情報教育局（CIE）　68, 69
JNN　72
JTBC（韓国）　3-8
NHK（日本放送協会）　69, 71, 72, 76
NNN　72
TBS　70
TXN　72

テレビコマーシャル（中国）　54, 61
テレビ産業（中国）　222-237
テレビ東京　70
テレビブーム　69
テレビ報道　189-208
電子メディア（中国）　59, 61
電子メディア広告（中国）　61
『天津日報』（中国）　51
電波三法　69, 71
『東亜日報』（韓国）　21, 23, 24, 26, 27, 29, 39, 214
「党の唯一思想大系確立の十大原則」（北朝鮮）　117, 120
特定秘密保護法　1
銅鑼湾書店事件（中国）　156, 157

な　行

ナショナリズム　213-215
日露戦争　66, 172, 173, 215
日清戦争　66, 166-176
『日本』　168
日本経済新聞社　70
日本新聞協会　68
日本テレビ　70
日本放送協会　→NHK
ニュース通信振興会（韓国）　36
ネット世論　198-200, 204, 207
ネット選挙　202
ネットメディア　50
ネットメディア広告（中国）　54, 55, 57
農民工　196
農民暴動　194, 195

は　行

反 PX プロジェクト　248
『ハンギョレ新聞』（韓国）　23, 24, 35
ハンナラ党（韓国）　36
東シナ海ガス田問題　198, 199
『平壌新聞』（北朝鮮）　94
平壌放送（北朝鮮）　105
貧富の格差　195
ファクト　149
フジ・サンケイ・グループ　70
フジテレビ　70
二つの世論の場　181, 182, 184
プレスコード　68
文春リークス　148
北京五輪　193
放送通信審議委員会（韓国）　5, 7
放送法（韓国）　1
放送法（中国）　205
報道外交（北朝鮮）　112

ま　行

『毎日新聞』，毎日新聞社　70, 132, 136, 137, 139, 140, 145
マスメディア構造（中国）　56, 58
マスメディアの集権的構造　75
万寿台テレビ（北朝鮮）　103
ミニブログ　240, 241, 246, 253
民間世論の場　181-184, 186, 187
『民主朝鮮』（北朝鮮）　94
民主党（韓国）　21
明治維新　175
メディア法（韓国）　2

や　行

『読売新聞』，読売新聞社　66-68, 70
読売争議　67, 68
『萬朝報』　66
「四級放送局」政策（中国）　48, 49
四大メディア（中国）　179

202, 203
下関条約　168, 170, 171
「社会主義憲法」(北朝鮮)　116
上海文広グループ　235
上海ラジオ放送局　53
10月維新（韓国）　22
『週刊文春』　131-136, 141-152
主流メディア　182, 183, 186-188
『新快報』(中国)　11
新聞（韓国）　17-41
新聞（中国）　47, 56
新聞協会（韓国）　38
新聞広告（中国）　51, 59
新聞発展委員会（韓国）　33
新聞法（韓国）　1, 19, 30, 31, 33, 34, 38
新聞補給所（韓国）　35
新聞流通院（韓国）　34
『新民晩報』(中国)　51
「人民民主主義憲法」(北朝鮮)　115
新メディア環境（中国）　231-237
制作と放送の分離（中国）　228-231
『青年前衛』(北朝鮮)　94
『正路』(北朝鮮)　83
政論新聞　66
セウォル号沈没事件（韓国）　7
世界インターネット大会　162
『世界日報』(韓国)　25
世論誘導　166, 169, 170
尖閣諸島中国漁船衝突事件　168, 190-192, 199
尖閣諸島国有化　201
尖閣諸島問題　191, 192
全国紙　67, 68
戦略的互恵関係　197
『ソウル新聞』(韓国)　23, 35
ソーシャルメディア　11
ソーシャルメディア（中国）　179-188, 239-256

た　行

太平洋戦争　173
地域新聞（韓国）　36
地域新聞発展支援金（韓国）　36
地域新聞発展支援特別法（韓国）　35
チェスンシルゲート（韓国）　8
地方紙　67, 68
『中央日報』(韓国)　23-26, 29
中国外国人記者クラブ　156, 159
中国高速鉄道追突脱線事故　204
中国毒餃子事件　170
「超級女声」(中国)　248
調査報道　149-152
朝鮮記者同盟（北朝鮮）　92, 93
『朝鮮新報』　90
『朝鮮人民軍』(北朝鮮)　94
朝鮮戦争　20
朝鮮中央通信（北朝鮮）　91, 105-108, 112
朝鮮中央テレビ（北朝鮮）　91, 98, 103, 119
朝鮮中央放送（北朝鮮）　105
朝鮮中央放送委員会（北朝鮮）　100, 102, 103
『朝鮮日報』(韓国)　23-29, 39
朝鮮労働党（北朝鮮）　83
朝鮮労働党中央委員会（北朝鮮）　107
——宣伝扇動部（北朝鮮）　92, 94, 96, 100, 119
「朝鮮労働党規約」(北朝鮮)　116-118
「治濫治散」政策（中国）　48, 49
定期刊行物（雑誌類）(中国)　48, 56
定期刊行物広告（中国）　52, 59
帝吧（ティバー）　248, 249
テレビ（中国）　49, 57
テレビ朝日　70, 76

事項索引

※「日本」「中国」「韓国」「北朝鮮」「メディア」は頻出するため省略した。

あ　行

アイデンティティ　246
アウトソーシング　226, 229-231
秋葉原演説　202
『朝日新聞』，朝日新聞社　70, 75, 133, 136-138, 140, 141, 144, 169, 214
一県一紙　67, 68
印刷メディア（中国）　59
インターネット　50, 62, 63, 180-186, 192-194, 198-200, 202-204, 206, 232, 242, 252
インターネット情報事務室組織（中国）　252, 255, 256
約談（ウィエタン）　255
微信（ウェイシン）　204, 246, 247, 254
ウェイシン十カ条　254
微博（ウェイボ）　204
『炎黄春秋』（中国）　9, 10
『大阪朝日新聞』　66
『大阪毎日新聞』　66
『オーマイニュース』（韓国）　29, 30, 37
音楽政治（北朝鮮）　82

か　行

『環球時報』（中国）　100, 156, 161, 162, 164
『環境建設日報』　39
韓国放送公社（KBS）　37
韓国聯合ニュース　8
関東大震災　66
記者クラブ　77, 146, 147, 170, 200
『京郷新聞』（韓国）　21, 35
共同通信社　76
クロスオーナーシップ　71
系列化　70
開城テレビ（北朝鮮）　104
県紙　67
言論基本法（韓国）　22
言論政策（韓国）　38
言論政策施行基準（韓国）　38
言論仲裁委員会法（韓国）　40
言論法（韓国）　39
抗議デモ　193
公共圏　66
皇国史観　171
『広州日報』（中国）　51
『皇城新聞』　214
「呉越同舟」　215
国情院デックル事件（韓国）　4
『国民新聞』　168
『国民日報』（韓国）　27
五大メディアグループ　75
国家安全法（中国）　205
国境なき記者団　157, 162
コンテンツ産業組織（中国）　227-231

さ　行

サイバーセキュリティ法（中国）　205
産経新聞社　70
三国干渉　168
時事通信社　76
四川大地震　197
自民党ネットサポーターズクラブ（J-NSC）

崔順実（チェスンシル）　8
チャン，M.　11
張海成（チャンヘソン）　91-93, 119, 120
張志淵　214
趙紫陽　10
趙希竣（チョヒジュン）　27
千時英（チョンシヨン）　121
全斗煥（チョンドファン）　22
鄭亨根（チョンヒョングン）　24
陳水扁　163
徳富蘇峰　168
杜導正　10

な　行

南振中　181
野田佳彦　201
盧泰愚（ノテウ）　22. 23
盧武鉉（ノムヒョン）　17, 19, 25, 28-32, 34, 37, 40-42

は　行

ハーバーマス，J.　66
馬英九　163
朴ウヨン　121
朴正熙（パクチョンヒ）　21, 22
朴憲永（パクホニョン）　86
橋本龍太郎　173
鳩山由紀夫　200
ハモンド，P.　156
韓載徳（ハンジェコン）　86, 87
ビョン・ヘソン　109
辺英旭（ビョンヨンウク）　89
プーチン，V.　163, 219, 220
福原愛　197
浦志強　155, 162
洪錫炫（ホンソクヒョン）　25

ま　行

マクウェール，D.　65, 77
舛添要一　131-147, 150
三島由紀夫　172
三宅雪嶺　168
宮崎謙介　131
村山富市　173
メドベージェフ，D.　162
毛沢東　195

や　行

兪英九（ユヨング）　121
楊継縄　10
吉田茂　71

ら　行

ライシャワー，E.　175
羅振宇　251
李鋭　10
李鴻章　167
李相哲　120
李春姫（リチュンヒ）　98, 100
李登輝　172
李範洙（リボムス）
梁振英　156
ロッドマン，D.　108, 109

わ　行

若宮小太郎　217
若宮啓文　216-221
渡邉恒雄　217

人名索引

あ　行

安倍晋三　163, 170, 196, 197, 201, 202
甘利明　131
石原慎太郎　201
李ジョンチョル　121
李承晩（イスンマン）　20, 85
伊藤博文　167
李柱哲（リジュチョル）　121
李秉喆（イビョンチョル）　3
ヴォーゲル，E.　176
王毅　156
小渕恵三　214
温家宝　196

か　行

郭美玲　253
華春瑩　156
何方　10
菅直人　191
金日成（キムイルソン）　82–88, 106, 113
金己男（キムギナム）　98
金正日（キムジョンイル）　82, 84, 87, 88, 93, 98, 99, 103, 106, 107, 109, 110, 118–120
金正恩（キムジョンウン）　82, 89–91, 106–110
金大中（キムデジュン）　17, 24, 25, 28, 40
金炳琯（キムビョングァン）　27
金泳三（キムヨンサム）　23
金永周（キムヨンジュウ）　121
木村伊量　169
ギュツラフ，K.　171
黒岩涙香　66
小池百合子　203
小泉純一郎　193
河野洋平　221
高愈　158
ゴーティエ，U.　11, 155–157, 161, 162
胡錦濤　196–201
胡徳平　10
胡耀邦　10

さ　行

サンスティン，C. R.　246
ジェファーソン，T.　161
司馬遼太郎　172, 173
習近平　1, 155, 157–161, 184, 205, 244, 253
蔣廷黻　174
正力松太郎　69, 70
全勝弼（ジョンスンピル）
新谷学　147–151
鈴木栄太郎　74
スターリン　85, 86
薛必群　253
sengoku38　190–192
孫基禎　214
宋相勳（ソンサンフン）　27
孫石熙（ソンソッキ）　4–8

た　行

竹内好　173, 175
田中角栄　71

卓　南生（トウ・ナムセン）　**第7章**

1942年，シンガポール生まれ。龍谷大学名誉教授，中国北京大学客員教授，厦門大学新聞研究所長。社会学博士。主著に，『中国近代新聞成立史　1815-1874』（ぺりかん社，1990年），『日本のアジア報道とアジア論』（日本評論社，2003年），『東アジアジャーナリズム論』（彩流社，2010年），ほか。

王　昕（Wang Xi）　**第8章**

中国伝媒大学広告学院講師兼首都メディア経済研究基地秘書長。博士（広告学）。専門は，広告業務と広告管理，メディア融合。

山川友基（やまかわ・ともき）　**第9章**

1970年，京都府生まれ。1995年，読売テレビ放送入社，NNN上海支局長，読売テレビ放送報道局・取材統括デスクを経て，現在，読売テレビ放送報道局・解説デスク。受賞歴に，NNN年間・最優秀賞「奈良県警汚職事件」スクープ（2000年），ギャラクシー賞報道活動部門「暴走した威信――裁判所長襲撃事件」スクープ（2006年），NNN年間・最優秀賞，関西ディレクター大賞グランプリ（2006年），新聞協会賞・最終ノミネート「尖閣諸島沖漁船衝突事件」スクープ（2010年），NNN年間・最優秀賞（2010年），坂田記念ジャーナリズム大賞「関西から支える」東日本大震災シリーズ（2011年），ギャラクシー賞・奨励賞「NNNドキュメント14　歴史に挑む高校生――日韓40年目の修学旅行」（2014年），ほか。

若宮啓文（わかみや・よしぶみ）　**第10章**

1942年，東京都生まれ。東京大学法学部卒業後，朝日新聞社入社。政治部記者として日本政治，日中韓関係，国際政治について数々の記事，コラム，著書を発表。朝日新聞論説主幹，同主筆，東京大学・龍谷大学・慶應義塾大学・韓国の東西大学の客員教授，ソウル大学校日本研究所客員研究員を歴任。2016年死去。『戦後70年　保守のアジア観』が2015年（第36回）石橋湛山賞を受賞。主著に，『新自由クラブ――保守野党の課題と展望』（教育社，1978年），『ルポ　現代の被差別部落』（朝日文庫，1988年），『忘れられない国会論戦――再軍備から公害問題まで』（中公新書，1994年），『和解とナショナリズム――新版・戦後保守のアジア観』（朝日選書，2006年），『闘う社説　朝日新聞論説委員室2000日の記録』（講談社，2008年），『新聞記者――現代史を記録する』（ちくまプリマー新書，2013年），『日韓の未来をつくる　韓国知識人との対話Ⅰ』（慶應義塾大学出版会，2015年），ほか多数。

張　宏（Zhang Hong）　**第11章**

中国伝媒大学教授。専門は，影像メディア産業，新媒体産業。2001年，神戸大学にて経済学博士学位取得。主著に，『テレビドラマ制作管理』，『メディアマーケット管理』，『メディアマーケット管理――知能化メディア融合時代の理論，政策および戦略実践』，ほか。

劉　偉（Liu Wei）　**第11章**

中国伝媒大学広告学院ニューメディア専攻博士課程在学中。

劉　揚（Liu Yang）　**第12章**

北京大学世界華文メディアセンター研究員。

執筆者紹介（執筆順，＊は編者）

＊李　相哲（り・そうてつ）**序章，第4章，第10章，あとがき**
編著者紹介欄参照。

鄭　晋錫（ちょん・じんそく）**第1章**
ソウル大学校言論学修士，ロンドン大学校政経大学（School of Economics & Political Science）にて博士学位取得。現在，韓国外国語大学校名誉教授。主著に，『韓国現代言論史論』，『人物韓国言論史』，『言論朝鮮総督府』，『大韓毎日申報とベセル』，『歴史と言論人』，『言論と韓国現代史』，ほか。

文　春英（Wen Chunying）**第2章**
中国伝媒大学アジア伝媒（メディア）研究センター教授。専門は，説得コミュニケーション，広告史。ソウル大学にて博士（メディア学）学位取得。主著に，『アジア都市ブランド作り——その戦略と実戦』，『韓国の女子高等教育』，『当代中国の大衆メディア』，『外国広告発展史』，ほか。

隋　欣（Sui Xin）**第2章**
中国伝媒大学アジア伝媒（メディア）研究センター助理研究員。2011年，中国伝媒大学にて博士学位取得。

呉　瑩瑩（Wu Yingying）**第2章**
中国伝媒大学広告学院修士課程在学。

畑仲哲雄（はたなか・てつお）**第3章**
1961年，大阪府生まれ。関西大学卒業。毎日新聞，日経ホーム出版（現・日経BP），共同通信の記者を経て，東京大学大学院学際情報学府でジャーナリズムの規範論を研究。現在，龍谷大学社会学部准教授。博士（社会情報学）。主著に，『新聞再生——コミュニティからの挑戦』（平凡社，2008年），『地域ジャーナリズム——コミュニティとメディアを結びなおす』（勁草書房，2014年），ほか。第5回内川芳美記念マス・コミュニケーション学会賞受賞。

小黒　純（おぐろ・じゅん）**第5章**
1961年，広島県生まれ。上智大学法学部卒業後，三井物産，毎日新聞，共同通信社記者。現在，同志社大学社会学部メディア学科教授。主著に，『新訂 新聞学』（共著，日本評論社，2009年），『表現の自由Ⅱ——状況から』（共著，商学社，2011年），『調査報道がジャーナリズムを変える』（共著，花伝社，2011年），『権力 VS. 調査報道』（共著，旬報社，2011年），『メディア用語基本事典』（共著，世界思想社，2011年），ほか。論文に，「記者クラブ制度の実証的研究——横浜市を事例に。行政からの情報と報道の比較分析から」『龍谷大学国際社会文化研究所紀要』（2012年），ほか多数。

渡辺陽介（わたなべ・ようすけ）**第6章**
1983年，上智大学卒業，共同通信社入社。1991～92年，北京外語学院に研修留学。上海支局長，香港支局員，ワシントン支局員，中国総局長。外信部長などを経て，現在，共同通信編集委員兼論説委員。

《編著者紹介》

李　相哲（り・そうてつ）

1959年　中国生まれ。

1982年　中国北京中央民族大学卒業。

黒龍江日報記者を経て1987年に来日。上智大学博士課程修了。博士（Ph.D.新聞学）。

現　在　龍谷大学社会学部教授。

著　書　『満州における日本人経営新聞の歴史』凱風社，2000年。

『漢字文化の回路——東アジアとは何か』凱風社，2004年。

『朝鮮における日本人経営新聞の歴史　1881～1945』角川学芸出版，2009年。

『東アジアのアイデンティティ——日中韓はここが違う』凱風社，2012年。

『金正日秘録』産経新聞出版，2016年，ほか。

編著書　『日中韓の戦後メディア史』藤原書店，2012年。

論　文　「関東軍と満州の新聞——関東軍は如何に新聞を統制したか」『石堂論叢』第52輯，韓国東亜大学校石堂学術院，2012年，ほか多数。

龍谷大学国際社会文化研究所叢書⑳

日中韓メディアの衝突

——新聞・テレビ報道とネットがつなぐ三国関係——

2017年３月30日　初版第１刷発行　〈検印省略〉

定価はカバーに
表示しています

編著者　李　相　哲

発行者　杉　田　啓　三

印刷者　藤　森　英　夫

発行所　株式会社　ミネルヴァ書房

607-8494　京都市山科区日ノ岡堤谷町１

電話代表（075）581-5191

振替口座 01020-0-8076

亜細亜印刷

ISBN978-4-623-07941-4